蔓延式创新

一位互联网金融创业者的行业启示录

吴文雄 何晓冬 著

机械工业出版社
China Machine Press

互联网金融经过短暂但急速地发展，已经开始深入千家万户。本书从一个互联网金融创业亲历者的角度，通过大量案例梳理互联网金融的发展，思考发展进程中遇到的问题，并用自身实践和探索给从事互联网金融的创业者、研究者提一些参考和建议。随着互联网金融走向监管时代，作者从实践上阐述互联网金融发展的基因、生态以及系统，通过解剖最新的观点以及互联网金融未来蔓延式生长的发展方向，为互联网金融企业起步、发展、成熟，最终走向成功指点迷津。

本书可供互联网金融行业从业者、研究者学习研究，也可供普通读者阅读了解。

图书在版编目（CIP）数据

蔓延式创新：一位互联网金融创业者的行业启示录/吴文雄，何晓冬著. —北京：机械工业出版社，2015.12

ISBN 978-7-111-52456-4

Ⅰ. ①蔓… Ⅱ. ①吴… ②何… Ⅲ. ①互联网络-应用-金融-经济发展-研究-中国 Ⅳ. ①F832.2

中国版本图书馆 CIP 数据核字（2015）第 301222 号

机械工业出版社（北京市百万庄大街 22 号 邮政编码 100037）
策划编辑 康会欣
责任编辑 康会欣 雅 倩
封面设计 设兴视觉
北京中科印刷有限公司印刷

2016 年 12 月第 1 版 · 第 2 次印刷
170mm×242mm · 20.5 印张 · 271 千字
标准书号：ISBN 978-7-111-52456-4
定价：48.00 元

凡购本书，如有缺页、倒页、脱页，由本社发行部负责调换

电话服务
社服务中心：（010）88361066
销售一部：（010）68326294
销售二部：（010）88379649
读者购书热线：（010）88379203

网络服务
教材网：http://www.cmpedu.com
机工官网：http://www.cmpbook.com
机工官博：http://weibo.com/cmp1952
封面无防伪标均为盗版

推荐序一

化石是记录时间的一种特殊文字。一本书的真正价值，就像化石一样，是给岁月以文明，而不是给文明以岁月。

在互联网金融和传统金融都必须遵循的时间线上，一开始是平行线，两者没有交集；后来，两者找到了交叉点，移动互联网给了双方融合的可能；随着融合的点越来越多，点就越接近一条线；最后，互联网金融和传统金融重叠到一起，成为一条直线，一个体系。

互联网金融版的《明朝那些事儿》

当我第一次拿到 20 多万字的书稿时，心头蹦出三个关键词：第一个关键词，创业者；第二个关键词，蔓延；第三个关键词，行业启示录。

什么叫创业者？回答这个问题，就必须解决这个世界上到底是“从无到有”难，还是“从有到变”难的问题。在互联网金融领域，有前人的经验，站在传统金融机构的肩膀上，感觉要比自己埋头钻研，从头创造容易一些，但是也可以这样想：我们什么也没有，没有规矩和负担，想实行什么就实行什么。互联网可以从头开始，金融却不可以，所以我们两者综合了一下，以传统金融为师，又尊重监管。

什么叫蔓延？浅一点地说，互联网里的蔓延是一种疯长，而互联网金融里的蔓延更像是“随风潜入夜，润物细无声”。深一点地说，我理解的蔓延是坚持信念，坚守理想。创业的过程，会有很多人在你耳边提出意见，但是创业者应该清楚，自己的初心在哪里。创业这个游戏最残酷的地方在于：你只有一次尝试的机会，如果失败了，你将从头开始。

什么叫行业启示录？在我看来，能超越历史的读本，才叫行业启示录。一个行业的历史有长有短，在历史长河里，以史为鉴的真谛，在于面向未来。这个行业生长到现在，很艰难，想要实现你的目标势必充满辛劳。当你面对障碍，感到畏惧和痛苦，支撑不下去的时候，你应该意识到，决定你命运的时候到了。

从这本书里，我看到了怎么做创业者，怎么理解行业蔓延生长的趋势，以及怎么实现理想。我能感受一个人真正强大的开始，我也能感受到这个行业振兴的起点。

一本以“人”为参考坐标系的书

我深深地思考着一个问题：面对波澜起伏的行业趋势，创业者如何用智慧和坚韧，处变不惊地对待？这本书的作者参考的坐标系是什么？是教科书吗？不是。互联网金融诞生过诸多教科书范本式的著作，但对一个经历过“九年义务教育”阶段的新兴行业来说，有了教科书并不等于去创业。是理论吗？也不是。没有实践的理论，终究会被丢弃在历史的故纸堆里。

在我看来，互联网金融的参考坐标系是人，而这本书记载的互联网金融，恰恰是以“人”为基础的价值观。创业者的实践过程，从进入这个行业，到拥抱传统金融机构，再到慢慢发展；从一个业务，到一个平台，到形成生态。我从来没有这样的阅读体验——看完一页，翻到上一页，再把两页看一遍，逐字逐句，反复咀嚼，就为了把这本书吃透。

至今，我不能忘记，每天深夜两三点，和吴文雄一起探讨这一章放什么内容，下一章放什么观点。他敲下的每一个字，就像是一团棉花，能经受一切挤压。我们好像回到 10 年前的新浪，那时候我还是产品经理，吴文雄是网站编辑，为了一个共同的事业走到一起。所有发生的，是因为它有发生的理由，所有的“水到渠成”，都是因为曾经的“高瞻远瞩”。

每一个成功者往往都有潜心努力的漫漫日子，先天的条件固然重要，还要耐得住寂寞，禁得住磨难，坚定不移再加上些许运气，就离成功不远了。当我们背起行李开始上路的时候，这份行李到底应该装些什么，是一腔热血，是金钱，还是满满的理想？只要明白了自己想要的到底是什么，就可以把烦恼和抱怨扔过围墙，开始“不畏浮云遮望眼”的努力。

越接近心脏的部位越能得到血液

成吉思汗的骑兵，攻击速度与20世纪的装甲部队相当；北宋的床弩，射程达1500米，与20世纪的狙击步枪差不多。但这些仍不过是古代的骑兵与弓弩而已，不可能与现代力量抗衡。对互联网金融来说，你是骑兵，是床弩，攻击速度和射程一样，但是你终究颠覆不了现代的装甲车和狙击枪。

行业发展至今，我或许应该看着300万用户的眼睛说声对不起，长久以来，很多不良现象遮挡了用户的双眼。用户已经用不只几百次的眼泪向我抗议，他们的感动、他们的幸福、他们的震撼以及他们的坚持让我谨记于心。我只用了一个理由，就抚慰了他们所有的焦躁、疲惫、不安，因为他们和我、吴文雄都对91金融充满爱。

这份对理想的热爱，让创业者一直顽强生存着。在这世上，很多事情你可以不理解，却必须接受。只有真正了解这个行业的动荡与不安，才能不被现实打击，不被痛苦折磨。面对未知的前途，从未放弃对光明的追寻，一直微笑着坚定前行的人，才是真正的勇者，才能坚持明知难为而为之的创业。我深信，这是“中国梦”的精髓，也是我们这个伟大民族的魂魄。

历史不仅仅属于那些高不可攀的英雄，也属于那些为了理想而放手一搏的创业者。我想对300万用户说，越接近心脏的部位越能得到血液，在越艰难的地方人越能成长。

最后，我想强调，互联网金融不是由各种模式推动的，也不是由研究机构设计的，而是由人去推动的。我们过多讨论模式的时候，就失去了转败为胜的机会。不迷恋速度，不追求规模，保持初心，此刻，当我再次拿起20多万字的书稿时，更加感到字字千钧，守业尤艰。

91金融创始人、CEO

许泽玮

推荐序二

人在历史中处于什么位置，是推动了未来的进程，还是仅仅成为历史？互联网金融的发展是由人推动的，从起源到生长，诞生了两种趋势：一种是向上发展，通过云计算来引导行业开辟另一个战场；一种是向下发展，通过线上线下相结合，充分挖掘农村市场和中小微企业。从这个角度来看，这本书也是所有创业者的“公有云”，每一位创业者都可以从公有云下载所需的知识和看法，加深对整个金融市场的理解。

这本书是所有创业者的公有云

从本质上来讲，互联网金融是利用大数据和云计算系统将信息流和资金流混合在一起，实现信息撮合及交易撮合。需要强调的是，数据本身并不产生任何价值，如何分析和利用大数据对业务产生帮助才是关键。大数据的本质不在于数据量如何庞大，而在于对数据的重新认知与运用，并最终创造巨大的新的价值。

这本书解决了创业者如何看待大数据的问题。大数据就像水循环一样：一种是蒸发的过程，变成云，整个云化、大数据化会诞生类似 91 金融这样的平台；另一种是水往低处流，汇聚成大海，随着时间的推移，搜集到的数据变多，数据运载量大到一定程度的时候，就可以依据数据做产品，因为你的数据的边际运算成本和存储成本在降低，就可以选择性地提供增值服务了。

这本书解决了创业者如何看待创新的问题。正因为互联网金融行业存在蔓延式创新的特色，所以这个行业才存在独特的生态、模式、监管思路、商业逻辑、技术研发、营销体系、用户群体等。随着用户行为习惯的变迁，传统金融和互联网金融两种不同的商业性质如何融为一体？作为一个实践者，吴文雄通过九个篇章进行了讲述，展现了他对行业的深刻思考和观察。

我最敬佩的是那些互联网金融里的“手艺人”，平台上可以诞生不同的业务，生态上可以有不同的产品，他们拥抱监管，坚持创新。只有尊重传统风控的手艺人才会把蔓延式创新发挥到极致。

互联网金融的创新有一个公约数

我必须要询问创业者：创业需要门槛，你的风控能力在哪里？你的业务发展方向是什么？金融最核心的业务是在抵御风险的基础上提供安全的服务。创业需要有两只手：一只手代表你的业务，要有五个触点，可以张开，也可以攥紧，形成合力；另一只手代表你的创新能力，正如书中所言，互联网金融的创新一定有一个公约数，在这个公约数里，传统金融和互联网金融交织在一起，呈现蔓延的趋势。

这种蔓延是从 PC 端转移到移动端。最早的互联网金融纯粹就是我要借钱，你给我，然后在平台实现信息撮合，这个过程中平台会承担相应的信用风险。无论在 PC 端还是移动端，资产的本质没有变化，风控也没有发生变化，只是渠道发生了转移。因此，这种转移是渐进式的，新的渠道也不能完全替代旧的渠道。无论如何转移，风控依旧是根据一个人的财务状况、信用状况，去评估还款能力。

这种蔓延也是从传统金融到互联网金融。行业发生的每一点突破，一定是蔓延式的，绝不是一夜之间进入生活，从网上支付、二维码支付，到网上选择产品、金融资产配置，传统金融机构从排斥到融合，再到定制化产品，和互联网金融深度合作。双方不是你死我活的竞争，而是有步骤的融合，让树与藤交缠在一起，无法分割，变成新的业态，最终演变成为互联网金融时代下的金融体系。

互联网金融不是一帆风顺的，想必大家已经知道，自然选择是从低级到高级、由简单到复杂的进化，人类是这个进化链条的最高点。互联网金融的进化也类似人的进化，蔓延式创新一定会诞生蔓延式的进化。这种进化将深深烙印在行业的历史里，永不磨灭。

中国宽带资本基金董事长

田溯宁

推荐序三

在资本市场，有的创业者已经沦为前方的炮灰，后方的投资者正在寻找替代者。伴着破碎的衣角扬起在半空，创业者身上的火一直燃烧着，满载创业者的车轮在奄奄一息的失败者身上轧过。在互联网金融领域，监管只需要微微扳动手枪，可能就有一个年轻朝气的“小伙子”马上倒下……对所有的创业者来说，活着，才是最大的胜利。

创业者先活着，然后才能改变世界。想改变传统金融的形态，必须先推动互联网金融和传统金融两者融合的进程。

带领行业走向蔓延式创新的英雄是谁

在我心目中，创业者和经营者的角色是不一样的：创业者要以开阔的视野为企业打好基础，为企业文化立根基，企业后续发展都要延续这样的基因；经营者侧重点在业务上，着眼于在企业发展中完成指标、创造业绩。

面对这两个选项，创业者和经营者，带领行业走向蔓延式创新的英雄是谁？我们可以大胆想象：倘若东方和西方的神灵正面交锋，谁的胜算比较大？这几乎是个一赔一百的赌局，因为我们不能想象宙斯是否斗得过七十二变的孙悟空。

其实，西方的思维是颠覆性的，而东方的思维是蔓延式的；西方更倾向于经营者，东方更偏爱创业者。尤其在万众创业时期，西方颠覆性的思维解决了一部分互联网企业的发展问题，但是还没有解决互联网金融企业的发展问题。

想要做好一个经营者，你需要的是一个有着东方思维的团队；想要做好一个创业者，你就需要一个开拓的力量。过去，互联网金融没有生态这个概念，也没有蔓延式创新的概念，创业者只能一点点地探索，没有现成的案例可循。

随着《关于促进互联网金融健康发展的指导意见》的出台，创业者从之前靠一条腿走路变成现在可以放心地靠两条腿走路，属于互联网金融的时代刚刚开始。

过渡中的英雄如何去影响时代的发展

一定意义上，这本书向我们展示了一位带领行业走向蔓延式创新的英雄。英雄在乱世，价值在于给人以启示；英雄在治世，更多隐藏在平民之中。互联网金融目前处在从乱世到治世的过渡中，怎么理解蔓延式创新推动历史的作用呢?

第一点，生态的形成是蔓延式的。从一个产品设计，到几个产品矩阵，再到构成一项业务，不同的业务吸引不用的用户，匹配不同的风险，然后形成一个平台，不同平台之间相互借力，最后构建为一种生态体系。在生态的基础下，互联网金融到达一个拐点，这个拐点让行业一分为二：一种是生态型的企业，一种是非生态型的企业。

向左，还是向右，不同的路径导致不同的结果，不同的选择也决定不同的方向。生态型的企业增加了存活的概率，非生态型的企业则渐渐在竞争中消失。从平台到生态，用户数据从前台的 KPI 转移到后台的分析与积累，传统的“三大不对称性”变成简单的一元二次方程，只有一个未知数，那就是用户的信任。

第二点，两者的融合是蔓延式的。传统金融和互联网金融的融合正在大跨步前进：从过去直接到柜台储蓄，到关心如何通过理财来实现财富的增值；

从银行理财，到关心牛市催生出新的理财观。如此大的宏观背景直接带来了金融市场波澜壮阔的变化，对互联网金融创业者来说，两者的融合变得越来越密不可分。

一个企业想要活下去，就必须要找到一个平台型公司的基因。从用户角度来讲，消费者对金融产品的需求具有多元化且低频次的特点，企业要做到产品品类丰富又能提高消费频次，应首选做平台型公司，同时金融消费本身需要很强的用户关联性，只有平台型公司能满足上述需求并快速完成大量数据积累。

展望未来，创业的这份理想和冲动，是创业者与生俱来的。最后看这本书，我相信支撑一个人往下写下去的，永远不会是名利，而是热情，而且是不掺一点杂质的热情。

红杉资本中国基金创始人

沈南鹏

自序一

从《诗·郑风·野有蔓草》里的“野有蔓草，零露漙兮”，到传统银行的诞生，再到互联网金融的兴起，在几千年的文明演化过程中，蔓延成为文化传承的印记。文化在世界各地的流传中有不同的形式，大部分民族中断了，只有以中华民族为代表的少数文化还在继续。

整个中国经济发展到这一周期，整个民族到达这一历史的十字路口。财富的积累、经济模式的转型、互联网生活方式的变化，所带来的创业机会，让很多新的模式层出不穷，并催生出这样一个大众理财的时代。这是时代见证下的一次史诗般的变革，可以说是人类金融生活史上一次最伟大的迁徙。

互联网金融发展是蔓延式生长

互联网金融发展至今，从野蛮生长到纳入正轨监管，更多居民储蓄流向金融资产。过去没有互联网金融的概念，现在有了；过去没有蔓延式创新的概念，现在也有了。什么叫作蔓延式创新呢?

我一直在思考和探究从传统金融时代到互联网金融时代的时间线、行业发展逻辑和背景。它的根在哪里？为什么会蓬勃发展？外在的什么因素导致了它的变化？尤其在互联网金融发展的大环境下，用户集体发生了一次从银行到互联网的大迁移，导致传统金融的生态、服务模式、消费者体验在大环境下发生变化。创业者该怎么办?

我认为，一方面，创业者要思考它的根的意义：是什么导致了用户选择行为的变化？创新的产生来自哪里？是根导致企业选择了相应的互联网金融模式去发展变化。无论是依靠盈利、模式、营销、创业，还是考虑监管、发展速度、趋势、争议等因素，均需从观察者的角度全景式呈现金融生活史上的伟大迁徙。

另一方面，这个行业发生的每一点突破，一定是蔓延式的，绝不是一夜之间进入我们的生活的。从柜台到网上支付，到二维码支付、网上选择产品乃至进行金融资产配置；从排斥到融合，到定制化产品乃至和互联网金融合作。传统金融和互联网金融更多是融合式的，像树与藤交缠在一起，无法分割，最后变成新的业态。

目前，创业者正在自发组织起来，正在聚集一切可以团结的力量。在互联网金融迁徙的过程中，没有改变金融的本质。这个行业通过自己的创新，以独特的生态、模式、未来、监管、商业逻辑、技术研发、营销体系、行为、用户群体等，极大地区别于其他行业。

互联网金融创新是蔓延式创新

在这本书里，我将用九个篇章讲互联网金融如何通过蔓延式创新过渡到新的体系——互联网金融时代下的金融体系。在向体系转型的过程中，为什么通过蔓延式创新呢？有三种含义：第一叫作品牌蔓延，第二叫作情绪蔓延，第三叫作生态蔓延。

一个品牌的生长是循序渐进的，有规律可循。在品牌生长的曲线里，跟传统金融慢慢融合在一起，你中有我，我中有你。不同的业务，不同的形态可以密切交流。再大的品牌也会有竞品存在，再小的品牌也有实力去竞争。

互联网金融也跟情绪有关，有喜，有怒，有哀，也有乐。过去，互联网金融的情绪是焦躁和不安的；如今，互联网金融开始闲庭信步。互联网金融这种感染力会深深影响用户的选择，有的时候是思念蔓延，有的时候是爱的蔓延。

什么是生态？在我眼里，有三种生态：一种是催肥型的，各种抗生素加进去，极度膨胀的业务导致各条业务线青黄不接，有头无尾；一种是嫁接型的，通过业务并购重组，用抱团的方式在资本寒冬取暖；第三种是蔓延式的生态，不求速度，不求规模，典型的是互联网金融企业。

经历了互联网金融的爆发、震荡以及跨越，互联网金融每一个领域的创新都是从一个点开始聚集，然后慢慢扩散，最终形成一股“势能”。我发现，这股力量能保持一种向前的冲劲，从星星之火到燎原之势。

这本书是我作为联合创始人的义务

互联网金融先经历了生态与非生态的淘汰，接着又经历了蔓延式生态、催肥型生态、嫁接型生态的淘汰，存活了下来。

10 年前，我在新浪理想国际大厦的 19 层工作到深夜；10 年后，我在互联网金融领域摘下了一颗星星。作为一个亲历者，我们伴随着行业发展一点点成长、壮大。我想写一段历史，来记述这个行业从襁褓走向康庄大道的光辉历程；我想指出一条明路，来照亮这个行业从迷茫、挣扎到创新、发展的心路历程。

我们是一个有激情、有梦想的创业团队，为的是实现一个普惠金融的理想。如果没有加入这个团队，我的人生是一种缺失。我还想参与创造这个世界，自始至终地去关心它、照顾它，把它推到一个很高的状态。作为一名联合创始人的真正义务，应该是和这个公司的灵魂在一起的。

有人说梦想可以被埋葬，我知道这是错的，因为梦想会自行爬上来。我们依然对那个逝去的梦想怀有“乡愁”。有时候，我站在永恒的夜空之下，生命渺若尘埃。我们无法阻止青春输给现实，但能让现实输给我们的理想。作为创业者的心路，60 个日日夜夜，20 万字的心血，这一本书代表我另一个人生的开始。

不同的行业诱发了不同的力量，不同的用户行为习惯导致了不同的商业本质。互联网金融，研究者讲过了，但是他们说的互联网金融模式再丰富，最后能胜出的也仅仅是一两种；监管者讲过了，说的更多的是互联网金融如何低头，而不是关心互联网金融怎么站起来。我是代表所有的创业者发声，去证明互联网金融不是怎么活，而是应该这样活。

91金融联合创始人

吴文雄

自序二

互联网正在从中介化过渡到去中介化。在第二次互联网浪潮中，中介化是互联网与传统机构妥协的结果，通过中介，人们相信互联网。不过在第三次互联网浪潮中，去中介化是互联网发展到一定阶段的必然产物，中介的不透明性让去中介化成为必然。

在去中介化的趋势里，互联网金融最明显，也最彻底：一方面，中介化增加了中小企业的融资成本；另一方面，中介化与信任的理念是相悖的。如果中介不改变，创业者只能走一条路——改变中介。但是，创业者绝对不能走另一条路，那就是改变传统金融机构。

互联网金融发展的特点是什么

我们正处于一个时代的脉搏里，互联网金融的发展在去中介化的路上不会是一帆风顺的：一个原因是传统金融的根基在于信任，互联网金融在没有营造信任之前，去中介化就不能彻底实现；另一个原因是传统金融最大的竞争力在于 O2O，通过线下长年积累的信任感，线上的方式还不能完全替代。

随着互联网金融的发展，互联网不再是区分传统金融和互联网金融企业的标志。未来企业之间的区别，主要在于共享。传统金融机构是封闭的组织，从上到下层层审核，互联网还没有完全渗透里面；而互联网金融是开放的组织，通过去中介化以及包容的心态，互联网企业接纳更多的传统企业，一起成长。

我们正处在“共享金融”的时代里，从横轴上来看，共享金融一共有三种方式：一是信息共享，信息储存在公有云里；二是知识共享，一个人的经验会累积到下一个人的实践里面；三是服务共享，用户在一个生态里，享受不同产品的服务。

从纵轴上来看，“共享金融”也包括三个层次：一是居民、企业等金融资源的供求个体间的金融共享；二是居民、企业等金融资源的供求个体与金融机构间的金融共享；三是金融机构间的金融共享，包括同业的和跨业的。

从互联网金融进化到共享金融，是这个时代自己推动的。未来的人必须善于分享，才能更好地得到。

众筹是一种民主去中介化的方式

我们正身处于一个公众期望成为任何事情一部分的时代，这是共享金融赐予我们的。我们选择互联网，选择共享金融，需要一个蔓延式创新的过程。在实现共享金融的探索中，众筹、众创、众享成为三种途径。

众筹本质上解决经济问题，众创本质上解决就业问题，众享本质上解决民生问题。在我眼里，最容易实现的是众筹。因为众筹是一种民主去中介化的方式，公众能够对一种创造更直接、更强烈地表达自己的支持。任何人尝试参与众筹计划，就会感受到乐趣，并有深度参与的感觉——即便是非常微小的参与。而这种体验，正是实现共享金融的捷径。

众筹的时间轴上有两种阶段。过去是众筹 1.0，基于流量产生内容和兴趣，无论是科技产品、创意产品，还是股权，都是让别人知道。现在是众筹 2.0，基于社交圈和信息圈产生的众筹。众筹有两个系统，一个是众筹系统，一个是互动系统。离开互动去谈众筹，最后只能走流量的误区；离开众筹去谈互动，最后只是圈了一批人，却对他们无可奈何。

历史上的每一个小步都能卷起巨大的波澜，未来的每一件大事的发生都跟你做的每一件小事有关系。众筹最深远的意义在于真正触动社会资金的流动方式，人可以从公司解放出来，通过网络平台直接接触资本，而你只需支付你的梦想。因此，在《蔓延式创新：一位互联网金融创业者的行业启示录》这本书出版时，我们采用了众筹的方式。

共享金融下众筹是所有人梦想的集合

为什么去众筹一本书？因为这本书是千千万万人梦想的一个集合。当所有垄断的流程变成一种泡沫，我们认为最困难的就业、民生、经济问题都可以迎刃而解。人与人建立的信息隔离墙被逐渐打破，我们面对这样的潮流，只能去拥抱它。众筹不仅是共享经济的一种，比众筹本身更重要的是“众筹制度”，很可能成为超公司制度。

作为一个普遍的规律，众筹参与的人越多，价格会越高，传播的速度会越快。我们在发展的过程中，实现普惠金融最快的方式是众筹，自己完成不了的梦想大家一起完成。企业在发展过程中，实现最快的跨越就是众筹，自己没有资金大家一起来做。互联网金融发展至今，众筹的爆发不是靠一个人推动的，是靠大家一起推动的。

因此，这本书象征着一个梦想的开始，所有的梦想都是众筹创造出来的。同时，这本书也意味着一个美好的未来，世界上许多的美好都是被众筹创造出来的。在这本书之后，还有《八卦力》等越来越多的书出现。这本书不是结束，而是开始。因为美好一旦发生，就会一直蔓延下去。

最后，感谢我的家人、朋友、同事、导师，没有他们，就没有我的未来。

新兴经济的独立评论人

何晓冬

前　言

当我决定写这本书时，曾经很长时间处于一种焦虑的状态。为什么会焦虑呢？第一，互联网金融正处在历史的拐点，之前没有人去引导创业者和企业家，很多人都误入歧途；第二，当互联网金融写入“十三五规划”时，很多人都关心未来5年会是什么样子，却没有人清楚互联网金融的根在哪里。

这种“焦虑”一直存在。很多创业者的迷茫不全是自身造成的，人云亦云、随波逐流等是一部分人的心态。我一直都在寻找答案，希望发出一个代表创业者的声音。

2014年6月17日，我在全行业内第一次提出互联网金融生态系统这个概念。在此之前，很多企业都习惯做追随者，而不是做引领者。当一个企业有了足够的张力之后，有了自己的态度的时候，创业者首先需要想的是：为什么做这个业务？

生态，这是我想到的第一个答案。在这个金融生态系统里，我们既跟传统金融机构合作，帮助它们找用户，卖产品，成为它们的分销渠道，同样也通过互联网来找到更多的用户群体，将传统金融机构的优质资产，通过联合产品设计、风险控制，满足用户的定制化需求。我相信，只有生态才是互联网金融的发展方向。企业通过打造互联网金融生态，拥抱监管，与传统金融深度融合。

如今，互联网金融生态正在从概念变成现实。互联网金融在业务创新和服务体验提升上有先天优势，可以为传统金融机构提供必要的补充，帮助传统金融机构提供更加完善的服务和更加便捷的渠道，并覆盖传统金融服务的盲区。可以看到的是，近年来互联网金融行业的发展确实历经了日新月异的蓬勃扩张，不仅是众多的互联网科技企业，而且各大传统金融机构也都纷纷触网，用非常开放、创新的姿态迎接互联网金融。

我发现，生态这个概念已经超越行业，从一个行业正在迅速蔓延到另一个行业。汽车、金融、O2O……各行各业都被生态所包围，但是很少有企业能够突围出去。很多人都在说生态，很多企业都在做生态，互联网金融亦是如此，近年来随着不断发展壮大，生态在金融行业内扮演了越来越重要的角色。互联网金融与传统金融的关系正在相互融合，彼此促进，共同推动金融行业的发展。

随着时间的推移，生态已经解决了很多企业发展的问题，但是新的问题又来了。创业者一味地追求发展规模，而不懂得控制发展的速度。在资本的裹挟下更多的是互联网的扩张而不是蔓延。创业者应该想的是：如何对待创新?

蔓延式创新，这是我想到的第二个答案。我们改变不了别人，只能改变自己。因此，对于创业者如何从复制的窠臼中脱离出来，如何从颠覆的惯性思维里逆转，我想说两句心里话。

第一句心里话是，互联网金融这一行业最终将会消失，但是消失，并不意味着消亡。互联网的本质是改善信息流动，而金融的本质是消除三大不对称性。拥抱互联网的方法和技术，与其说是金融创新，不如说是金融的本质。未来整个金融体系将和互联网实现深度融合，不再能够被严格区分。那时候，金融则是以互联网为技术支撑的批量交易。

互联网+金融不是简单地对两个行业取交集，也不是“你取代我，我取代你”的创新，而是在互联网思维模式、业务形态与传统金融产生跨界融合后，在新的经济环境下生长出更大、更结实的业态。

第二句心里话是，互联网金融的生态化不可逆转，将呈现三大趋势：移动化、平台化、生态化。移动化是指互联网金融的移动端战略创新；平台化即服务平台模式，互联网金融平台应定位于信息中介模式；生态化是指互联网金融企业的各个业态全方位布局，同时助力各家金融机构的混业发展。

随着实践的深入，我们发现生态不是一个“万能钥匙”，还需要其他理论配合。金融和互联网的最终的融合，还需要满足生态化的三个前置条件：对企业而言，需要数据和模型的积累，包括如何让决策引擎满足市场需求；在行业层面，需要用户结构的改变，包括整个互联网环境下更多维度的数据创造；在创新的理论上，需要给蔓延式创新提供足够的营养。

从事互联网行业十余年来，我一直做的就是这两件事：提出问题，找到答案。我写这本书的初衷是，用自己的经验解决实际问题。当下，我在全行业再一次提出“蔓延式创新”这个概念。当全行业都在谈生态的时候，我想解决互联网金融的发展路径问题。这是创业者应该做的事情，也是我义不容辞的责任。

这个行业正处在一种危机之中，表面上的风平浪静掩盖不住藏在地底下的“暗流”。在互联网创业中都遵循一个道理——“唯快不破”，但在互联网金融企业上却最该强调“唯稳而立”。创业是一堵墙，从上面走过去是坚持，从中间穿出去是突围。互联网金融企业要做好过冬的准备，储备能量的一个途径是坚持创新突围。

知道了答案，创业者不一定可以独立解决问题，但是，一个问题如果没有答案，那才是最难解决的。在这种“暗流”下，我想通过这本书，让互联网金融加速发生一次伟大的变革，这或是创业者对这个时代发出的最强有力的声音！

吴文雄　何晓冬

目录

推荐序一

推荐序二

推荐序三

自 序 一

自 序 二

前　　言

引　言

第一章　初识互联网金融：起源

1.1　如何看待颠覆论和不颠覆论 …… 7

1.2　如何区分 P2P 与互联网金融的关系 …… 12

1.3　互联网金融怎么对待监管 …… 17

1.4　互联网金融是“传统金融+互联网思维”吗 …… 23

1.5　互联网金融成为时代的代名词 …… 28

第二章 传统金融机构发展：破局

2.1 银行理财如何改变 …… 34
2.2 小贷公司如何定位 …… 39
2.3 担保公司如何自保 …… 45
2.4 保险公司如何求生 …… 50
2.5 大资管时代下的基金 …… 56
2.6 风口上的互联网证券 …… 61

第三章 互联网金融发展：快速生长

3.1 信息撮合：从金融“沃尔玛”到“万达”的变化 …… 67
3.2 去伪存真：金融搜索服务已经过时 …… 72
3.3 切入市场：从百度、小米的案例看选择市场的差异 …… 77
3.4 定制化服务：传统金融和互联网金融走向合作 …… 83
3.5 交易撮合：如何发展平台业务和生态业务 …… 88
3.6 技术内核：基因背后的网站安全建设 …… 94

第四章 互联网金融壮大：融资

4.1 天使轮：创业者靠什么打动投资人 …… 99
4.2 A 轮融资：如何找到属于自己的盈利模式 …… 104
4.3 B 轮融资：除了商业说话，还需要什么技巧 …… 110
4.4 C 轮融资：如何获得 1000 万用户 …… 115
4.5 创业者的作用力：必须谨记的六大军规 …… 121
4.6 资本的反作用力：退出机制和融合 …… 126

第五章　互联网金融成熟：商业模式

5.1　工具+APP 商业模式：开发 APP 需要注意什么问题 …………… 132
5.2　长尾型商业模式：互联网金融如何挖掘长尾用户 ……………… 137
5.3　跨界商业模式：从 Uber 和米其林的案例看企业如何寻找商机 ………………………………………………………………… 143
5.4　免费商业模式：互联网金融正在粉丝化 ……………………… 148
5.5　O2O 商业模式：互联网金融发展 O2O 应避免的误区 ………… 154
5.6　平台商业模式：企业走向平台的五个步骤 …………………… 159

第六章　互联网金融制高点：生态业务

6.1　摆正位置：如何兼顾业务扩张和规模控制 …………………… 165
6.2　三迁之教：如何选择性地做业务上的聚焦 …………………… 170
6.3　解决不对称：如何服务中小企业和农村市场 ………………… 175
6.4　返本还元：建设基础设施，发展核心竞争力 ………………… 181
6.5　去故就新：开拓创新时应恪守哪些方法论 …………………… 186
6.6　普惠金融：互联网金融生态和社会主义价值观 ……………… 192

第七章　新媒体时代的互联网金融：极致营销

7.1　互联网金融企业的新媒体运营技巧 …………………………… 198
7.2　互联网金融市场推广策略 ……………………………………… 203
7.3　互联网金融如何锁定目标用户 ………………………………… 209
7.4　互联网金融如何进行公关传播 ………………………………… 215
7.5　互联网金融传递的核心价值观是什么 ………………………… 221

7.6 企业员工应该怎么做极致营销 …… 225

第八章 互联网金融激活未来：思维制胜

8.1 投行思维：破解互联网证券的密码 …… 231
8.2 营销思维：如何解决用户理财中的痛点 …… 236
8.3 极致思维：跟着风控总监学习如何做风控 …… 242
8.4 情感思维：从节日营销谈产品如何走心 …… 247
8.5 迭代思维：让听到炮声的人做决策 …… 252
8.6 混业思维：未来将没有互联网金融 …… 258

第九章 互联网金融巅峰时刻：IPO

9.1 怎么选第一笔钱：人民币资本还是美元资本 …… 264
9.2 如果你是创业者，你会拒绝比尔·盖茨吗 …… 269
9.3 去A股上市到底为了解决什么问题 …… 275
9.4 从暴风科技等成功案例来看拆解VIE结构的风险 …… 281
9.5 互联网金融IPO是创业板还是新三板 …… 286

后　记

引　言

外面的人想进来，里面的人想出去，“围城”的困惑一直存在。在一个圈子久了，铜臭味就出来。在写这本书之前，很多学者、专家出过有关互联网金融的书籍，但都是以“城外人”的角度看待互联网金融这个“围城”。始终没有这么一个人，站在从业者的角度去思考：互联网金融的“根”在哪里?

这个根在传统金融的地底下。用户行为因为互联网的到来发生大迁移，导致传统金融生态、传统金融服务模式、金融消费体验形式都在大数据、云计算、移动互联等互联网技术飞速发展的环境下发生了大变化。因为互联网金融的出现，这个根逐渐暴露一些问题，从而导致行业监管、创业、趋势等现象。

传统行业处于这样的态势下，面临发展模式、盈利、营销、发展速度等问题。那么新兴企业要怎么做，怎么迎接这个浪潮？为了把这个“根”留住，我以一个观察者的角度去思考这些问题，最终形成这本书，以全景式呈现互联网金融的发展逻辑和未来趋势。

第一，互联网金融行业的诞生、发展是有其深刻原因的，也是历史发展的必然。

一方面，中国经济大环境发生了重大变化，从过去 30 年依靠出口、投资拉动经济增长的方式转变为以创新、消费为经济发展的驱动力。这样的变化，体现在消费层面就是国民消费出现“井喷”。

同时，财富的积累、经济模式的转型也催生出理财经济，股市、黄金、外汇成为投资热点领域，之前的牛市反过来又促进理财知识的普及。而互联网生活方式的变化，带来很多应用，出现很多新的理财模式，更多中国的居民储蓄从银行流向互联网金融的资产端，最后进入一个大众理财时代。

另一方面，人类从工业化时代进入互联网时代，以大数据、云计算等技术为基础，互联网作为工具可以把很多传统行业进行升级换代，互联网+金融、互联网+医疗、互联网+教育、互联网+能源等都可以使得过去工业时代传统集约式的模式和思维，转变成互联网化的模式和思维。

在工业4.0阶段，中国企业开始逐步向分包式的方向发展，形成众包互助式的共享经济，出租车公司再也不需要招1万个出租车司机，租赁1万辆汽车，而是每个人都可以共享自己的车，打造全新的互联网出租车公司。这种模式让实体经济循环更快、效率更高。这是互联网对传统经济带来的巨大飞跃，这种飞跃是历史性的。

中国已经在临界点上，互联网金融反过来像横切面一样，打通所有的传统环节，加快每一个个体之间金融的关系，支付、结算、借款等环节更加精细化，能够定制化地为每一个企业及个人提供适配金融服务，来加速实体经济的循环。可以说互联网金融是中国金融史上一个伟大的创新。

第二，虽然都是“互联网+”，“互联网+金融”却与传统的“互联网+其他实体行业”有本质上的不同。

传统互联网的创新是非黑即白，一刀切式的。如互联网电视是颠覆式创新，因为其彻底颠覆了原来的电视模式，改变了用户的收视习惯，是取代性的，还包括打车软件、上门美甲等O2O模式。这种颠覆式创新，试图通过把创新模式嫁接在原有需求上，用一个新的场景，置换原有的需求场景，呈现非A即B的局面。

互联网金融创新从网上支付、二维码支付开始，到网上选购金融理财产品，进行资产配置，再到实现个人定制化产品服务。传统金融机构也从最初的排斥到逐步接受，慢慢融合，并推出线上定制化的金融产品和服务，一步步加强与互联网金融公司的合作，到现在双方之间形成一种竞合关系。

因此，互联网金融创新是逐步进入人们的日常生活中和经济活动中的，就如树藤一样，以蔓延式的状态，不断进入其他业务范畴，并与之交织融合，让人无法抵抗，在潜移默化中形成一个新的业务形态——“互联网时代的金融体系”。我创造性地将这种状态定义为“蔓延式创新”，这是互联网金融区别于其他行业的独特创新特点。

第三，早期阶段，互联网金融被人误认为只是一个信息工具，金融+互联网网站，就被定义为互联网金融，这是一种人为割裂两者之间的内在联系的思想。用纯粹的互联网思维做金融不会获得成功。

事实也是如此，如微众银行，摆脱不了原有银行体系的条条框框，最终只是照原有的银行金融逻辑在互联网平台上展现出来。同样，纯粹的金融思维做互联网化业务也很难，传统银行在很早之前就开通了网上电子银行，但没有形成真正的用户群体，是因为它们只是把互联网作为一个流量工具，一个用户的端口，并没有解决金融效率和运营成本的问题。

传统金融从线下的柜台变到线上，这是一种伪互联网思维。真正的互联网思维，是在尊重风控、安全等金融本质的同时，还需要发挥互联网开放的特色，通过云安全、交易、支付等环节，积累大量用户数据。以此为基础，才会诞生蔓延式创新，变成互联网金融，成为互联网时代下的金融体系。

目前，互联网已经从PC时代进化到移动互联网时代。信息在移动互联网时代变得更加真实、有价值、快速，而且能累计、分析判断。另外，我们可以在移动互联网的大框架下，运营最有效率的互联网金融生态系统。个人的理财、投资、保险、财富增值，银行与银行之间的同业结算，企业与企业之间的资金匹配，通过互联网变得更加有效率。

总之，互联网和金融两者本身之间就有天然的共性，都是一种数字化的信息流通，而互联网的流通更及时、更详细，尤其是移动互联网时代到来让这种信息流更快速，超越了地域和空间限制，并且这些信息都是真实的数据。最后蔓延到一定创新程度之后就变成一体，你中有我，我中有你。

第四，征信系统、个人数据、互联网到达方式、匹配资金需求方式正在发生变化，都从过去传统的集约式、金字塔的方式，向现在扁平化的、分布式的方向发展。

互联网金融的本质还是金融，拥有风险、收益、逾期等所有金融产品的特点，所以互联网金融通过互联网的方式来收集用户信息，设计独特的金融资产去匹配用户的金融需求。在信息转向金融产品的过程中，互联网金融与传统金融机构会融合得更充分。

互联网金融现在有众多模式，包括支付、众筹、P2P、虚拟货币及互联网导购等。金融的本质是流通，阻碍流通的是什么？是信用成本。我们通过买一个东西实现货币流通，也可以实现所谓的金融关系。那实体经济为什么运转得很慢？因为传统金融验证个人真实信息的方式有限。

互联网和金融这两个信息网络叠加之后，原有的系统信用成本很高，致使金融流通变慢，效率很低，进而导致传统实体经济受损。而今天互联网金融使得我们整个的流通效率变得更快，因为信息更真实，更符合金融本质。所以说互联网金融时代是一个很伟大的时代，它超越了过去我们对企业、个人、资金流转方式的传统物理判断方式，变革了信用评级方式。

过去的资金流通模式是我把钱借给你，要先放在银行，通过银行背书，最终银行贷款给你。今天，因为所谓的社交金融的关系，不但我可以直接把钱借给你，而且由于未来我的信用更好，我愿意把我的信用变成钱，变成权益分享给你，从而大大节省了流通环节。这样就使得个人与个人之间突破了原有必须要通过一个大节点的局限，从而产生更大的内循环。

随着互联网与金融的深入结合，互联网金融正在蔓延式创新。我相信互联网金融企业的发展思路一定是与传统金融机构进行充分合作，发掘潜在匹配用户，提升金融服务质量和效率。在此基础上，去创造与创新自己独有的商业模式。

我相信，蔓延式创新是一个普遍的公理，决定了互联网金融如何发展。违背了这个公理，就如逆水行舟，不进则退。蔓延式创新是行业发展的最后一次机会，如果整个行业被颠覆式创新垄断，这个行业就会重蹈团购网站的覆辙。我深深地记得“千团大战”后的惨象，一将功成万骨枯，99%的团购网站关闭，剩下的1%也只能靠融资“苟延残喘”。

正因为互联网金融有蔓延式创新的特色，才有了独特的生态、独特的模式、独特的未来、独特的监管体系、独特的用户群体和商业逻辑以及营销体系。这是互联网金融能进入各个行业的共同的商业本质。这本书共分为九章，从互联网金融的起源、破局、快速生长、融资、商业模式、生态业务、极致营销、思维制胜、IPO 等方面全景式呈现了互联网金融是如何进入原有金融体系的，双方交织融合，实现蔓延式创新。

互联网金融发展至今，同行之间一直缺少一种默契，传统金融和互联网金融业也缺少这种默契。通过这本书，我希望能给创业者一些中肯的建议，帮助他们找到互联网金融发展的本质，希望所有同行都能找到蔓延式创新的方法论。

第一章　初识互联网金融：起源

1.1　如何看待颠覆论和不颠覆论

在互联网金融领域，颠覆是一个刺眼的词汇。在走向创新的道路上，传统金融与互联网金融有一道人为设置的屏障。这个屏障在不同语境里有不同的含义。

国王为什么死了

有一个故事：法国的一个国王坐在火炉边烤火，火越烧越旺。由于平日里帮他搬椅子的随从不在身边，他就一直停留在炉子旁，最终被烤死在那里。原因究竟是什么？为什么这个国王不愿意自己站起来把椅子搬远一点？

"国王之死"更像是传统金融的隐喻：一方面是"不愿意搬"，另一方面是"不愿搬得远一点"。对于传统金融来说，这两个是死因；对于互联网金融来说，这两个是机会。为了治疗"不愿意搬"这种病，互联网金融正在回归中介的属性，让用户和金融产品直接联系到一起。为了治疗"不愿搬得远一点"这种病，互联网金融正在解决服务用户过程中产生的"三大不对称性"，提升沟通的效率及到达用户的程度。

什么是回归中介？我认为，传统产业有两种：一种是层层加价，两头收钱；另一种是层层减价，盘剥用户。层层加价是卖东西，层层减价是层层转包，把价格压得更低了，这是传统产业链模式。新兴的互联网是向上结构，不存在层层加价。在线上互联网完成了信息的高速匹配，直接交易，从而实现了成本的降低和效率的提升。

什么是“三大不对称性”呢？最传统的说法是信息不对称、知识不对称和服务不对称。随着互联网金融的发展，这种不对称性也有了不足之处。进一步解释，信息不对称性只解决了信息撮合问题，没有解决交易撮合的问题；知识不对称性只解决了金融产品如何匹配的问题，没有解决自营金融产品的问题；服务不对称性只解决了和用户沟通的问题，没有解决为用户加工的“私人定制”的问题。因此，新的不对称性一定是围绕交易撮合、自营产品和私人定制进行的。

总之，作为生存的一种技巧，回答国王“为什么死”是没有意义的，解决国王“为什么生”才是真正的结果导向。

颠覆论带来的烦恼

“国王死了”是颠覆论的观点。在互联网金融里面，这个故事就变成了“国王新生”。于是，这个故事改成这样：国王在火炉边烤火，但是火苗渐渐冷下去了，随从紧紧跟在国王后面，不断往火炉里添加木柴，火苗越来越旺，国王感觉越来越暖。在不颠覆论的观点里，互联网金融的本质在于金融；互联网作为工具，更好地服务实体经济。

合作是必然的，因为在传统金融里，有四组词语是颠覆不了的：一个是仪式，一个是逻辑，一个是严谨，一个是传承。其中，仪式代表美感，逻辑代表意识形态，严谨代表风控，传承代表组织架构。传统金融靠着这四个词语存活了几百年，对于还在婴儿期的互联网金融企业来说仍有三个问题：一是没有相应的追债机制；二是需要多少人力成本不确定；三是中国还没有一个完全意义上的次级债市场，那么如何确保盈利。

不要把自己做成一个具体的银行，也不要把银行看成对手，互联网金融要服务于银行才有机会。对于那些时刻想“颠覆金融”的人，更应该懂得敬畏金融。如果给那群人画像并分类，大概就是这么五种人：

（1）你头没流血，说明没使劲呀。(笑看传统金融转型失败的人)

（2）你应该直接撞死到上面才显得足够伟大呀。（那些死在颠覆路上的人）

（3）你撞击枷锁的姿势不对呀，应该这样才对。（掩盖自己风险的人）

（4）你是在作秀吧？炒作吧？（看到别人成绩好而心生嫉妒的人）

（5）（更有甚者）你冲撞枷锁可能会导致枷锁被人进一步加固呀，还不如不要碰它，破罐子破摔，等它自己总有一天腐烂崩溃吧。（不敢在创新上试错而吹毛求疵的人）

这五种人都是围在传统金融身边看热闹的人，同样，也是造成互联网金融里各种跑路、提现困难的"麻烦制造者"。如果一个金融公司的领导者是其中的五者之一，那就有很大的灾难，没有敬畏之心的互联网金融企业是没有未来的。

创新不能不自量力

社会在进步，每一次进步都是一种创新，而不是一种颠覆。在传统的机械加工领域，只有把创新和颠覆捆绑在一起，创新力才能变成最持久的可持续竞争优势。在互联网金融领域，创新是一个高频词汇，但创新和颠覆应该区分来看，即使它不显示在资产负债表中。

互联网金融的创新有它的先天局限性。例如，有的企业在资金池上做创新，把用户提款时间从"T+1"改成"T+0"；有的企业踩着监管的红线，简化风控的流程，降低线下风控的成本，在风控上做创新；还有的企业打着方便用户的旗号提高了产品的风险，动辄就是超过18%的收益率……为了克服这些先天不足，互联网金融领域的创新，更多地体现在提高运转的效率、用技术缩短时间、寻找用户等方面。

互联网金融的创新是不断试错的结果。实际上，当第一次向创新做出改变时，如果企业不能以网络时代速度达成目标，一些从业者会气馁。创业者要真正理解，革新不是一个事件，而是一个终身的过程。所谓创新突破的过程有相同的模式，这是经常被人们所完全误解了的。当然，会有脑洞大开的时刻，但互联网金融是在能力范围内做任何事，而不是单凭想象做任何事。

有量力而行的人，也有不自量力的人。有人高喊“从不妥协”，有人“一语不发”，有人继续做庸众，而必然要走的那条创新之路也对你露出獠牙与微笑。与其去思索和赋予创新某种意义，还不如在当下先做起来，然后再来找突破口。

颠覆论是一个“公地悲剧”

有一次，许泽玮给我推荐了一本名为《公地的悲剧》的书。书里讲到，一群牧民一同在一块公共草场放牧。一个牧民想多养一只羊增加个人收益，虽然他明知草场上羊的数量已经太多了，再增加羊的数目，将使草场的质量下降，草场退化。牧民将如何取舍？如果每人都从自己私利出发，肯定会选择多养羊获取收益，因为草场退化的代价由大家负担。每一位牧民都如此思考时，“公地悲剧”就上演了——草场持续退化，直至无法养羊，最终导致所有牧民破产。

颠覆论是一个“公地悲剧”，最终也会拖累其他互联网金融企业。在一个没有秩序的市场里，信用成为牧场，用户成了“公地悲剧”里面的草，不断退化，不断从这个市场里退出。当规模的风险在疯长却没有办法控制时，在是否刚性兑付上，一个企业跑路的小概率事件会让整个行业蒙受损失。在一个万马齐喑的草原里，如何制造出万马奔腾的景象？答案只有一个，那就是“想方设法活下去”！

对那些互联网金融从业者而言，在非常恶劣的环境下，他们也能活下来。这个市场环境很热，哪怕空气、食物很不好，大家都能活得很好。但是，当有这些之后，你下一步的战略怎么走？这些发展和崛起靠的是什么？还是靠现在的格局吗？肯定不是，你得回归金融的本源，你的风险意识、安全意识怎么样，它才是决定你未来的真正的洗牌，是潮水退去的时候你能不能活下来的标准。

“活下去”，在互联网金融是一种说着很简单但做着很难的，貌似没有门槛其实门槛很高的状态。

把颠覆论扔进废纸篓

当岁月将棱角碾平，变成一模一样的复制品，我们在这种个性的不断重塑中，终于不再用冲撞的方式与传统世界对抗，而是依附于传统世界。

在旧世界里，传统金融和互联网金融势不两立，一切可以搅局的都变成了风中流窜的子弹，成为发展的绊脚石。在新世界里，互联网金融可以和传统金融合作，可以自己设计金融产品，可以自己成立基金公司，甚至实现对传统金融入股……从此之后，人们的观点随着阅历与经验的增长不断变化，逐渐意识到："颠覆论"到了该丢掉的时候。

我一直强调，互联网金融不是象牙塔里学者研究出来的，而是创业者慢慢探索出来的。在一场会议里，我提出"两个红利"的概念。

一个是政策红利。目前，随着政策逐步开放，监管逐步落地，我们看到一个有利的因素，那就是行业监管的方向落地，进一步规范行业发展。政策红利离不开政策的扶持，这个扶持来源于经济结构调整带来的机遇，一定要从金融市场角度进行深化改革。这种政策红利落实到传统民间资本，或者叫借助于互联网展开金融服务的市场领域里面，给予极大的支持。

另一个是互联网红利。从宏观来讲，互联网已经进入下一个发展周期；从微观来讲，中国已经到了财富管理阶段，或者叫个人理财非常繁荣的时代。在这时代，因为每一个个体都有这样的一种需求，大家都被启蒙了。如果说放在3年前还没有那么大的市场群体，现在已经具备了这样的群体了，这一切，都要归功于移动互联网。

在这两个红利的影响下，2015年，互联网金融迎来转正。对企业来说，这不是一个洗牌之年，而是一个机遇之年。但同时，互联网金融已经被拉下神坛，后来者可以享受到的红利越来越少。

2015年7月18日，经党中央、国务院同意，中国人民银行（以下又称央行）、工业和信息化部、公安部、财政部、国家工商行政管理总局、国务院法制办、中国银行业监督管理委员会（以下简称银监会）、中国证券监督管理委员会（以下简称证监会）、中国保险监督管理委员会（以下简称保监会）、国家互联网信息办公室联合印发了《关于促进互联网金融健康发展的指导意见》（银发〔2015〕221号，以下简称《指导意见》）。

在《指导意见》里已经明确说明了，互联网金融本质仍属于金融，没有改变金融风险隐蔽性、传染性、广泛性和突发性的特点。加强互联网金融监管，是促进互联网金融健康发展的内在要求。同时，互联网金融是新生事物和新兴业态，要制定适度宽松的监管政策，为互联网金融创新留下余地和空间。

因此，在看待颠覆论和非颠覆论这个问题上，已经有了明确的规定，那就是互联网金融如何拥抱传统金融。

1.2 如何区分P2P与互联网金融的关系

企业害怕自然选择，但实际上，自然选择给了企业生存的机会。互联网金融是一个自然选择的过程，人们在进化过程中难免陷入两难的境地：做恐龙，还是做达尔文雀？既然颠覆论已死，互联网金融如何进化？

谁在消费“恐龙之死”

互联网金融的快速发展，是因为继承了传统金融的基因。不幸的是，一是由于转型的压力，二是由于创新的不足，传统金融机构这只“恐龙”正在加速死亡。

转型是适应环境变化的一种无奈之举，互联网证券政策的放开，让同业并购重组加剧。2014年，国泰君安证券收编上海证券、申银万国证券并购宏源证券、中纺投资重组安信证券等。与此同时，随着互联网金融的发展，证券行业和券商发展都面临着冲击，大智慧90亿元收购湘财证券，东方财富网斥资40亿元收购同信证券70%的股权，海通证券旗下海通开元领投91金融B轮融资。当券商依托牌照的同质化竞争被打破，券商已成为握有牌照资源和用户资源的“恐龙”，危在旦夕。

创新是一个企业“传宗接代”的遗传基因。2014年，微软、索尼、惠普等曾经被认为不会垮掉的巨头正在面临被收购的困局，谷歌高买低卖甩摩托罗拉，后者被联想29.1亿美元收购，惠普华三业务被清华紫光“临幸”。随着十年过去，巨头手握的专利红利——这个最后的想象空间也已千疮百孔。互联网让升级迭代的频次变得争分夺秒，“三十年河东，三十年河西”的规律在互联网时代正在压缩为3年、3个月、3天，甚至朋友圈的3小时。

创新无力，转型无门，头病医脚，脚病医头。我认为，传统金融的胡乱就医让互联网金融有“三个怪现状”：一个是唱红“恐龙”，一个是献媚“监管”，最后一个是忽悠“用户”。只要按照这三个逻辑，都敢去找投资人。作为一个不能直视的残酷现实，当“人人互联网金融”变成人人消费的话题，互联网金融是红红火火的。假如“恐龙”的寿命只剩下3天，着急的不是传统金融，而是那些挂着互联网金融的羊头却卖狗肉的企业。

生理期与互联网金融的关系

如果说2014年的大热是概念驱动的，那么2015年的大衰很有可能是政策驱动的。从进化论的角度来看，存在即合理，给行业带来痛苦不代表最次，从趋利避害的本能来看，为什么月经没有被优胜劣汰的自然法则淘汰掉？

想回答这个问题，首先要知道，生理期与互联网金融有着相似之处。我总结下来有三点：

第一，都不能过分追求流量。互联网金融追求规模一定是死路一条。我一直强调，一个做流量的生意一定只关注增速而不关注风险，我希望今天是1000万，明天2000万，后天5000万。但是一个做金融的生意一定在速度上退而求其次，关注用户固然重要，但更重要的是风险的控制，而银行恰恰最强的是这个地方，所以我们跟银行去合作，这也决定91金融的业务模式跟很多其他公司不一样，也决定了我们早早实现了盈利。

第二，都是一个风险业务。生理期的女性不仅白白丢失了营养，还做什么都不便利，最致命的是向周围的猎食者暴露了行迹。例如她在海中游泳，鲨鱼可能会被引出来咬她！在互联网金融领域，杠杆不能“任性”，注册资本3000万元但贷出去20亿元是很可怕的事情。另外，风险业务不能做大，单一提供的风险性管理业务最终都会走向衰亡。

第三，都需要尊重客观规律。目前，政府对金融是有控制的，而互联网金融的发展是失控的。因为它需要很多创新，有很多业务增加，就像鲶鱼效应，它不希望被控制，被监管，这是一个矛盾点，那就要寻找平衡。一旦失去控制，最后业务出现问题了，可能会殃及整个行业，所以发展和创新也是要遵守法律的，尊重银行赖以生存的土壤，尊重金融的规则。

P2P的“锚点”

P2P疯长以来，将会在哪里靠岸，锚点将在哪里？P2P在进化的道路上走了弯路。成立早期，P2P在对用户的营销过程中，常见的说法是网站体验、移动端体验、快捷支付、第三方支付、法律保障、风险准备金、大数据分析等。还有一些是曾经存在过现在已经消失的，比如高管与用户风险共担等。抛开现象看本质，P2P无论花样如何，始终改变不了运营成本居高不下、P2P用户流失的现状，也改变不了高息必然死亡的法则。

P2P运营成本很高的原因在于，和P2P合作的担保公司和小贷公司两边收钱让收益率近乎高利贷；没有数据支撑，线下风控审核耗时耗力；凭借高利贷的高利润贸然使用人海战术等。成本是透明的，但从降低运营成本这个核心出发，现行P2P有加盟商的让加盟商兜底，没加盟商的让担保公司担保。其实，降低运营成本唯一的方法就是保证安全，为安全付出的所有成本相当于期权，未来肯定会取得加倍回报。

由于单一业务难以满足平台的多元化需求，P2P积累的第一批种子用户正在流失，围绕借款人和投资者，小贷公司、担保公司和P2P平台都在从银行争取客户。在没有征信的情况下，对于借款人的还款意愿，平台在跟担保公司合作，但“自担保”模式以及“虚假担保”的问题越来越严重，将这种模式带到死循环里面。用户如何甄别呢？换位思考即可，平台想要生存，看的是你的合作伙伴，合作伙伴都不靠谱，平台注定也不会走得很远。

目前，借款人难找到，投资者难留住，平台用户体验差的现象还会长时间存在。互联网金融对用户永远渴望，P2P 的锚点就是找准中产阶级的痛点，未来的社会一定属于中产阶级及想成为中产阶级的人。

P2P 也有“生理期”

2015 年，也可以定义成互联网金融的“生理期”。

“生理期”期间，会遇到很多磨合。比如监管政策，比如互联网金融和第三方平台合作，都是无奈之举。用户体验在进化过程中，也是成本与利润的妥协。以移动化为例，一方面，P2P 平台通过限制用户体验，在快捷支付、移动端体验、提现功能上寻求平衡；另一方面，P2P 平台和第三方平台合作，增加获客渠道以弥补运营的短板，一是降低获客成本，二是通过新用户来消化一部分成本。

随着 PC 用户的转移，用户的痛点集中在提现和移动端上，P2P 一般都是 T+1，也就是隔天到账，甚至还有 T+2 等。如果变成随时存取，有可能踩了自设资金池的红线。这是网络借贷的一个现实问题。在移动端的体验上，是否投标，是否支持快捷支付，是否支持提现等都是需要解决的门槛。

我反复强调：对平台而言，只要用户还在，再小的平台都能生存；只要信用贷的坏账还在，再大的交易额都是浮云。用户体验是一个长期的过程，在前面有陷阱，有门槛，有护城河，在进化过程中，还需要“生理期”的考验。

随着《指导意见》正式出台，网络借贷的“生理期”提前到来，互联网金融企业围绕银行存管制度、征信以及合法合规将迎来一次“大考”。那些不合规的 P2P 平台，很有可能提前倒闭。

做恐龙，还是做达尔文雀

自然法则里，衡量一个产品有生命力的标准是优胜劣汰。在这种自然法则指导下，还有大量用户没有被满足。

在自然选择里有两种法则：一种是“恐龙法则”，当自然环境发生突变，不能适应环境意味着走向灭绝，比如恐龙；一种是“达尔文雀法则”，物种会随着自然的变化而变化。达尔文在加拉帕戈斯群岛上发现了一些体型很小、羽色暗淡的雀鸟，约翰·古德按照喙形竟把这些小雀分成了 14 种。如今，互联网金融无时无刻不在两种法则的影响之下。无论是 P2P，还是新兴的互联网证券，都必须在两种法则下做二选一。

P2P 在进化之路上有先天缺陷，作为一个风险业务注定不能向“恐龙”发展。我和许泽玮在一次谈话里说到，从整个金融市场来看，P2P 的比重很小。从一个企业健康发展的角度来看，P2P 业务只需要满足用户需求就可以了，不需要做得很大。我们所有的业务都是为了满足用户的交易撮合。一个直接理财业务和一个包含 P2P、证券、基金、贷款、保险等业务在内的金融生态是不能画等号的。

互联网证券作为一个新兴市场，在向“达尔文雀”进化的过程中，还需要经历三个阶段：第一个阶段是进化的两个渠道明晰，一是作为主体发起设立证券期货经营机构，开展牌照类业务，二是坚持中介的属性；第二个阶段是进化的入口明晰，互联网证券归根结底是结合人的需求做定制化的产品；第三个阶段是进化的方向明晰，从金融搜索服务到自营产品，从单一业务模式转向生态模式，有一个从低级到高级的演化过程。

随着《指导意见》正式出台，对于互联网金融来说，以网络借贷为例还需要迈过三道门槛：第一道门槛是银行存管制度；第二道门槛是合格投资者制度，如何把用户披露的信息妥善管理，如何实现客户资金与从业机构自身资金的分账管理，客户资金存管账户应接受独立审计并向客户公开审计结果；第三道门槛是与传统金融的合作，互联网企业如何和证券、基金、信托、消费金融等开展合作，拓宽创新型财富管理模式。

一千个人当中有一千个对互联网金融的看法，互联网改变了我们适应环境的方法。传统券商在向互联网进军的过程中，会兼顾两种用户：一种是传统券商赖以生存的大中型客户，另一种就是互联网券商积极拉拢的小散客户。传统金融机构向互联网进军，也会兼顾需要借款的中小企业和需要高收益的用户。互联网连接了B端和C端，未来的互联网金融，是C端的，也是B端的，但归根结底还是C端的。

互联网也让我们对用户形成更清晰的定位。让企业不仅关注用户过去是怎么理财的，还关注用户现在是怎么想理财的。例如，一个喜欢喝皮蛋瘦肉粥的用户是否对网络借贷感兴趣，一个二次元的小孩适合哪种类型的贷款，一个经常在五道口叫外卖的用户是不是未来的股民，夏天女孩的裙子长短与股市大盘会有什么交集，打开页面或者APP，通过算法就计算出你未来一周后可能要理财……环境、行为、效果、用户正在发生无数个关系。

什么是互联网金融？我们要从自然法则的角度去思考它的演变，分析它的过去及未来，这才是互联网金融，或者叫数据金融。5年以上的数据金融才会形成一个更好的状态，能够有效地帮助企业去融资，帮助个人优质地匹配金融资产和产品，让传统金融体系能够更有效率地运作起来。它可以通过这个平台找到用户，专注于资产管理能力、产品设计能力和风控。这才是一个完整而且完美的生态。

1.3 互联网金融怎么对待监管

商业在制造秩序，又在淘汰秩序。监管在制定“有形的手”，又在调控“无形的手”。2015年开始，这个市场变得比过去单纯依靠内需拉动增长要有更大的机遇，央行多次降准、降息，《指导意见》正式出台……所有的这些元素都指向一个点，那就是我们能否抓住这一两年的时间，通过很好的金融工具或者融资的工具，来帮助现有中国这些代表实体经济的企业实现复苏，这是监管的一个终极目标。

男人不允许有私房钱

企业对未知事物的恐惧，可以叫畏惧。敬畏监管应该是这样的一种感情，不是因为畏惧而选择尊敬，而是因为尊敬而选择畏惧。我们想改变一谈监管就是“细则条文”“拥抱监管”“四条红线”“踩雷跑路”“鼓励创新”等概念，通过一种轻松的概念去灌输我们的理念。因此，监管如女人，既要敬畏，要交出工资卡，要把每一笔账单清楚地列出，也要同“她”举案齐眉，相濡以沫。

从心理上分析，监管属于强势的女人，当女人对那些互联网金融领域里的男人说“你还算个男人嘛”时，男人就会受到极大的刺激。但女人说这话，有两种含义：

第一种，她真的认为男人没有一个好东西。把互联网金融领域的所有男人都当成坏人，比如这个男人从事的是P2P，服务的对象是校园里的学生、中小企业、农民……她会规定几条红线：男人不允许有私房钱（不设资金池），必须实话实说（平台的中介性质），你的每笔支出得由我签字确认（平台本身不得提供担保），你的钱必须上缴但可以给你零花钱（不得非法吸收公众资金）。

第二种，她的意思只是在抱怨男人。那得看你和她是什么关系了，如果你和她是好朋友，就让她继续说，继续抱怨，等她倾诉完了就好了。这种抱怨的话不光女人会说，男人在想表达免责条款的时候也会说。如果你和她的关系更近一步，那就要仔细分析；有些女人爱说反话，比如“你好坏啊”“你走吧，我不想理你了”等。总之，敬畏有种经典行为，那就是克己复礼。如果发生伤害，首先考虑那是自己单方面的误解，而不是对方有意为之。

分析这两种含义之后要知道，敬畏者不是因害怕被伤害而去尊敬，敬畏者害怕的是伤害别人。这就是为什么强势的监管有时候表现的是“刀子嘴”，但其实是“豆腐心”。

P2P 的安全期准确吗

男女在交往过程中，一些常见的真理可能具有普遍性。比如，对待女士，男人会说“我会对你负责的”。监管对 P2P 有戒心，会说“你承诺的安全期准确吗？”而 P2P 对监管细则有忧虑，会说“我会踩到红线吗？”

《指导意见》的正式出台，规定了网络借贷业务由银监会负责监管，也规定了它适用的法律，在个体网络借贷平台上发生的直接借贷行为属于民间借贷范畴，受《中华人民共和国合同法》《中华人民共和国民法通则》等法律法规及最高人民法院相关司法解释规范。除此之外，还规定了其信息中介性质，不得提供增信服务，不得非法集资。这就需要从 P2P 的演化上去推敲监管的作用，去理解监管的精神，去尊重监管的智慧。

在我看来，《指导意见》基本上否定了担保的模式，去担保化应该会成为主流。过去 P2P 为了增信，得先找一个担保公司进行担保。这里就产生了 P2B 的变种，当企业借钱的时候，比如说借 10 万元，要找一个担保公司过来，担保公司收 5%左右的手续费，承诺当企业还不了钱的时候把钱给还了。担保做的是一个增信的业务，银行觉得企业还不上，企业证明能还，担保改变不了企业的还款能力，这是一个“指鹿为马”“井底之蛙”的做法。

其实，监管为什么要求不能提供增信服务呢？更多的是考虑投资者的利益和金融秩序，既要保证解决中小企业融资贵的问题，又要保证金融市场的稳定，不能把 P2P 的风险让担保公司去承担，也要阻止“自担保”或者“虚假担保”的现象。至于安全期是否安全，得看市场的容量。目前，P2P 的量很少，监管部门可以睁一只眼闭一只眼。等到量上来之后，监管部门就该插手了。

禁止伞形信托的监管逻辑是什么

我们讨论监管的逻辑，不仅是对已有监管的遵守和顶礼，更是探讨在没有监管细则的领域如何更好地应对。互联网金融的创新性需要开拓精神，在新领域开发和金融产品设计上又要控制速度和规模，P2P 如此，互联网证券也是如此。我们以证监会严控融资融券（以下简称两融）业务，禁止伞形信托等的监管政策为例，在什么情况下监管会动手呢？

从大环境上来看，股市这个蓄水池，经过上一轮波动之后，逐步走向“慢牛”。在慢牛的行情下，两融业务便卷土重来。为什么要禁止伞形信托呢？伞形信托是券商的基金经理发起一只基金，然后找信托公司去发债，信托公司委托银行卖出去，这样钱都集中在基金经理那里，他去炒股，失败后这些资金就打了水漂。

从制度上来看，为什么之前允许把钱集中在基金经理手中？原因在于，中国股市跟政策关系紧密，整个资本市场按照传统的金融机构进行了分层，每个机构在整个股市行情中只需履行自己的职责就可以了。结果就是资金雄厚的那一方吃掉了整条产业链的大部分利润，而其他金融机构拿走属于自己的那一部分利润，一旦它想拿到别人的利润就会立即被消灭。

在环境的利好及制度的鼓励下，基金经理相当于狼群的首领，在两融这种大宗配置下，通过股市赚取收益率的高低，体现在他们最终操作的选择不同和时点的把握不同上，但从大的趋势看他们的利益是一致的。目前，监管禁止增量的伞形信托和设定 P2P 平台红线的逻辑都是一样的，监管层考虑的是如何降低风险。

互联网证券业务如何体现监管的精神

现代金融是跨时间、空间的交换活动，因此加强了资本的“流通性”。互联网股票配资的发展初期充满了争议。因为作为股票投资者，时间应该是投资者的朋友，看准市场波动的大逻辑就可以放长线，用时间去换空间。如果做了股票配资，时间就变成了你的敌人，因为每天一睁眼，配资的利息要还多少，股价随着大盘波动能挣多少，投资者的心态变了。

随着牛市的发展，互联网股票配资一度成为热点。我认为，监管不仅要收，还要放，对于新兴领域最常见的手段就是牌照。股票配资没有牌照限制，所以一下子拥进去很多企业。前一阵监管严查股票配资业务，侧重平仓风险，让股市波动回归正常。拥抱监管的91股神正在向互联网证券化方面转型。

监管不会考虑你的收入，只会在乎你的风险。首先，要避免信用风险，避免投资者的钱无法追偿，某些平台拆东墙补西墙以及基金经理一人操盘积累了风险；其次，要避免经营性风险，包括降低收益率以及降低杠杆，P2P平台超过18%的收益率以及基金经理五倍杠杆等都扩大了风险，很难持续；最后，要避免流动性风险，风险的高低跟资产的流动性是正相关的。

在此，我还需要强调一下，监管为什么向伞形信托伸出狼牙棒呢？因为两融是集约型的，资源集中在某些人身上。监管为什么又严格禁止场外配资呢？主要原因在于场外配资增加了股市的波动风险。互联网金融企业参考的坐标系就是监管的坐标系，重点不是为了监管而合规，而是首先做到合规，然后拥抱监管。这是做产品及做企业最应领悟到的。

总之，监管的逻辑是为了服务实体经济，监管的精神是促进一个行业健康发展，让其更安全，更有效率。监管确立一个规则，是让大家一起去遵守，而不是让一个人去遵守。

监管不是一个纸老虎

作为从业者，在金融领域更需要有大局意识，要学会在意识形态上靠近管理层。一定程度上，人们把监管看成“老虎”，实际上监管是企业的“良师益友”。

首先，监管是处于不断变化之中的。以前，证监会不管你是私募还是个人，买就买了，现在不行，现在在你买之前和卖之前都要向证监会打报告，或者证监会事后审查。为什么这家公司卖的时候你也在卖，你要告诉我原因。国家大的方向是明确的，机构都会转向那里，然后大的资产会配置进去，比如说医疗、农业、煤炭、新能源、高铁等，部门之间给配好，跟国家的方向一致，监管部门对这块的审查就没问题了。

其次，监管是鼓励创新的。互联网金融尚处于发展初期，业务创新、模式创新、金融产品的创新，都还处于一个初级的阶段。《指导意见》也明确了适用监管的原则，对符合法规的创新给予足够的支持。未来2~3年，对互联网金融还是持鼓励的态度，毕竟它对传统的金融市场有一个促进的作用，而且真正能在一定程度上缓解中小企业融资难问题，并满足个人日益增长的金融消费需求。

最后，我们在对待监管上，归根结底还是坚持底线思维，不要去触犯法律，不要触犯现有的《中华人民共和国宪法》《中华人民共和国民法》《中华人民共和国合同法》，不要搞金融欺诈，不要搞资金池，不要搞非法集资，在此基础上，我相信还是有很大创新空间的。这是一个制度的优势，通过制度释放的红利来帮助企业创新、创业。这里面的一些沉渣，要通过市场化的手段去理清，不好的公司迟早会被市场淘汰掉的，而不是通过监管的方式来淘汰。

监管政策的出台，主要目的是为了让互联网金融企业和国家意志保持一致，为解决中小企业融资难、融资贵问题做出贡献。只要真心实意地做事情，监管真正约束的是那些不符合规矩者，对创新合法的企业是没有约束的。

在《指导意见》里面，对于银行存管，更多企业只是在观望。我一直推崇许泽玮的说法，互联网金融既要抬头看路，又要低头拉车。银行和互联网金融很难合作，但“厦门银行-91金融”联名银行卡打破了这个思维，通过采用直联系统，持卡用户可以直接通过该卡购买91金融的所有理财产品，并且整个交易过程全部在银行系统中进行，资金无须再经过第三方平台转账，从而实现了银行存管。

总之，监管就像一座水坝。金融市场的钱都在这个水库里面，监管的目的是为了提高水的流动性，只有钱的流通效率提高了，社会经济才会不断向前发展。随着这个资金池越来越大，一方面，需要有泄洪的渠道，需要银行机构和非银行金融机构参与进来；另一方面，需要多道闸门，通过利率和贷款准备金等指标，决定是把现金投向池子里还是从这个池子里导出来。在这个水库里，互联网金融就像水里的鱼，不断提高水的流动性，让传统金融机构变得更有效率。

1.4　互联网金融是“传统金融+互联网思维”吗

什么是互联网金融？《指导意见》明确了互联网金融的定义，互联网金融是传统金融机构与互联网企业（以下统称从业机构）利用互联网技术和信息通信技术实现资金融通、支付、投资和信息中介服务的新型金融业务模式。

自然选择的前世今生

在传统金融机构林立的金融市场里，银行机构和非银行金融机构在生存方面相互竞争，这个跟自然界的斗争是一样的。只不过，生物界讲究的是食物链，而金融讲的是生态链。从进化论的角度来看，外来物种入侵之后，当地的生态系统会出现危机，甚至是灭顶之灾。但互联网金融不一样，只是传统金融的一种进化，本质还是金融，因此，一定程度上，互联网金融是自然选择的结果，为了让传统金融更好地适应互联网的环境。

互联网金融刚刚进入这个市场，在这个市场要遵守一个规则，就是向银行学习。从事这个行业 5 年来，我曾经跟某银行支行的行长聊天，谈到 P2P 业务的时候他感到很惊奇，那个惊奇一幕让我想起了一条马路，就是银行站这一端，P2P 站在前面奔跑，银行站在旁边看笑话。所有奔跑的选手跑到前面都是一个悬崖，全部掉下来了，银行还在那儿等着，继续看笑话。

为什么银行可以处变不惊呢？为什么用户在 P2P 的高风险面前没有悬崖勒马？当时的第一感觉更坚定了我要跟银行强化合作的一个业务逻辑：寻找银行在效率上、业务上的缺陷点，我来帮银行做补充，依附在银行的基础上。在高收益的利诱之下，不是追求规模而是追求质量，不去追求速度而是追求用户。要知道传统银行之间没有竞争的，最多只是五大行与城商行之间规模上的差异，在公信力上银行的起跑线都是一样的。

因此，在自然选择里，淘汰了和传统金融对立的那一面，互联网金融保留了传统金融的基因才继续存在着。这种存在，打破了银行柜台和社区银行的网点之争，服务了传统银行不能提供服务的那部分人群，互联网金融真正成为银行的前台。

达尔文是互联网金融的先驱

互联网金融是一种进化，我们淘汰了人工，淘汰了旧的组织结构，淘汰了制约效率提高的习惯……我们保留了传统的风控理念，保留了严谨的工作流程，以及监管要求的底线……取舍之间，我们找到了互联网金融和传统金融的临界点。这一切的功劳，追本溯源可能都要归功于一位生物学家——达尔文。

在互联网金融的历史上，达尔文的贡献意义在于提出了进化论，确立了自然选择的学说。在尊重传统生物之间竞争与平衡上，人们找到了和自然和谐共处的一种方法。

与此对比，依据我的理解，互联网金融进化论既不是向前，也不是向后，而是一个不断发展的过程。向前，互联网金融企业需要不断把过去的一切数据收集起来，包括用户点击一个链接，在页面上停留时长，以及用户进店时间等；向后，互联网金融企业要经过对用户多年的积累，设计一些满足用户需求的金融产品。

从这里可以看出，无论是达尔文进化论，互联网进化论，还是互联网金融进化论，本质都落脚在人。进一步说，互联网金融的本质就是互联网关于“人”的金融，在里面人与人可以互联互通，实现数据的积累。当然不排除是技术的驱动使得这个可能性实现了，但最终还是人的作用最明显。

因此，“人”这个要素将三者连接起来，我们可以看到一条新的食物链。在这个链条里，站在顶端的是人，在底端服务人的有银行，有互联网金融企业，有证券、基金、保险等机构，呈现一片欣欣向荣的景象。

从人格化信任到制度化信任

在整个过程中，普惠金融从“人格化”过渡到“制度化”的趋势已不可逆转。一系列“新政”最大的意义在于，首先在全行业内做到“有法可依”和“有法必依”，紧接着在2016年，普惠金融将会到达“执法必严”和“违法必究”阶段。

普惠金融的第一个阶段是保证人格化。什么是人格化？互联网金融的繁荣都在围绕人做创新，从余额宝爆发开始，人性化成为互联网金融企业的落脚点。但是，过度追求人性化有时会与监管政策相违背，从而暴露了隐藏的一些风险。人格化前期是互联网金融百花齐放，在支付、借贷、消费金融、信托、保险等方面满足人们的需求，后期需要政府和监管部门确立一些准则，营造一种健康发展的环境。

普惠金融的第二个阶段是推行制度化。制度化包括两方面：一是政府对已有制度的监管，二是企业对制度的遵守。

第一，在政府推行制度化的面前，制度化离不开信任两个字。人们对企业的信任可分为两类：一是建立在道德基础上的“人格化信任”，二是基于制度的信任。之前，企业的创新是建立在人格化信任基础之上的，由于产品好用而产生的信任感。未来的创新会建立在制度化信任基础之上，因企业合规而产生信任感。

第二，企业想要更好地推行制度化，还需要和监管部门相互配合。比如阿里已经形成新的互联网金融模式，支付宝、小微金融集团、余额宝、众安在线以及浙江网商银行之所以能够全面布局，都离不开牌照。2015年6月26日，百度与中国工商银行签署战略合作协议，在互联网金融、地图服务、网络营销、金融业务以及生活服务等方面开展合作。这是时代要求的，这代表了互联网金融第一梯队以及标准的制定者。

制度化信任的建设已经迫在眉睫

目前，互联网企业正在大量申请金融牌照，取传统金融的长处，补互联网金融的短板。随着监管政策出台，在制度化信任上迈出坚实的一步。在制度建设上，所有互联网金融企业无非都是在用存量换时间，用增量拓展空间。存量留住数据，增量裂变产品。在共享金融的指引下，人的价值从传统金融体系的边缘走到正中心。

制度化信任一定伴随制度化监管而来。随着监管政策不断推出，互联网金融企业首先应记住，要为社会的全面进步提供安全底线。其次，不断强化信息的公开透明，有效避免出现社会群体间的对立、地区间的失衡，避免出现弱势群体或落后地区的边缘化。再次，互联网金融的语境下，生态上的和谐就是“有禾入口，人皆可言”，应不断拓宽公众的意见表达渠道，使监管更加专业化、常态化和有序化。

互联网金融企业能在短短几年时间里从无到有，并超越传统金融机构数十年的积累，这是人格化信任带来的红利。随着人格化红利耗尽，制度化红利开始凸显，这是制度化信任发展到最后的必然结果。主要体现在两个方面：其一，互联网化带来了信息的透明高效和用户体验的提升；其二，金融化、证券化使得参与传统金融产品资产的流通渠道更广和门槛更低。

因此，互联网金融+模式不仅能改变传统金融行业，也能变革传统非金融行业。随着市场竞争的加剧，制度化信任随着法治进程的加快，成为互联网金融的主流。

互联网金融是“传统金融+互联网思维”吗

在用户用脚投票的阶段，你到底能为用户提供什么服务？你能否通过提供这些服务带来的收入支撑起公司的持续发展，这个发展是不是一个趋势，而且是引领时代的？这很重要。过去，一些互联网行业发展三四年也没有很强的公司出现，都是一小撮人的狂欢，一大部分人的悲哀，很多公司想不明白这一点，所以就死掉了。

在我看来，过去的传统金融是一个封闭的单向循环的体系，它所流通的货币就是产品的货币，价格是利率，在原有的封闭体系里面循环，从一家银行到一家金融机构，再到一个人消费者和企业，这是传统金融体系运用了很多年的，由央行来控制这些货币的发行。但是这个体系到了互联网时代会遇到瓶颈，因为它是一个纯虚拟的交易、钱的交易，更重要的是信息的到达，比如说交易信息从一个银行到另外一个银行。

互联网在模式上具有先进性，同样是信息的对接，通过互联网的方式让人与人之间的信息到达得更快。过去是我通过你，你通过他，最后完成一个交易；现在你直接跟我就可以完成交易。过去是封闭的单向循环，现在是网状循环。这个网状循环的价值在于每一个个体都成为交易的参与者。这是一个伟大的变革，而这个变革是互联网赋予的。有了互联网这样的业态，使得信息由过去传统单一的渠道交易的方式，到今天变成多项的交互。

互联网还在不断进化中，移动互联网的红利还在，等到哪一天发现，人们对屏幕已经发生审美疲劳了，新的技术会让人与金融的交互更加方便，更加符合人性。未来的时代可能是智能硬件，也可能是生物基因，技术在推动工具的发展，也在推动人性的发展。

在和许泽玮的一次彻夜交谈中，我更坚信“传统金融+互联网思维”将成为下一个发展的主流。不仅促进两者相互融合，也为就业打开渠道。互联网与金融的深度融合是大势所趋，将对金融产品、业务、组织和服务等方面产生更加深刻的影响。互联网金融对促进中小企业发展和扩大就业发挥了现有金融机构难以替代的积极作用，为大众创业、万众创新打开了大门。

成吉思汗的骑兵，攻击速度与20世纪的装甲部队相当；北宋的床弩，射程达1500米，与20世纪的狙击步枪差不多。但这些仍不过是古代的骑兵与弓弩而已，不可能与现代力量抗衡。对互联网金融来说，你是骑兵，是床弩，攻击速度和射程一样，但是你终究颠覆不了现代的装甲车和狙击枪。“小米+步枪”改变不了传统金融，真正改变传统金融的是互联网金融思维。

基础理论决定一切，银行不敢服务的对象互联网金融服务了，证明不了互联网金融的风控比银行还要严格。银行不敢给的收益互联网金融给了，证明不了互联网金融的资产比银行还要优质。弄清了这点之后，你再去互联网金融这个行业战斗吧，为自己而战！

1.5 互联网金融成为时代的代名词

这一章，我们从颠覆、进化、监管、自然选择概括了互联网金融的发展历史。作为一个年轻的行业，到了 2014 年，只度过了它的七年之痒。2015 年，互联网金融还在进化，还会面临更大的挑战。如今，被用户装进口袋里随身携带的移动互联网，正在成为引领传统产业变革的最大力量，但是，这个力量还远远没有达到真正爆发的水平。

每一个行业都拥有历史

全球市场下人民币不断加大全球话语权重，从亚投行到“一带一路”，你会发现所有的变革都是因为背后有经济的支撑。货币能从一个银联卡变成手机端上的数字，结算能从实物货币变成电子货币，背后都是因为技术，因为技术让人们产生信任感。但是，技术只是改变了它的形态，没有改变它的内核，还要靠历史来推动它。

那么，互联网金融是从哪里来的？

《指导意见》规定了互联网金融发展的两个趋势，一个趋势来自于传统金融机构转型：支持有条件的金融机构建设创新型互联网平台，开展网络银行、网络证券、网络保险、网络基金销售和网络消费金融等业务；支持互联网企业依法合规设立互联网支付机构、网络借贷平台、股权众筹融资平台、网络金融产品销售平台，建立服务实体经济的多层次金融服务体系，更好地满足中小微企业和个人投融资需求，进一步拓展普惠金融的广度和深度。

另一个趋势来自于互联网企业的探索。《指导意见》指出，支持各类金融机构与互联网企业开展合作，建立良好的互联网金融生态环境和产业链。鼓励银行业金融机构开展业务创新，为第三方支付机构和网络贷款平台等提供资金存管、支付清算等配套服务。支持小微金融服务机构与互联网企业开展业务合作，实现商业模式创新。

互联网金融的诞生，大家可以把晶体管想象成一粒最原始的沙子。在硅谷形成“珍珠”的过程中，每剥掉沙子的一层所沉淀下来的技术都是该产业下一代技术所形成的基础。这种传承和创新形成了一种文化，而这正是互联网金融需要向硅谷看齐的。现在，我们需要一种只属于互联网金融的文化。

从硅谷到互联网金融，一定也有这种文化在里面。我们作为第一代互联网金融从业者，更应该从现在就开始记录历史，把这种精神传给下一代从业者。

论学霸的自我修养

作为北京航空航天大学软件学院的客座教授，有一次在和学生们讨论学霸的问题时，我了解到学霸有很多类型：有的是源于日常的积累和目标，有的是源于草根逆袭……在互联网时代，世上还存在学习版的灰姑娘吗？其实，这种学霸一直都存在着，谷歌出来了，百度随之诞生。学霸的成长一定是有一个参考坐标系存在，从本质上说，互联网金融就是一个学霸，自诞生那天开始就一直以传统金融为师。

首先，监管与创新是一个矛盾体。因为银行和金融体系是一个高度封闭的体系，它需要有一个稳定的行业发展状态。虽然监管部门用那么多 KPI 来考核银行，其实银行有很多产品是很难自己创新的，但由于用户的需求存在，所以金融创新往往突破监管。美国市场很成熟，它可以不断突破现有的监管体系，制定很多新的规则去覆盖旧的约束。

其次，因为传统金融业务的监管很严，所以创新是滞后的。比如，金融作为一个交易循环会有很多限制，使得支付环节、企业贷款融资环节、资产的交易环节等，都有严格的风控和监管指标。但是，互联网很多业务可以是传统金融做不了的事情，因此，对后来者来说，一方面可以学习它们的风控理念，另一方面会联合传统金融机构定制一些产品。

与其说我们是一个颠覆者，不如说我们是一个学霸，不是先天的，而是后天培养出来的。天赋很重要，比天赋更重要的是勤奋。传统金融是我们的引导者，我们在学习的过程中顺带完成了产品定制化，做了 91 增值宝和 91 旺财这样的产品。在这两个业务层面上就实现产品升级了，从单一的信息撮合到定制产品。

互联网正在连接一切，互联网“学霸们”的参考坐标系正在随之改变。谷歌的对手不再是一个搜索引擎，而是亚马逊；苹果的对手不再是一个手机制造商，而有可能是一个火箭制造商。对手的变化反映了一种危机意识，如果不能正确地对待现在和未来，那么 5 年之后学霸是有可能变成学渣的。

主角光环是不是万能的

互联网是一个不断诞生主角的时代，但是互联网金融时代，主角一直没有变过，哪怕现在有了存款保险制度，主角也是属于传统金融机构。我在课堂上对北京航空航天大学的学生们说，我们看武侠小说的时候，所有的情节都可以被量化成一个个定律，比如主角永远不死定律。奇怪的是，互联网也遵守着这些看起来奇怪但是很有必要的规则。

从宏观上说，互联网金融技术的发展，是因为技术推动了货币结算体系或者支付体系方式的改变。相对于整个未来经济来说，这还只是表面的理解，技术进步带来了形式上的改变。过去没有办法通过手机支付，现在可以了，而且很安全。从深层次讲，推动金融本身发展的力量不仅仅是技术，而是经济周期的转换和经济结构的转型，比如未来几年的经济是向好发展的，之前以出口为主现在以内销为主。

从微观上说，传统金融在互联网化过程中，做了调整但是还在进行之中。第一方面是时间成本，传统金融里，排很长时间的队然后只服务几分钟是经常存在的，把这方面的业务交给互联网就方便很多。第二方面是避免竞争，成立互联网金融部一定会和现有的组织架构发生冲突，造成内部不必要的竞争。第三方面是外部竞争，平安保险的产品不可能放到中国建设银行的官网上卖，但可以放到第三方平台上来卖，这是“肥水不流外人田”的逻辑。

为什么互联网金融颠覆不了金融？因为金融才是主角，互联网只是配角。为什么互联网金融内部，技术不能决定一切？因为决定一切的是经济，没有经济就没有金融，没有金融，也不会诞生互联网金融。要知道，金融本质上还是受制于经济环境的，互联网金融只是金融的一个分支而已。

三大定律一大公理

我们解释了主角永远不死定律，除此之外，影响互联网金融的还有其他定律。我们通过一些现象来总结其背后的逻辑。

（1）跳崖必死定律。此条对应的是跳崖升级定律。小说里，当主人公被逼到悬崖边上时，一定会“被迫”跌下去。坠崖以后大多非但重伤不死，还会因此遇到“传说中”的绝世高手或得到绝顶秘籍。但在互联网金融领域，一跳崖，就会死。和第三方担保公司合作，是基于中国国情的无奈之举，额外给担保方5%，增加了自己5%的成本也是一种死亡之举。在运营成本居高不下的状态下，只能用高息去维持利润。

（2）摔碗定律。小说里，当主角听到另一主角不想让自己知道的噩耗时，必然做出反应——手中的碗掉到地上碎掉。在互联网金融，监管层一有什么风吹草动，所有互联网金融企业必然去拥抱这些碎片。“十倍杠杆”“3000万元注册资本金”等消息不断，但是对P2P监管来说，这两点远远不够。对用户来说，还要擦亮眼睛。单拿3000万元注册资本金来说，真实情况是注册资本金不需要验资，只需承诺出资额度，企业可分期出资，有很大的回旋余地。

（3）黄金身世不明跑路定律。在武侠世界，如果主人公身世不明，那么若干年后，他一定会发现自己那个失踪的爹是多么神奇。但是在互联网金融领域，在一个以信任为基础的行业，身世不明大多就是跑路或者倒闭了。

2014 年，这个行业有很多跑路的明星，例如，上线 3 天的福翔创投，上线 2 天的银银贷、华龙贷，上线 1 天的元一创投，仅存半天的恒金贷等，没有最快，只有更快。

三大定律的背后，只有一个公理，那就是互联网金融企业要把公信力当作一个产品对待，对用户负责。每一个企业，每一个部门，都是公信力的产品经理。

互联网金融成为时代的代名词

信息爆发之后，对信息的筛选与过滤一直处于无序状态。互联网让爆款的流行时间逐渐变短，我们可以这么认为：流行的新鲜感总是有渐衰期的，用户价值也在随之贬值，当个性化的东西全民化后就失去了独特的魅力。透过现象看本质，或许只有烟酒等“瘾品”才能让人有持久的欲望：贪婪欲、成就欲、窥视欲。

互联网金融是一个让人产生财富欲的行业。如何让人对财富欲上瘾，对用户营销来说至关重要。例如，吸烟者步行几公里只是为了找可以买到烟的铺子，酗酒者为了能喝到一口酒而在商店里丧失理智，睡眼惺忪的上班族为了喝到一杯咖啡而早早地在超市里排队，这就是粉丝的力量。好的平台可以给人营造一种上瘾感，让用户产生“非买不可”的欲望。

怎么才能让用户“上瘾”

我认为，互联网金融领域，只有安全的产品才能让人上瘾。在传统金融体系里，收益可能一样，但是背后的资产是不一样的。在风控体系最严格的银行，对贷款的审核有着一套烦琐的风控体系。互联网金融作为一个信息撮合平台，不仅要求把钱安全贷出去，考虑自身的杠杆以及资产情况，把风控交给担保公司来做，还得要求把钱安全还回来，需要考虑企业、农民、学生等的还款能力，没钱还的就不要贷出去。

互联网金融里面，只有靠谱的模式才能让人上瘾。一方面，企业反哺了金融体系，不是跟金融体系去抢贷，而是跟所有金融机构合作以更好地服务中小企业，服务实体经济，这是符合监管政策和国家需求的。另一方面，作为一个纯信息中介的平台，应是基于大数据的信息进行撮合匹配，只不过有的撮合了信息，有的撮合了交易。另外，一个健康的模式必须是可持续的，这样才能实现盈利。

我想对那些挤破头都想沾上这个概念的从业者来说，想要让用户上瘾，高杠杆以及追求规模和用户一定会适得其反。在互联网金融里面，高收益并不能带来持久的快感，还可能带来恐惧。股市的收益高，但在股民看来是灌满鸡血的兴奋剂，对安分保守的老百姓而言，不亚于饮鸩时的战栗。

互联网金融已经成为时代的代名词。2015 年 8 月 19 日，许泽玮向我分享了一个故事：当厦门银行董事长吴世群将具有划时代意义的银行卡交到他的手里时，不仅尾号为“91”，而且在开卡同时已经存入 91 元。这两个细节显示了传统银行对互联网金融企业的尊重。

许泽玮激动地说：“它代表了银行对我们整个业务体系的信任，因为银行之前从来不会跟互联网金融平台开展联合发银行卡的合作。这个银行卡的出现，标志着国内真正意义上的互联网金融时代的到来。”

此时此刻，我想，互联网金融时代，一定是一个继承和改良的时代，金融归金融，互联网归互联网，每一个人在金融框架下都有生意可做。

第二章　传统金融机构发展：破局

2.1　银行理财如何改变

新常态下的市场环境变化更快，对错误的容忍度更低，做出精准预测的难度更大。从没有存款保险制度到有存款保险制度，监管的变化让市场环境变得日益复杂，银行需要在新兴业务及传统风控中嵌入强大的合规能力。

中小企业和银行的关系

谁都知道，传统金融服务客户时存在“三大不对称性”，可谁又知道，这些“不对称性”构成了传统金融的“阿喀琉斯之踵”。一方面，在效率和成本面前，银行选择了成本，造成了在处理中小企业贷款问题时一拖再拖。另一方面，在成本和用户面前，银行抛弃了成本，社区银行的路子越走越窄，与日俱增的单店成本让银行产生面临互联网冲击的危机感，随着存储失去竞争力，易存不易贷的矛盾仍会十分突出。

随着存款保险制度出台，商业银行的互联网化进度加速。银行选择互联化的同时，不能像做手机一样单独创造一个品牌，自己革自己的命。守业为主的银行很难从内部突破，做同业竞争（业务部与业务部），于是与互联网金融企业合作就成为次优策略。

为什么传统金融机构的募资成本非常高？作为云计算专家的许泽玮告诉我有三个原因：第一个原因，中国还没有形成一个市场化的利率机制，于是募资成本很高，从而导致银行体系的利率只增不减，借给实体经济的利息很高，造成中小企业融资难、融资贵。互联网金融的解决办法不是直接降低利率，而是通过加快传统金融的工作效率，在把不同的风险匹配给相应的人群时，让银行实际的人力成本、获取客户的成本等是降低的。

第二个原因，中国金融的杠杆率在全球来说是比较高的，因此，单方面增加银行信贷是饮鸩止渴的行为。银行不能总是要央行“放水”，还需提高金融配置效率。另外，中国动辄几十亿元非法集资，说明老百姓不缺钱，缺的是合法的直接融资渠道让资金投到实体经济中去。因此，必须“打击非法集资”与“给中小企业增信”两手抓，两手都要硬。

第三个原因，中国的征信体系建设还处在起步阶段。对很多企业来说，到底应以什么样的业务作为核心的模块，是否做成平台型业务数据来帮助自身进行用户营销和产品设计，这很值得思量。对于信贷业务，靠自身的征信系统，现阶段没办法达到；靠传统的征信系统，这个正在让一些企业做试点。征信体系建设是一个需要10~20年的过程，在短时间内互联网金融企业还无法融入原有银行体系的规则。

互联网金融企业和银行的关系

从银行的角度来讲，中小企业通过银行融资越来越困难。原因在哪里？主要是银行信贷的问题，银行不敢放贷了。在金融市场越来越繁荣的情况下，银行的坏账率会提高。一些农商行和城商行的做法比较激进，会有大量的坏账收不回来。

坏账率对企业的经营是没有风险的，但企业的坏账对银行来说是一个包袱。银行解决的办法有很多，比如可以随手甩给资产管理公司或者一些催收机构，或者用新钱来还旧债。因此，银行的坏账率要安全地进行配置，这需要很多金融服务公司帮它做资产配置。另外，中国的市场是刚性兑付的，2015年5月开始实施的银行存款保险制度是打破刚性兑付的前奏，毕竟银行理财也是有风险的。

对互联网金融企业来说，跟银行合作的方式多种多样：第一种是基于新用户的合作，我们和北京银行就是这样。北京银行有很多部门，分对公业务、零售业务、直销银行业务、金融市场业务等，银行的生存需要源源不断的新客户。另外，也可以跟银行一起合作发行联名借记卡，让用户和放贷可以跨越地域的限制。无论怎么做最终目标都是一样的：既然互联网金融企业不可能开一个门店来吸储，那么就帮银行去找到更好的客户。

第二种是基于理财产品的合作。互联网金融企业和银行联合做一些理财产品，针对目标人群进行撮合，按交易分成。P2P 肯定是跟银行有竞争的，钱本来在银行，但放 P2P 了，这个就是竞争，因此 P2P 是没有成长性的。而互联网金融企业跟银行联合做金融产品，无非是把银行的产品拿过来再定制出去，资产还是银行的，用户的范围却扩大了，也规避了竞争问题，可以说是一石二鸟。

随着《指导意见》出台，银行与互联网金融企业的合作日益密切：一方面，支持各类金融机构与互联网企业开展合作，建立良好的互联网金融生态环境和产业链；另一方面，鼓励银行业金融机构开展业务创新，为第三方支付机构和网络贷款平台等提供资金存管、支付清算等配套服务。随着双方融合的加强，银行存管制度的落实，支持了小微金融服务机构与互联网企业真正意义上实现商业模式创新。

综上所述，无论是银行增长困难的两个原因，还是互联网金融和银行的两种合作方式，都最终形成合力，把之前“石头碰石头”的关系变成了“水和水”的关系。

非标产品标准化是未来发展趋势

银行在面对这种形势下，要懂得正确处理短期价值和长期价值的关系。短期价值主要是指银行 1~2 年的短期收益。

什么是银行的长期价值？短期价值只能流失客户，原本的存款会找到新的渠道。银行赚钱不容易了，源于金融机构对存款的竞争。如何让银行跑起来？互联网金融企业要专注于为银行创造长期价值，并以此来对竞争中的权衡取舍进行评估和决策。资本配置和杠杆在此规划中的核心地位不容忽视。长期价值要求银行把眼光放得更长远（至少3年），并对潜在投资产品进行更为广泛和全面的评测。

我一直认为，非标产品标准化是互联网金融未来发展的一种趋势。金融超市业务适合放一些标准化的金融产品，有固定收益类的产品，也有浮动收益率的产品。那些非标准化的跟证券、风险相关的产品，也可以变成标准化产品。

把非标准化的产品变标准化，这是只有互联网才可以做到的事情。一方面，有些产品没有牌照，我们让传统金融机构去做，再到金融超市售卖。所有非标里也不都是非标，可以把它们结构化，或者把某种产品设计成标准化的产品去售卖。另一方面，金融超市可以更好地把产品推荐给用户，并且把更大规模的用户推荐给金融机构。降低金融机构的营销成本，这就是金融超市创造出来的价值。

交易效益的提高，一部分通过产品创新完成，一部分通过区分用户完成。比如难以标准化的寿险，我们也许可以做寿险经纪人的平台。用户的需求是多种多样的，国内用户目前未必会买很多保险，但是用户一定有买理财的需求。金融超市可以分层，分层之后再分产品，然后分用户，这是一个平台性的业务模式。在用户分析的基础上定制金融产品，通过互联网和传统金融机构逐一对接。

银行转型直销银行是另一个趋势

目前，传统银行机构正在向直销银行模式发展。经济发展进入新常态以后，会把规模、速度降下来，向实体经济、中小企业靠拢。以北京银行为例，一年可放的新增贷款额里，45%给中小企业，45%给个人或者零售企业，真正给大企业的只有10%，还要从存量中调剂出来给中小企业，所以说现在的政府监管机构对解决中小企业融资难、融资贵问题已经做了大量工作。

北京银行是一家中小银行，除了自身建立直销银行模式，也和91金融等互联网金融平台合作开展业务。北京银行董事会对服务中小企业有战略层面的规划，总行、分行都设有中小企业事业部，每个中小企业事业部下面还设有信贷工厂，为此专门建立了针对中小企业的审贷机构，最快当天就可以放款。未来，银行的竞争力体现在服务中小企业的程度上。

在银行转型做直销银行的趋势上，互联网金融企业的作用是什么？我认为，互联网金融企业要利用自身金融设计人才的优势，来提高银行设计金融产品的能力。真正的大企业往往不缺资金，可以直接融资或从其他渠道融资，甚至发债以后过桥，中小企业要通过银行、间接融资来满足需求，求助于小贷公司、典当行甚至进行一些民间的拆借。

中小企业要从成长性来考虑借与不借，如果借钱给不具备成长性的企业，就造成资源的浪费。银行不需要把所有的服务提供给所有的客户，而是把不同的服务提供给不同还款能力的客户。中小企业有了钱不能解决未来所有的问题。除了向银行直接融资外，中小企业还应考虑股权融资或者债权融资，甚至是被大企业兼并并购。银行要给中小企业增信，这个是长期性的。

互联网银行的未来怎么走

2014 年，互联网银行成为热点。2015 年 6 月 25 日，随着浙江网商银行正式开业，首批 5 家民营银行试点已经全部开业。互联网银行的未来该怎么走？

我认为，银行要做的第一件事情，还是得去审核放贷。微众银行不是仅看数字就给 200 个卡车司机放贷款；浙江网上银行想要实现给 1000 万个企业放贷款，靠刷脸还不能解决问题。当前还没有所谓的数据风控，贷款仍需抵押。当未来实现数据的通联，才有可能在这个基础上对用户进行风控。

银行要做的第二件事情，就是搜集个人和企业的信息，做一个纯信息中介。金融这个业态很传统，它是以货币和信息量为核心的业务模式，无论是银行、券商还是基金，都是围绕信息去开展各项业务。你会发现金融这个行业的业务最离不开信息，以这种数据和信息为主导的业务模型，才是跟互联网最天然契合的。这种信息中介，做得不是越多越好，不是体现在放贷数量上，而是体现在还款质量上。

银行要做的第三件事情，就是做一些互联网产品。有三种类型：第一种是平台类业务，吸引基础用户。第二种是贷款类业务，无论靠刷脸支付等技术手段，还是靠非技术手段，都需要和传统金融机构一起做。第三种是移动化业务，比如做APP。一个APP显然不能承载所有的功能，但银行移动化的目的是让移动银行成为主流。

总之，互联网金融企业和银行之间形成了一种“默契”。银行正在慢慢发生改变，互联网只是“抛砖”，“引玉”的工作还在后面。没有网点的互联网银行只是一种解决方法，另一种解决办法就是银行不改变，而让银行与银行都信任的第三方平台主动去改变。我们相信，中小企业的寒冬只是暂时的。资本的寒冬过去，春天还会远吗？

2.2　小贷公司如何定位

如今，小贷公司正在互联网化，互联网平台搭台、金融唱戏变为二者真正的嫁接，是幸运，还是不幸？2015年8月12日，央行发布《非存款类放贷组织征求意见稿》（以下简称《意见稿》），规定除依法报经监督管理部门批准并取得经营放贷业务许可的非存款类放贷组织外，任何组织和个人不得经营放贷业务。

此举间接宣告了互联网金融企业和小贷公司合作的“破产”，按照规定，很多P2P平台有非法集资和非法放贷之嫌，行业将重新进行一轮洗牌。

小贷公司两极分化严重

小贷公司是由自然人、企业法人与其他社会组织投资设立，不吸收公众存款，经营小额贷款业务的有限责任公司或股份有限公司。按照监管部门的要求，小贷公司应坚持“小额、分散”的原则，鼓励小贷公司面向农户和微型企业提供信贷服务。

在一次领袖峰会上，许泽玮对我说，2015年是小贷公司的分水岭。这有两大原因：一个原因是融资难。融资难依然是困扰小贷公司的一大难题，根据银监会的规定，小额贷款公司只能使用“不超过两个银行业金融机构的融入资金”，而且对外融资“不得超过资本净额的50%”。不良贷款增加，正在加剧小贷行业现在的困境。另一个原因是优质项目分流。在竞争之下，互联网金融和小贷公司正面竞争，让优质项目成为“心头肉”。在经济下行，金融机构不良率高企，金融脱媒加速的大背景下，在以P2P为代表的互联网金融冲击下，经历了近4年的快速增长，如今两极分化严重的小贷行业正在行业洗牌中，停业或注销成为大部分小贷公司的必然选择。

业内人士称，之前80%的民间借贷资金流向了房地产业、矿产业。随着房地产市场不景气、经济结构调整、去产能，经济转型迫使流动性变差，造成企业现金流短缺。在这种状态下，银行抽贷、减贷，使得中小企业“双重失血”，不少扩张过快的企业资金链断裂，陷入困境。“挣快钱”的小贷公司进入了催收贷款、清收不良账款的密集期，部分企业还款能力差，让小贷公司“有钱不敢放、定价上不去”。

在这种局面下，一部分有能力的小贷公司积极上市，拓宽融资渠道，增加生存的机会。另一部分则积极布局互联网金融，通过互联网金融找到用户和优质项目。小贷公司要想从这轮洗牌中活下来，应该回归实体经济，服务中小企业，才能立身安命，持续经营。

小贷公司要对部分P2P平台说不

“明枪”与“暗箭”在互联网金融江湖里是同时存在的。互联网金融成为小贷公司的一个发展方向，但小贷公司和P2P平台相结合，真的是一服解决小贷公司生存危机的良药吗？平台与合作方之间，很容易陷入自相“矛盾”的诡辩之中。在这里，P2P平台是受害者，同时也是这种“灰色江湖”的牺牲者。

小贷公司在和 P2P 平台合作的过程中，两种类型的公司走在一起：第一种是小贷公司正在同质化，为了售出更多的抵押或者信用债权，和 P2P 平台合作；第二种是没转正的 P2P 平台为了让自己不断档，和那些有销售需求的小贷公司合作，签下类似兜底的协议。用户管不了这么多，只在乎自己的钱和收益，无意中却把资金安全委托给小贷公司，如果平台坏账发生，小贷公司变成 P2P 平台的奴隶，自酿苦果自己买单。

P2P 平台和小贷公司合作，平台选择“兜底”，让小贷公司无路可走。P2P 平台在快速发展过程中有两“黑”：第一黑在模式上。P2P 平台和小贷公司合作，类似“黑吃黑”的游戏，从银行获得不了贷款，求助 P2P 平台，P2P 平台委托给小贷公司，整个过程很容易层层造假。第二黑在快慢上。小贷公司想生存，那些 P2P 平台想快速扩张，无形中让潜藏的风险爆发出来。金融首要的逻辑是安全，而不是数据，数据再漂亮，出现问题也是竹篮打水。

有门槛的小贷公司正在被没有门槛的 P2P 平台拖垮。P2P 平台和小贷公司都把目标定位于中小企业，高契合度的背后两者竞争激烈。小贷公司的客户正在流失，而获取客户的成本高企，运营成本让很多企业关门自保。P2P 是一个平台，连接的是上下游，在当前，小贷公司是下游，P2P 平台变成中游，用户位于上游。

靠兜底和高到咋舌的收益吸引的用户越多，风险的滚雪球效应就越大，等冲击到下游的时候，P2P 平台跑路，所有的能量足以冲垮小贷公司这座“设计年限可能到 100 年、使用年限却不到 6 年”的大坝。

小贷公司与 P2P 平台能合作吗

在解决生存危机上，很多小贷公司选择上市这条路，但上市具有很强的局限性。在短期，上市可以解决资金困难，但是从长期来看，小贷公司上市绝不是为了放更多贷款出去。目前国内小贷公司面临的主要矛盾是，需要扩张公司的负债规模、提高负债比例来提升杠杆率。小贷公司包括监管制度在内的制度框架不完善，如果小贷公司进行上市融资的话，投资者会面临很大的不确定性。

《意见稿》出台后，首先，提高了小贷公司的门槛。在注册资本上，《意见稿》规定，非存款类放贷组织应当具有与业务规模相适应的实缴注册资本，有限责任公司不得低于500万元，股份有限公司不得低于1000万元。

其次，约束了小贷公司的贷款利率，对非存款类放贷组织的业务经营规则作了规定，其中包括发放贷款前与借款人协商确定的贷款利率和综合有效利率不得违反法律有关规定；不得采取欺诈、胁迫、诱导等方式向借款人发放与其自身贷款用途、还款能力等不相符合的贷款等内容。

再次，《意见稿》还对非法放贷进行惩罚，规定任何组织或个人未经监督管理部门批准经营放贷业务的，由监督管理部门依法取缔，并处累计发放贷款金额或者注册资本金额（以较高者为准）3倍罚款；情节严重的，并处累计发放贷款金额或者注册资本金额（以较高者为准）5倍罚款；构成犯罪的，依法追究刑事责任。

小贷公司越来越不好做，P2P平台和小贷公司合作是不是一片坦途？答案并不是这么简单。目前，P2P平台和小贷公司面临同一个生存问题，靠谱的P2P平台不多，自身难保怎么去和别人合作？靠谱的小贷公司更少，做抵质押贷款的小贷公司，过于依赖小贷公司老板的个人“资源”以及信审的个人素质，无法做到规模化。两个“不靠谱”合在一起，从合作之初就“不靠谱”。

P2P平台对小贷公司有什么顾虑

在小贷公司和P2P平台合作的案例中，P2P平台担心小贷公司不靠谱，而小贷公司担心P2P平台把风险都加到自己头上。这是合作的一个矛盾点。小贷公司想要在未来发展得好，就要从这个矛盾点出发，做到知己知彼。

一方面，P2P平台应对小贷公司多留心眼，加大审核力度，这是对投资者负责，也是对小贷公司负责。包括内部管理（流程、内控、IT）、小贷公司的外部环境（区域经济、监管、政策支持）、业务模式（是否小微、风险是否分散）、业务发展（发展定位、信贷技术、融资能力）、公司治理（股东背景、管理团队）等。

另一方面，P2P平台应着重查看小贷公司的经营状况和负债情况，包括过去3年经审计的财务报表以及向地方金融办提交的数据报告；多关注小额贷款机构过去3年外部融资杠杆比例的变化，超过90天逾期数据及坏账数据的变化，以及贷款放款额及在库余额的变化；多了解小额贷款机构过去3年的盈利能力，以及负债是多少。

对双方的合作来说，P2P平台第一要控制自己的欲望。如果只是做一个P2P产品，银行都不敢借钱，你敢借钱，你说你有风控，谁信？大多数P2P平台才发展三四年，而很多银行都有三十年、四十年的历史。第二要控制风险。P2P把钱借给企业自己盯着才放心，而不是让小贷公司帮你盯着，如果把风险让别人去控制，你就失去了风险的控制权。等规模上去了，很有可能失控。

另外，小贷公司千万不要走量，风险业务要懂得控制规模。小贷公司做百万元及其以上级别贷款的情况不具有持续性。因为从利率来看，小额分散及快速周转是小贷的高利率保证，百万元及其以上级别的贷款客户所从事的行业，几乎都无法维持年化20%以上的利润。

互联网金融下，小贷公司的活法

互联网金融是一个趋势，《意见稿》出台之后，小贷公司该怎样逆境求生？这有两种活法：第一种活法是从小贷公司的角度出发，自己变好了，客户也就好了；第二种活法是从客户角度出发，把客户也就是中小企业服务好了，自己也就好了。

针对第一种活法，我认为小贷公司要做到以下三点：第一点，小贷公司作为一个企业要真正做好小贷公司该做的事儿，一方面先满足注册资金的门槛，另一方面要把客户群定位清楚，客户对准中小企业、各地工商户、农户，要与银行差异化经营，要把网点真正下沉，延伸到商圈、城乡接合部、县域和农村去。

第二点，小贷公司要针对中小企业的特点来为中小企业量体裁衣设置产品，设定比较独特的贷款金额、还款时间、还款方式，通过小额分散方式快捷灵活地满足中小企业方方面面的需求。国家要适当地放宽对小贷公司特殊企业的政策，比如对服务地域的限制。

第三点，在国家大力扶持和支持小微金融机构的背景下，小贷公司应明确自己的定位是小微金融机构的有效补充。毕竟我们国家在金融服务方面存在一定的真空地带，发展这些小微金融机构或者类小微金融机构，可以更多、更广泛地服务中小企业。

针对第二种活法，解决中小企业融资难、融资贵问题，也要做到以下两点：第一点，从小贷公司着手来做一些改革或者调整。毕竟小贷公司是为中小企业提供资金和提供服务的，所以适当地调整小贷公司的政策，比如放宽小贷公司融资杠杆率，就可以加大小贷公司的降息空间，更好地惠及中小企业。

第二点，适当减轻小贷公司的税务负担。现在小贷公司是按照工商企业税务政策执行的，税务负担比较重，也享受不到银行、非银行金融机构的优惠政策，沉重的税务负担加大了运营成本，这样就波及中小企业，导致将一部分成本转嫁到中小企业身上。针对那些真心实意为中小企业办事的小贷公司，地方政府可以适当地给予资金支持。

过去，没有监管去限制 P2P 平台的胃口，没有监管去同情小贷公司吞下坏账，也没有监管去埋葬小贷公司和 P2P 平台这对天然的难兄难弟。现在，小贷公司从野蛮进入文明阶段，对于小贷公司和 P2P 平台来说，这段蜜月期有可能终止。对小贷公司来说，一方面要增加自己的风险控制能力，另一方面要提高自己的资金还款能力。小贷公司的精力要转移到把“小额”和“分散”两个事情做好，把农村和中小企业服务好。

2.3　担保公司如何自保

经济新常态下，传统的担保公司商业模式由于自身先天不足及管理体制上的弊病，业务规模急剧萎缩，大量公司提前进入衰退期和倒闭潮。

2015 年 8 月 12 日，国务院法制办发布《融资担保公司管理条例（征求意见稿）》（以下简称《融资担保意见稿》），强化了对融资担保公司的源头管理，并明确：融资担保公司或其分支机构自取得经营许可证之日起，无正当理由连续一年以上未经营融资担保业务的，将由监管部门缴回其经营许可证。向左走，担保公司谋求互联网化；向右走，担保公司和 P2P 平台结合。哪一条路才能让担保公司自保？

传统担保模式已进入回收站

在一次会议上，负责金融产品的郑申对我说，《融资担保意见稿》的亮点主要有三个方面：一是加强了对融资担保公司的源头管理。规定设立融资担保公司，应当经监督管理部门依法批准。除法律、行政法规另有规定外，未经批准的任何单位和个人，不得经营融资担保业务，不得在名称中使用融资担保字样。

二是提高了融资担保的门槛。《融资担保意见稿》规定，融资担保公司的实缴注册资本不得低于 2000 万元；在融资担保公司持有 5%以上股权的股东，应具有良好信用记录，近 3 年无违法违规记录。

三是规定了监管的红线和杠杆比例。根据《融资担保意见稿》，融资担保公司须对担保责任和资产实行风险分类管理，融资担保余额原则上不得超过其净资产的 10 倍，不得为其控股股东和实际控制人提供融资担保。

目前，担保公司风险转移和化解机制并不畅通。担保公司基本上还处于经验管理状态，没有引入大数据、现代技术来为风险管控服务，因此，在风险识别和风险管理上存在不准确与不科学性。而且担保公司的客户一般是商业银行认定有风险的，其还款能力饱受质疑，基本上当年收益当年花光。

另外，担保公司在与商业银行的合作中实际上处于弱势地位，不仅定价弱势，代偿也处于被动地实施。一般情况下，符合商业银行贷款条件的中小企业，商业银行不会将客户推荐给担保公司去做。担保公司在解决中小企业融资难、融资贵的问题上是很尴尬的，在中小企业高死亡率面前，担保公司只能用高息覆盖自己的收益。

随着《融资担保意见稿》出台，传统担保已进入“回收站”模式，间接宣告了担保和互联网金融企业合作的破产，监管部门通过引导互联网金融企业和银行合作，规范担保公司，一张一弛之间，促进整个行业有法可依、有章可循。

担保的最大问题是盈利模式

我和郑申讨论了一夜，一致认为担保公司的最大问题在于盈利模式不符合商业逻辑，P2P 平台的出现，将让担保公司加速走向灭亡。在分业监管下，非银行金融机构是不良资产的接盘者，从某个意义上说，所谓的担保和小贷，其实都是这种架构下的产物。这种夹缝中成长起来的公司要想活下去就得给银行做辅助性的工作，随着银行向混业经营发展，这些公司的生存状态日益艰难。

郑申对我说，担保公司有三个致命缺陷无法破解：第一，风险收益存在极大的不对称性。担保公司承担的风险远大于从客户获得的收益。以坏账率为例，按最低 1%的坏账率进行计算，其盈利可能在 1%左右，按照担保 10 亿元的规模进行计算，也就 1000 万元的利润，但是与之对应的是 10 亿元的风险，这种风险和收益的极度不成正比，一个坏账就成为担保无法承受之重。

第二，担保公司的地位处于一个极其尴尬的状态，好的资产轮不到自己，坏的资产风险只能自己扛，扛不住就得依靠补贴。永远处于不断找好的客户，然后又不断流失客户的过程中。这种情况下，担保公司只能走规模路线，不断用新的资产去覆盖旧资产的风险，当积累到一定程度后将迎来整体爆发。

第三，一旦风险不可抗拒后，出现信用挤兑是很可怕的。担保公司一旦出现代垫及垫付较多时，合作银行会加紧压缩担保额，从而引发担保挤兑，形成敞口无法弥补、最终导致恶性发展。当信用被挤兑完了，担保公司最后被消费了一次，形成黑天鹅事件。死得冤枉，但现阶段又无法避免。

综上，担保公司最大的问题是盈利困难，且具不可持续性。担保公司是为了解决中小企业融资难问题而出现的，中小企业很难找到自己的盈利模式，所以造成担保公司基本上没有盈利模式可言。

国有担保和民营担保的区别

国有担保公司和民营担保公司最大的区别就是“谁吃亏”的问题。对于国有担保公司，银行风控做完了，通过担保给一个企业放贷，企业有房产可以抵押，也愿意找担保公司担保一下。为什么？因为担保之后，担保公司一看企业做风控，觉得没问题，担保公司收这个企业2%的手续费，然后企业可以更快地拿到钱。当企业还不上时，亏的是国家。

而P2P平台跟谁合作？大部分企业都在宣传跟大型民营担保公司合作。民营担保公司的钱是从哪儿来的？现在很多企业跑路，比如河北融投这种民营担保公司，没有国资背景，没有国家支撑，它就跑了。最后谁吃亏？老百姓吃亏了。

郑申对我解释说，民营担保这块非常混乱，一部分原因是P2P平台自我担保，触犯了监管的红线。P2P平台为了业务发展需要，把这一功能放在子平台上加以应用。P2P平台如果提供担保，本身是有矛盾的，国有担保是要有牌照的，提供担保服务的要求是10倍杠杆，P2P行业没达到要求。一般的做法，P2P平台和担保合作都是在转移风险，不是由自己承担风险。

另一部分原因是在监管上，担保公司监管一变再变，经历了由政府经信委管理，到联合管理再到银监部门管理的过程。真正的管理应该日趋专业化，但问题是在前几年担保公司发展的最关键时期，管理是失控的，从而导致失去了良好的发展机会，一步被动，步步被动。

目前，银行收紧贷款，中小企业融资困难，导致担保的日子不好过。多重困境之下，一部分民营担保公司选择了主动摘牌退出融资担保行业，一部分选择和P2P平台合作。民营担保公司的结构性问题仍没有解决，收取3%的担保费，却要承担100%的风险。

刚性兑付是担保公司最害怕的

P2P从没有担保到有担保，其衍变过程遵循客观存在的规律。当P2P被包装引入中国，打破刚性兑付便不是一种理性的选择而是感性的意愿。得到投资者的信任与从平台上安全地得到收益，这本来就是一个悖论。所以，现实情况是本金保障和为违约兜底就成了一根稻草，投资P2P的掮客们相信这根稻草可以救命，P2P平台反而害怕这根稻草压垮自己。

商业市场的逻辑很简单：优胜劣汰。从根本上来说，银行本身也存在风险。为什么说打破刚性兑付是中国P2P行业发展的必然结果？P2P平台作为一个纯信息撮合中介，想让市场进入正向循环，而不是负向循环。

首先，担保公司很害怕刚性兑付。P2P从没有秩序到有监管红线，再到政策即将出台，打破刚性兑付的声音不绝于耳。但这个事情并不简单，相对于打破刚性兑付的紧要性，P2P想要合规合法，首先要确保每一个投资者跟企业的还款项目备案。另外，在投资者教育的过程中，平台在遇到问题后不能把刚性兑付的责任推给担保公司。

其次，P2P平台的作用是做一个信息通道，让信息流顺利从A到达B。想让信息流快速实现价值，P2P的逻辑不能是限号限行，也不是修建道路。P2P一方面要取消收费站，另一方面要做到肥水不流外人田。所以，从第三方支付平台的资金托管转移到银行存管是大势所趋。对保证金来说，应该恪守的原则就是，让投资者认识到正常存在的风险，高收益一定是高风险的。

另外，刚性兑付违背企业禁止增信的原则。传统互联网金融，担保公司提供的是一种企业增信服务，《指导意见》和《融资担保意见稿》都从法律层面上明确了禁止企业提供增信服务，意味着去担保成为“铁打”的事实。

P2P 是担保的未来出路吗

很多人把 P2P 平台作为担保公司未来的出路，这种想法是错误的。

首先，对于 P2P 有三点疑问：一是高收益率到底怎么来的；二是资金的流向不透明；三是债权的真实性难以保证，暗箱操作在所难免。P2P 平台的运营成本很高，包括风险溢价和刚性成本。在风险溢价方面，因为没有完善的征信体系，造成 P2P 平台占山为王，各有一套自己“包装”的风控体系。在运营成本上，P2P 平台和担保公司合作，把高风险的债权放到平台来卖出高利率，从而吸引投资者，哪怕赔本赚吆喝。

其次，P2P 平台是无法做到盈利的，跟担保结合加重了亏损和风险。从正面讲，P2P 平台通过收取风险保证金，并严控加盟方的放贷比例与质量，使其不良贷款总额能够低于收取的风险保证金。这需要平台有足够的品牌影响力与营销能力为基础。但别忘了，这种玩法最大的可能是所有加盟方均由于放大比例不足而无法盈利。从反面讲，如果不这么做，P2P 平台将无力承担坏账及刚性兑付的压力，造成亏损。

再次，P2P 平台靠监管套利是没有生存空间的。利用信息不对称形成对借款人的风险输出（不透明利率、复利与罚息），这种方法普遍存在于消费类、分期还款的小额经营性信贷平台。由于一般消费者对信贷产品及信贷复利计算不熟悉，特别是漫长的还款周期使人失去敏感性，便形成了 P2P 平台的暴利，平台通过极高利润形成对高风险的覆盖。

另外，无论是 P2P 平台，还是小贷公司，或者是担保公司，它们的生意都来源于小额分散、化整为零，由投资者自己承担信贷风险。一般来说，平台通过限定单一投资者的投资金额或分散配置投资者的资金，减少投资者集中投资于单一项目的风险，这是许多平台使用的方法，但这种方法无法解决整个平台的不良贷款刚性兑付问题。

最后，和担保结合之后，企业的还款能力不是增强了而是削弱了，因为融资成本变高。担保公司想要盈利，P2P 平台也想要盈利，造成 P2P 平台的募资成本达到15%以上，如果没有房屋抵押等途径，P2P平台的“运营成本+资金成本+个人盈利”，使得借款企业付出的资金成本一定是20%以上，这种利率是中小企业无力承担的。

目前，P2P平台和担保公司都是在畸形发展。对P2P平台来说，不能仅仅关注交易量达到多少，最应该关注的是贷款余额是多少。对于担保公司来说，不能看P2P平台担保出去多少钱，最应该看这个P2P平台是否尽到了信息中介的职责。《融资担保意见稿》出台之后，互联网金融企业和担保公司分道扬镳，要想活得好，担保公司要确保在能控制的范围内去做部分事情。

总而言之，担保本身就是一个伪命题，担保公司的风险具有很大的不确定性，只能走规模发展这条路，但一旦选择规模就会迷失自己，风险控制和管理能力就会加倍增长，无论如何新钱还旧钱，都是困兽之斗。当然，概率为0的事件，不代表事件不发生，一定有活得好的担保公司存在，但现在活得好并不等于未来活得好。

2.4 保险公司如何求生

2014年之前，没有多少人觉得保险应该受到国民的尊重，如今，保险的地位已经大大提高了。保险业在国民经济中的作用，除了维护金融体系的正常运转外，对于中小企业也多了一层护身符。随着制造业4.0等各种概念甚嚣尘上，互联网保险行业到了破茧而出的地步。

谁在误解着中国的保险业

作为一个有着上千年历史的行业，保险从古代起就一直存在。以镖局服务业为例，从古代相当于收取运费险的“走镖”，到现在流行的保险品牌“镖旗”，保镖的人全副武装，属于事前保险，保险的人进行事故调查，大部分属于事后保险。遇到歹人拦劫时，保镖人会“喊镖”，遇到某些人“骗保”，保险的人会拿出上千个条文，大部分是推卸自己的保险义务。

保险业也在随着技术的发展不断向前发展，高效率会淘汰低效率，保险从野蛮生长到规范，还是近几年的事情。在保险1.0阶段，信息传播靠的是脚力。在保险2.0阶段，信息传播靠平面的广告。在保险3.0阶段，电销兴起，一定程度上成为保险的代名词。在保险4.0阶段，互联网金融和移动互联网出现，保险的信息传播被放大了，与之俱来的是监管的压力增大，让人们很难去信任保险。

互联网保险的兴起，有几种形式：在电商行业，有运费险及团购的保险，这类保险因为不需要面签，成为互联网保险的最爱。还有一种是加工之后的保险，比如阿里的招财宝，本质上是万能险。在保险销售上，大部分保险公司都用直销的形式，比如平安、泰康在线等。在渠道销售上，旅游险在去哪儿、携程上销售，运费险在电商上销售。

随着《指导意见》正式出台，互联网销售保险走向正规，对保险公司来说，应建立对所属电子商务公司等非保险类子公司的管理制度，建立必要的防火墙。保险公司通过互联网销售保险产品，不得进行不实陈述、片面或夸大宣传过往业绩、违规承诺收益或者承担损失等误导性描述。

谁在消费着中国的保险

保险的收益很低，却是一个高利润的行业，其中的销售成本很高。无论是把保险经纪人搬到网上，还是把保险产品搬到网上，去中介化是一个理想目标。

保险业开始呈现跨领域经营趋势：一些保险公司成立自己的VC基金，涉及天使投资以及中小企业成长基金；另一些保险公司成立自己的资管公司，把保险打包成一种资产，例如91资管和泰康资管成立增值宝二号，跨领域的合作会变得更加频繁。这类用户往往是金融机构和一些“不要求很高的收益，强调安全，要求灵活性”的中小企业主。

保险业抱团在互联网上，尤其是第三方平台。车险是一块敲门砖，因为所有车必须得买车险，但是客户面对的选择是从哪家车险公司买，通常会比较价格和服务。互联网的优势在于，个人买车险，只能拿到零售的价格，但是通过互联网平台，可以把有需求的客户绑在一起，把价格降到最低。

有人会问：保险公司为什么不打价格战？因为保监会为了约束保险公司，规定了折扣价格，所以它们的价格是不能低于这个区间的。但第三方平台不受约束，因此，保险公司不可能变成批发商，它们只能推到其他互联网的渠道里以扩大销售。同时，这些用户也通过买车险的方式，被平台圈在手里，成为自己的客户。

互联网保险分为两种：一种是标准化的产品，比如车险；另一种是非标准化的，比如万能险。把非标产品标准化也是未来的一个趋势。现在人们的需求越来越多元化，作为平台要提供不同的产品，这些产品都是既提供了一个信息撮合的服务，又提供了一个交易撮合的服务。

总之，保险已经成为一个理财入口。以 91 车险业务为例，用户购买车险后，可能还有投资理财的需求，还有财富增值的需求，还有借款融资的需求，还有对人身意外保险的需求等，这本质上都是对资产进行管理，是一个财富保全措施。

互联网保险切忌猎奇路线

互联网泡沫之下，资本和竞争的压力让保险业开始另辟蹊径。保险是一个需要关注细节，强调理赔，且见效比较慢的领域。保险为了达到互联网的眼球效应，尽可能收集更多用户资料，创造了一些“奇葩”的险种。比如 2013 年推出的“中秋赏月险”“脱光险”，2014 年推出的“雾霾险”等。

这种把意外险用互联网包装一下，然后“旧瓶装新醋”的行为，不是保险进入互联网的绝佳方式。保险公司怎么想的？保险从原理上来讲，离不开两个要件：一是可保利益，二是大数法则。所谓可保利益，就是投保人拥有的合法利益，或者是人身安全与健康，或者是财产安全，当投保人认为这些利益存在潜在风险并与保险公司达成保险契约时，这些利益就是可保利益。

所谓大数法则，也叫大数定律，指的是当试验次数足够多时，某种随机现象总会以一定的概率出现。比如，抛掷硬币次数足够多，正面和反面向上的概率将会趋近相等；某人群的数量足够大，总会有一定概率的个体遭遇某些生活损失与波折。

正是在可保利益的基础上，保险才有了合法性和正当性，否则便与赌博无异；正是在大数定律的支配下，购买保险才会成为一种必要行为，人们才会觉得为了将来小概率的大损失投保物有所值。

因此，保险想要互联网化，不是走猎奇路线，而是走用户路线。用户关心理赔难，就快速理赔，先行理赔。用户觉得你的保险是忽悠他，那就从销售出发，把所有的理赔条款一清二楚地告诉他，包括理赔流程和获赔进度等。

保险卖出去的最好方式不是免费

《指导意见》规定，保险公司开展互联网保险业务，应遵循安全性、保密性和稳定性原则，加强风险管理，完善内控系统，确保交易安全、信息安全和资金安全。

每一个用户都会关心“保费收取”。我们看到很多免费赠送的保险实际上是不免费的。在保险行业，有规定严禁赠送保险，因此，如果你收到任何以赠送的名义给的保险，其实都是有人为你付费的。这个付费人可能是业务员，也可能是公司，但都必须是付费的。

保险公司销售出去的每一份保险，都必须有严格手续，哪怕是保险公司给你的保险没收你钱，实际上保险公司也把钱付给了自己，然后严格按照每一张保单应有的流程操作。

开展互联网保险业务，首先要有执照。要有一个保险执照，在国内还需要一个电销执照。保险的前期投入是非常大的，包括要建立一个电销中心和建立一个网销平台。单单拿客户数据来说，要做一个合格的保险公司，平台要安全，相关数据都要加密，所有记录都要有备份保留 7 年，要符合灾备的要求。

其次，除了内部投资，对外还需要建立品牌，做推广，做营销，做活动，做广告。现在的市场竞争激烈，在国内，线上绕不过平安保险，线下绕不过4S店和保险中介。每一步都意味着一笔不菲的支出。

最后，要符合用户预期。客户来买网上保险，一般只有两个因素：品牌和价格。先不说建立品牌需要多少投入，价格的竞争是非常激烈的。价格类似看品牌，价格差很多选便宜的。要是什么都便宜，你还需要强大的理赔团队，优秀的理赔不仅仅能帮你节约支出，更是最好的品牌推广。保险公司的名声都是靠理赔起来的。

因此，对用户免费是一个很高的门槛，免费营销的背后，保险公司看的是收集用户的数据，合作企业要的是保险这种安全的背书。不过，保险如果想要走量，就要走质量，单一保险业务不能满足多元化需求，还需要背后的生态。哪怕保险不赚钱，把用户吸引过来了，还可以靠其他理财产品赚钱，这是互联网思维。

保险的互联网化该怎么走

“互联网金融”有五个字，前三个字叫互联网，后两个字叫金融。我们来思考互联网金融时，要明确到底企业该选择什么方向，这个方向决定了企业的资本路线。企业做保险时，也遵循互联网金融的做法，积极推进保险机构的互联网化。

保险是一个非常庞大的市场，比如说阿里我们认为它有绝对的优势，但只限于在阿里金融体系里面，而在阿里金融以外的企业，比如马云、马化腾和马明哲三人合伙成立“众安保险”，也适用上述道理。目前的阶段，需要积累用户的方法不是搞一个圈子，而是到底能为用户提供什么产品，这需要企业和保险机构进行深度合作。

我们看到，整个实体金融处在下行的通道中，一些企业的资金链断裂了，银行的钱袋收紧，行业加速洗牌，这是市场竞争造成的。企业的破产让保险的重要性提高。未来保险有两种趋势：一种趋势是混业经营模式。从顶层设计上讲，在我国，从成立央行开始，到设立保监会、证监会、银监会，后来做分业经营，逐步分开那么多保险机构、证券机构等，再后来又开始混业，发牌照。从分业的封闭式走向混业的开放式，是保险业发展的必然之路。

另一个趋势是单一保险行业正在多元化经营，已经涉及理财、基金、证券等。从单一的专业化分工和垂直化的分工已经逐步向产业链甚至向生态链条进化，这样的思路和趋势引领，更多来自于这几年移动互联网的发展。移动互联网的发展给了保险重新展示自己的机会，让每一位用户、每一家企业在服务链条里都能更公平、更快速地基于移动互联网技术摆脱单一产品，创造新的产品。

总之，当“三马”的圈子合作时，上帝关了一扇门，但同时会给其他企业打开一扇窗户。无论是保险、基金，还是储蓄，不同属性有不同的市场。保险的本质是一种低风险的金融资产，哪怕风险很低，也要经营这样的风险。

保险的价值在于未来的保障，在保险行业每说出去一个字都代表信任。比如保险的销售人员，在打电话时开口说的第一个字“喂”，背后究竟意味着什么？

“喂”这个字，由三部分组成，一个“口”，一个“田”，一个“衣”。现在，看着这个字，把它按部首拆掉，分明是一个“衣”，上面的“点”，被“田”取代，下面的“撇”，被“口”取代。

它告诉我们两个古老的智慧：你对着别人“口”（说），记住，你有一个“田”，哪怕你最后什么都没有了，你还拥有一个“田”。这是“保险”的作用。卖保险的人每一个“喂”都是一次提醒。人除了一身衣服、一张嘴，还有一份保障，还有信任。

听了卖保险的人这么说，用户该怎么办？其实，只要你想有一个田，你就会有一个田。你只需要把自己想说的说出去，就会建立信任，打破恐惧。

2.5 大资管时代下的基金

目前，经济转型倒逼金融改革，金融改革促进券商创新，股权时代造就券商崛起，是经济转型的困难给我们带来了非银行金融机构、券商、股市牛市的历史机遇。一句话，是经济的困境倒逼出来的“大资管时代”。

大资管时代下的融资问题主要是结构性问题

在大资管时代的初级阶段，市场冷却的速度加快，大量资金贷出去回不来，坏账率在经济逆周期下升高，企业的自有资金入不敷出。于是，为了活下去，只有一个选择：企业拼命增信，用新钱去还旧钱。但这真的是企业的生存之道吗？绝对不是！

从微观上来看，一方面，需要建立一个多层次的融资市场，但中国目前还没有成熟、稳定的直接投资市场；另一方面，基于这些投资市场，现在还没有一个二级次债市场，所以资产流动很慢，而且资产定价掌握在极少数机构里，最后自然抬高了融资成本。这是金融的一个结构性问题。结构性问题的结果就是，中小企业融资很难，但大企业融资不难。

从民间来看，民间的钱很多，怎么保证钱有效地流动？如今钱都流向股市，所以银监会出台了很多政策，希望把钱都逼出来。在中国，缺少的是直接融资途径和手段。在这个过程中，解决问题的方法就是互联网，通过互联网进一步拉动整个民间融资渠道的开放，去反推金融机构提供更好的服务。随着互联网金融创新平台的出现，整个社会的金融体系变得更加健全。

从亟待解决的问题来看，大资管时代，重要的还是解决“钱”的问题。无论是金融信息撮合、金融交易撮合，还是基于实质性自有产品这样的设计研发，所解决的问题都是让企业和个人更安全、更低成本地获得钱。

因此，对于很多个人投资、企业级的投资来讲，在融资渠道上其实还是受到限制的。开放的通道像股权众筹等，还不是特别明朗的市场。而中国的债券市场存在一个刚性兑付的要求，涉及债权，必须刚性兑付。

大资管时代如何处理新业务的风险

公司类型决定了大资管时代的价值，应用型公司估值十亿元，平台型公司估值百亿元，生态型公司估值千亿元。在从应用型公司向生态型公司跨越的过程中，创新和监管是一对矛盾。每一个互联网金融企业，在分享大资管时代红利的时候，还需要拥抱监管。

负责资管业务的段智华告诉我，整个行业正在抱团发展。2015 年 8 月，我们与深圳市东方港湾投资管理有限公司联合推出“91 金融 · 东方港湾价值 1 号”资产管理计划，由私募大佬但斌亲自掌舵。在“互联网+私募”时代，作为一种新的私募形式，第一，我们进一步坐实了以“互联网+金融”为基础的 91 资管 MOM 模式，充分利用大数据优势，打破了私募基金触网的最后一公里。第二，此次资管计划是由 91 私募平台撮合而成。但斌表示，91 金融是国内首家推出自营资管产品的互联网金融企业，与其合作不仅是机会，也是必然。第三，自主发行阳光私募产品“增值宝 5 号”。“增值宝 5 号”将极大地扩大企业在自营业务方面的话语权。它贯彻了普惠金融理念，免费赠送中小企业高管私人银行服务，同时让用户直接网上申购或赎回，流程简便。

对私募未来的发展方向，我始终认为，一个新业务的出现肯定意味着一定的风险，但只要保持中介属性，不碰监管和法律的红线，风险是可以降低的。

互联网金融企业既要创新，也要监管

当股市下跌的时候，我会说，对中国股市要充满信心，股市的吸金效应会吸引部分 P2P 领域的投资者。在股票熊市，决定木桶容量的是 P2P 业务；在股票牛市，决定木桶的关键制约因素，则有一部分导向了私募基金业务上。

从大环境上，企业开展资管业务时需要和监管层保持密切的沟通。在严格监管下，91 股神及时调整发展战略，向更加多元化的互联网证券业务转型，在监管和创新上做到了统一。另外，2015 年 9 月成立的 91 私募平台，将不断引进优质的私募基金管理人，并与其建立牢固的战略合作关系，从根源上保证投资者收益的可靠性。

从业务监管上看，在互联网行业，最底层的业务归工业和信息化部管，很多外资企业不能回国发展，主要源于工业和信息化部 ICP（因特网内容提供商）牌照等限制条件。我们最开始做的是金融信息撮合业务，首先需要拿到的牌照是金融信息服务牌照，这是北京市金融局发放的。

到了第二层业务，91 旺财属于北京市金融局管理，是一个金融类似于小贷的业务，属于信息撮合但会涉及一个贷款的过程。而像增值宝这样的产品是跟第三方金融机构合作，包括民生加银、泰康资管、融通资本等，就需要去中国证券投资基金业协会备案。

到了第三层业务，91 资管的所有产品都跟证监会密切相关。保险业务，统归保监会管理。因此，生态型企业的业务特点在于：资管是朝着混业经营的方向发展，在满足个人和企业的多元化需求，在不断创新和突破做产品，不断接受更高程度的监管。

总之，企业要生存就需要创新，想要长远发展，就必须拥抱监管。从新业务上，要选对突破点。例如，之前私募机构专心做业绩固然是基础，但是如果还停留在过时的营销模式上，只顾闭门造车，对公司的成长显然并不是好事。而如果有效利用互联网思维，在互联网金融上有所突破，成为私募基金的“天弘”并不是没有可能。

大资管下，互联网和基金正处于“蜜月期”

信贷脱媒和利率市场化造就了非银行金融机构的迅猛发展，例如券商、货币市场基金等。利率市场化形成在一定程度上将促进中小企业融资，促进资源配置效率的提升。

传统的金融脱媒是因为金融是个产业链的关系。“金融脱媒”是我国经济发展、放松管制和发展直接融资市场的必然结果。同时，由于金融市场的完善、金融工具和产品的创新、金融市场的自由进入和退出、混业经营和利率、汇率的市场化等带来的金融深化也会导致金融脱媒。

生态的模式和产业链最大的不同是，生态的模式就是脱媒化的过程，脱媒化的过程不是说直接找银行融资。互联网金融平台就是一个信用中介，企业在中间只是加了一道信息费用的成本，但这个成本是由于直接融资而对风险的自担。为什么会在金融市场有媒介存在，是因为媒介提供了信用的担保：我做了风险定价，这个资产很好，我卖给你，我能兜底，你自然要为这个兜底承担相应的成本。

在转型的压力下，金融脱媒是金融深化改革的直接结果。以利率市场化为例，中国银行体系如果不进行改革，其产生的贷款和存款利率也可能是扭曲的，从而抵消了利率市场化带来的好处，但与此同时利率市场化又会加大金融市场的波动。因此，利率市场化需要更多结构性改革相配套且需要稳步推进。

《指导意见》出台，规定了基金销售机构与其他机构通过互联网合作销售基金等理财产品的，要切实履行风险披露义务，不得通过违规承诺收益方式吸引客户；基金管理人应当采取有效措施防范资产配置中的期限错配和流动性风险；基金销售机构及其合作机构通过其他活动为投资人提供收益的，应当对收益构成、先决条件、适用情形等进行全面、真实、准确表述和列示，不得与基金产品收益混同。

互联网和基金正处于“蜜月期”，金融也正慢慢“脱媒化”。只有把这两者结合起来，大资管时代才会有抵抗经济下行压力的“三头六臂”。

资管势在必行，未来的基金将如何发展

以前的基金是通过银行代销的，在一个波动性很强的时代，如何更好地了解投资者的偏好，这需要资产管理机构与客户做直接的沟通。

企业与其面对不确定性，不如主动改变。以 91 私募平台为例，它是国内

首家专注于为私募基金提供“一站式”服务的新兴金融资源整合平台，将至少引进100名顶级私募基金经理，持续进行产品创新，是一家旨在打造国内一流的私募基金策略分析和市场分析的信息平台。

大资管对基金的改变还发生在技术上。包括投资端的多账户的技术，包括数据处理、算法模型、市场预测技术，也包括在风险管理方面如何使资产配置与风险因子相匹配的技术，还包括跟投资者之间如何实现更加多样化的交互技术。一个好的资产管理公司，一定是一个优秀的技术驱动型公司。

未来趋势上，第一，服务于经济转型的资产管理势在必行，将成为互联网金融企业的主流业务。第二，非标转标、资产证券化势在必行。非标转标和资产证券化是扩大直接融资比例、解决金融改革难题、化解社会信用风险的必然要求。第三，消除监管套利，降低融资成本势在必行。大资管格局下，监管的逐步放开、投融资市场的充分竞争以及实体经济的客观要求会形成融资成本降低的效果。

总之，企业的主动管理能力决定了大资管的方向。主动投资管理和主动融资管理，是大资管时代基金公司的一个门槛。随着投资者加大对金融资产的配置，资管业务的非标转标、资产证券化都要求企业靠出色的主动管理能力胜出。

资管1.0时代，是倾听者的时代，只需要代销给银行，快速让人们获取信息；资管2.0时代，是演讲者的时代，每个人都有机会去发言，由于用户交叉和需求多样化，每一个资管业务都能服务更多人；资管3.0时代，是布道者的时代，移动互联网让每个人都可以同时产生信息、接受信息和传递信息，资管的价值在信息的交互中、在金融生态中被放大了。

展望未来，互联网金融企业只有正式确立大资管战略，建立以自营资管产品为核心的互联网金融产品体系，才能更好地应对盈利的压力、钱荒的压力和业务扩张的压力，走向良性循环。只有走大资管的道路，互联网金融企业的盈利才是健康的。

2.6 风口上的互联网证券

大资管和互联网证券密不可分，传统券商在拥抱互联网的时候，需要用大资管这种方式让证券行业加倍增长。如今，互联网重塑了传统证券行业，集中表现在三个地方：一是门槛，二是收益，三是期限。

因此，在监管的要求和发展的三个趋势下，证券行业正在从高门槛走向低门槛，从低收益走向高收益，从期限长走向期限短。这不是传统券商的胜利，而是用户的胜利。

互联网证券如何解决中小企业融资问题

在日本和韩国，从它们的经济追赶期到创新期，这十年的融资比例，中小企业基本能占资本市场融资总额的1/3，占债券市场融资总额的1/3，占银行贷款总额的1/3，这就是所谓的“三个1/3”。目前，我国正处于从追赶欧美向创新驱动转型的阶段，这个阶段融资难、融资贵是一个普遍的阶段现象。

从资本市场角度来讲，中小企业很难达到资本市场的门槛，但创新导向型、技术驱动型的中小企业是转型的重要支撑力量。如果这些企业仍然跨入不了资本市场的门槛，那就很有可能失去一个行业。举例来说，在美国做电动汽车的企业特斯拉，至2015年有13年历史，前10年是亏损的，亏损过程中接受了PE和VC的8次融资，10年后在亏损的时候上市发行股票，成为美国电动汽车行业创新型企业的代表。

在实体经济和金融产业的利益分配上，中小企业出现了很大问题。目前，中小企业平均利润率不到2%，大量的利润在金融领域。支持中小企业发展，最应该采取的政策是国民待遇的原则，而不是对某些行业或者某个企业采取“贵宾待遇”，使其获得靠非经营努力得到的利润空间，这样的空间需要在国民经济领域有更合理的配置。

中小企业融资难、融资贵的一个重要原因，就是传统金融机构在服务它们的时候无利可图，甚至是做亏本买卖。谁最有动力解决中小企业融资难、融资贵的问题？成本高的机构或者缺乏核心动力的机构是做不了中小企业融资的。在互联网时代，出现了利用信息手段让一些新的机构可以来解决这个问题的契机，就应该在传统的金融体系之外更加依靠或者主要依靠新的金融机构来破解中小企业的融资问题。

目前，互联网证券还在积极探索阶段，至于怎么做，还需要监管和互联网金融企业一起努力。

传统券商遗留下的三个“江湖风气”

随着移动互联时代到来，传统的商业逻辑和模式都将受到冲击，未来传统券商业务需要通过互联网平台来推动行业的发展，这也意味着传统资管行业需要和互联网技术进行深度整合。

目前，证券公司尚无法复制互联网企业的盈利模式。在传统券商眼里，高净值客户和互联网的“小白客户”有着天然的隔阂。过去，传统券商的“江湖意识”仍然根深蒂固，只讲“江湖义气”，不讲“盈利”。在我看来，至今仍然存在几种落后的意识形态：分别是“论资排辈”“论功行赏”“论高寡合”。

怎么“论资排辈”？互联网企业通过免费使用导入流量，在大量客户流量的基础上通过占用客户使用习惯与使用时间，获得平台溢价，在此基础上通过推送广告、绑定相关产品获取客户外部利润来源，在借助外部利润来源的基础上进一步巩固产品平台。传统券商是一个封闭系统，创新动力严重不足，包括获客的动力、服务客户的动力等都远不如互联网金融企业。

怎么“论功行赏”？互联网金融平台在巩固的过程中，不断增加使用频度和客户黏度。当外部市场出现瓶颈后，转而利用原有产品收集到的客户偏好、行为、消费甚至位置信息，进行数据分析，然后按照市场细分和客户群体细分，实施定价策略。而传统券商的思维是论功行赏，把自己的资源供给 20% 的客户，不愿意服务剩余 80% 的人群。在高净值人群被几大券商瓜分殆尽后，危机感才爆发了。

怎么“论高寡合”？互联网企业，对于价格敏感度不高的用户，需通过直接收费的模式获取收益，比如佣金；对于价格敏感度较高的客户则需要靠“免费服务、增值收费”的模式。传统券商的定价策略处于初级阶段，其证券理财、投顾、交易服务有极高的安全性和私密性要求。在占据柜台这个高地之后，券商很少去开拓新的渠道，哪怕近几年用户开户之后不去营业厅，券商在细分场景、互联网渠道上也乐不思蜀，没有放下身段。

这三个“江湖风气”成了阻碍传统券商进步的直接原因，随着互联网深入发展，互联网企业开始反哺传统券商。

目前互联网证券还处于初级阶段

互联网金融创新极大地削弱了部分券商原有业务的盈利能力，却无法复制互联网企业的盈利模式，这是造成互联网金融并未促使券商行业迎来成长性增长的重要原因。目前，互联网证券还处于初级阶段。

企业在互联网证券上想要进行初步探索，首先发力的是资产证券化业务。资产证券化是指将缺乏流动性的资产，转换为在金融市场上可以自由买卖的证券的行为，使其具有流动性。如银行可以将贷款人的债务，委托给信托公司打包，再由证券公司予以销售。

具体怎么做？91 旺财的业务分两块：一个线上，一个线下。在线上做了一个关于用户的图形库，让一部分符合贷款审批条件的客户可以通过网站贷到款。在线下环节，企业经银行审批之后，确认有非常优质的资产证明，我们专门从银行过来的风控团队，会进行贷前的走访调查，根据资产、财务、数据等情况进行评级，然后基于这个模型再打分，几次打分的结果经过风控委员会，最终对其进行审定。

其次发力的是同业交流的圈子，这个涉及银行、证券、保险等。互联网金融为什么能做小微？源于它的运营模式，效率高决定了运营成本低。我们切入的产品是 91 金融圈。之前，与同业金融机构的沟通还处在“电线杆子看消息”的时代，比如用QQ、打电话，现在我们提升了一步，用互联网为大家搭建一个所有金融机构的平台。

我们还推出了91私募平台，它打通了基金管理人与投资者之间的连接通道，让所有的私募产品直接对接投资者。根据不同的投资偏好，将平台优秀的私募、对冲基金经理整合起来，让他们共同来操作一只基金，为投资者创造更加稳健持久的绝对回报，让更多有序的基金管理人组合在一起，取长补短。

一个是交易撮合，一个是信息撮合，这是互联网证券发展的两个方向。

互联网证券时代的“三驾马车”

互联网证券和大资管战略是不分开的。互联网证券时代，也意味着大资管时代的降临。证券业想要发展，需要借助基金的力量，为缺钱的中小企业找到一个直接融资渠道。

在新资管时代，互联网企业在资管的玩法上不断推陈出新。目前，91资管有“三驾马车”：一是91私募平台和91股神；二是成立中小企业成长基金，服务中小微企业；三是企业级用户的理财产品，91增值宝业务。由此看出，这“三驾马车”都在解决中小企业的理财需求。资管从大到小，这是市场的条件反射。大资管的“三驾马车”，也是发展互联网证券的“三个重要支点”。

互联网带来的虚拟网点很大程度上替代了金融机构证券公司的物理网点，在技术实现的基础下，开户方式以及一账一户都有可能改变。所以，传统券商和互联网公司的合作也是市场竞争的结果。互联网金融企业的加入，给传统证券行业带来新鲜的血液。在竞争的压力下，传统证券正在从通道提供商向资本服务商转型，与此同时，整个金融体系从间接融资向直接融资转移，带动了大投行业务的发展。

总之，互联网证券让越来越多的个体和企业，通过这个平台得到了体系化的满足。从信息撮合，到交易撮合，再到定制化完成，这是一个平台性的业务，包括保险、基金、证券、理财、投资、融资等各种服务，拥有无限的想象空间。未来，企业除了涉及经纪业务、投资咨询业务，还有可能涉及券商的核心业务，比如券商自营业务、股票网上发行、买卖与推广、承销发行等各种业务。

互联网证券该何去何从

一段时间内，我曾和许泽玮反复探讨利率市场化。什么是利率市场化？简而言之，就是大家永远都在抢，但也永远不会抢。大家永远在抢，因为大家随时随地做利率之间的对比。大家永远都会不抢的原因是什么？因为大家又在做风险和风险之间的对比，这是市场决定的。

同样一个产品，利率都是9%，选择信用贷还是选择抵押贷，用户会做第一层选择；选择用车抵押还是用房抵押，用户会做第二层选择；选择一线城市还是二线城市的房，用户会做第三层选择；选择1000平方米还是100平方米的房子，朝南还是朝北，自住还是商住……用户会根据风险，继续下一个选择，直到做出购买还是不购买的判断。这就是金融产品的魅力所在，风险和用户承受风险的能力是一致的。

我提出了一个假设：互联网金融加速了证券行业两种现象的发生，一个是“光合作用”，一个是“呼吸作用”。其中，光合作用在增强，而呼吸作用在减弱。

“光合作用”是释放氧气的过程。随着投资入口的迁移和投资者主体意识的觉醒，证券行业变得更加“有氧”：一方面，效率提高了，从线上简单的电脑端券商炒股软件操作到专门的移动端产品等方面出现了变化；另一方面，服务质量提高了，投资者更加挑剔，利用互联网的普惠金融、信息对称等特点和优势，对理财渠道、产品特性、客户服务等多方面进行综合比较，以确定自己的选择。

“呼吸作用”是氧化分解的过程。如何降低自己的消耗？一种方法是发展规模经济，规模上去了消耗的比重就降低，因此要利用自身专业及技术、服务等多种优势，尽可能多地获取客户及资源，实现规模化。另一种方法是降低自己的内耗，这对企业的中高层管理者都提出了较高的要求，需要各领导层都转换思维方式，改变管理理念，以适应互联网证券这一发展趋势，尽早未雨绸缪。

互联网证券是未来的发展趋势，在这个风口下，传统证券行业会有更大的“尺度”。在大的尺度面前，风控能力是互联网证券发展程度的一个重要标准。企业要完成这种转变，还需要三个阶段的进化，提高自己的能力。

在互联网证券的第一阶段，风控的重要性没有受到重视，更多的是信息撮合，把买者和卖者用一个平台圈起来。到了第二阶段需要风控，平台的发展需要对那些定制产品进行风控。到了第三个阶段，当企业从一个纯粹的互联网通道到定制，再到自营金融产品阶段的时候，平台需要有很强的金融产品设计能力加上风控能力以及牌照能力。在这三股合力之下，全面进入互联网证券领域才不是企业的一句空谈。

第三章　互联网金融发展：快速生长

3.1　信息撮合：从金融“沃尔玛”到“万达”的变化

为什么柚子和橘子杂交会变成可育的橙子？生物基因的繁衍、更替与商业基因的兴衰和传承有着重要的关系。两个人因为爱情产生的基因可以留给下一代，不同物种间有生殖隔离却不能产生可育的后代吗？互联网和金融结合之后，两种不同商业形态孕育的互联网金融基因究竟是什么？

没有“节操”的植物界

现在的互联网金融，就像没有“节操”的植物界。在监管政策没有出来，野蛮生长即将到达天花板。值得注意的是，植物的野蛮生长离不开属于它们的基因，基因决定了它们“无节操”的性格。

在所有的植物分类系统里面，“生殖隔离”都不能用来作为界定物种的绝对标准。拿柚子和橘子来说，虽然它们彼此之间划下了清晰的界限，但仍然可以继续繁衍出葡萄柚等后代。又如，比柑橘属更没有“节操”的是蔷薇科。这些都是基因决定的，人类无力阻止，于是人类充分利用植物的“无节操”性格，诞生了各种杂交、嫁接的新生物种。

有的杂交，让生殖隔离的作用变得更强了，基因走到了死胡同。例如，“我和你是不会有结果的，我们还是不要在一起了”（生殖隔离的作用变得更强隐藏的意思其实就是你被抛弃了）；有的杂交，则产生了无限的可能，后代想干吗干吗，如同龙生九子，最后演化成不同的物种。

互联网金融像植物一样在野蛮生长，在国内征信体系尚未健全的情况下，监管也暂时无法阻止这种违背人心的“爱情”。于是，这种杂交的悲剧一直没有停下过：互联网金融企业和担保公司相爱了，和小贷公司也相爱了……到头来，投资者无法追偿损失，面对跑路、倒闭只能自吞苦果。人们不禁陷入迷茫：什么才是互联网金融真正的基因？

有“节操”的互联网金融

互联网金融的基因一定不能像植物界那样，以致用“贵圈真乱”来形容。要保持基因的优秀，一方面必须会有几条红线，比如不能近亲繁殖（平台本身不能担保）等。另一方面，基因还会受环境的影响而产生变异，如何营造一个环境让基因更好地趋利避害，是每一个公司都要参与进来的，不是单一金融市场可以自己搞定的。

目前，传统金融怎么和互联网结合这个命题很难解决，因为单一金融的市场很复杂。从做银行、小贷、担保、典当、券商、基金、资管、信托公司、期货的，到做外汇、黄金、白银、指数交易的，再到做支付、股权众筹、项目众筹等的，每一种模式都会存在一些天生的基因，每一种单一市场互联网化后也会诞生一些新的基因。如何才能保证含有你的那个市场的基因最终胜出？

我认为，第一，要明白互联网的优势在哪里。互联网区别于传统金融最大的优势是，它是纯数据化的系统，可以了解个人所有的相关信息，包括财务信息、信用状况、需求、年龄等。这些需求不但可以通过互联网快速匹配，还不需要开设很多网点。以前是计算机，现在通过手机就可以了。这是最早的信息撮合，把人和产品撮合起来。

第二，理解了互联网的优势，还要明白如何根据这个优势去做产品。以91金融超市为例，为了完成信息撮合，我们做了金融超市的业务模型：在入口端，是提交需求的金融消费者和企业；在出口端，是银行、保险、券商、基金公司、第三方理财公司等。这样有进有出，形成了一个通道，传统金融机构在这个平台上实现了信息的撮合业务。

了解这两点之后，传统金融和互联网的结合问题就迎刃而解了。这就是最初的金融超市业务，致力于做一个金融“沃尔玛”。

金融超市存在的四大问题

当金融“沃尔玛”建立起来之后，围绕信息撮合开展的业务多种多样。一开始，都把产品放到网上，通过信息检索和关键字搜索做筛选，属于淘宝模式。紧接着，人们通过在线客服，包括电话以及各种社交工具做推荐。后来，网站把优选的结果直接呈现出来，成了唯品会的特卖模式。但万变不离其宗，本质上都在为互联网金融企业解决“四大问题”。

第一个问题是站在用户角度，比如问客户要不要贷款，要贷哪个产品。这就要求互联网金融企业跟很多传统金融机构去谈合作。这一步最艰难，相当于万里长征如何迈出第一步。

第二个问题是用户投票，决定要买谁的产品。核心能力是找到想贷款的人，找到想理财的人，贷款对于绝大多数用户来讲是短期类的刚需。理财是个长期的需求，但真正符合自己的理财产品不一定容易找到。保险是个更长期的需求，很少有人说我就要去买保险。

第三个问题就是用户怎么买。这个就是O2O的概念，因为大多数金融产品还不能完全实现在网上购买，用户开户问题已经解决了，但有的还涉及面签问题。用户怎么买的问题，我认为只有通过线上线下结合的方式才能解决。

第四个问题是后续服务。大多数金融服务都是一个过程，贷款需要一个审批时间，理财也是如此，一定时间后还得赎回。怎么才能让一个用户多买东西？我们讲金融产品的交叉推荐，比如有人贷款买一辆车，最后再推荐一个车险，再推荐相应的理财产品等，这个就是后续服务。

做一个金融超市就能解决四大问题吗？四大问题在任何模式都是存在的，即“有什么”“买什么”“怎么买”“怎么卖”，不过最重要的还是解决用户问题。互联网金融的基因，一定是为了解决用户某一个痛点，并提供一个完美解决方案。

从金融“沃尔玛”到“万达”

我曾经听许泽玮这样说过：“我们每个生物个体都只是基因为自己创造的‘生存机器’或‘运载工具’而已。我们是作为基因机器而被建造的。”换句话说，企业只是一个基因的“运载工具”罢了，基因决定了一个企业不断进化。

创业初期，一个互联网金融企业选择了金融“沃尔玛”作为自己的载体，随着超市业务做得越来越大，单一的金融超市业务没有了想象空间，于是，基因开始寻找新的宿主。等到有了合作伙伴，有了支付功能，有了自己的清算系统，有了自营产品，有了生态系统，这个企业的基因不断丰富，就又上了一层台阶，成为“万达”一样的综合体。从超市到综合体，这个基因发生什么变化了？

沃尔玛更多只是解决了用户的“选择困难症”，没有解决用户到家的问题，顶多是一个 B2C 的商城，通过分析客流量和销售量，调整进货量和种类。但是万达不一样，通过腾讯、百度等合作伙伴，以及客户、供应商，它形成一个生态系统。把用户在万达影院的信息，停车场的信息，WiFi 的信息，以及在这个平台上消费的信息，如饮食、住宿、娱乐、飞凡 APP 等，各种信息流最后变成一个数据，让每一个用户都有一个精确的画像。

单一的数据对用户和平台没有价值，在这种多元化的数据之上，就有了互联网金融的成长空间：用户的消费能力成为征信依据，可以顺势推出理财服务；用户的偏好成为电影定位人群的标准，推出为这类人群定制的电影；只要把用户留在自己的生态里，用户迟早会转化为价值。这个画像成为我们沉淀数据的结果，最后又成为服务用户的一个依据。这就是基因的一个作用，哪怕留存 1 亿年也是有用的。

自然选择的最小单位是基因

我们从自然选择论探究了互联网金融的进化，从本质上，所有进化改变的最小单位就是基因。一个靠基因推动的企业，一定要为丰富这个基因而付出更大的努力。从一个基因，到一个基因组，到一个细胞，再成长为一种生命体。

有一次，我刚一进门，就和负责互联网金融产品业务的俞鲲探讨了一个问题：当企业在进行一个金融撮合交易的过程中，我们会发现信息撮合能否实现往往受制于所选择金融机构的类型以及金融产品的丰富度，有些信息撮合完之后交易并没有完成。这是为什么？我们在解决这个供求关系的时候，一定要梳理清楚存量业务和增量业务的关系。

首先，存量业务做到一定程度是被不断细分的。你可以想象在超市里面有不同的信息撮合的可能性：当一个企业要去贷款，我们找到银行，撮合给银行；当一个人要去买理财产品，我们提供理财产品给他；当一个企业要理财，我们提供一些资管计划；当一个人要买保险，我们撮合像平安保险、中国人寿这样的保险公司给他。

其次，增量业务做到一定程度必须是走向自营的，未来我们会深入到清算这块。清算在传统金融机构占很大一部分，很多人在做。保险业务我们是代销，可以接入其他保险公司的产品。理财业务我们联合银行理财、资管、信托，在我们的品牌上实现交易，贷款业务我们推给银行。

总之，存量业务拼现在，增量业务拼未来，只要把握好存量与增量的关系，这个基因的双螺旋结构才是清晰的。

从媒体人转型到互联网金融，俞鲲和我都不禁感慨：最好的商业模式是印钞机，一旦运作起来就能够自己产生利润，这是传统金融机构的思维；在互联网金融时代，最好的商业模式是它的基因，它决定的不仅是一个产品线的兴衰，还能决定一个资本线的成败。我相信我们能找到更好的基因，这个基因一定是稳健的、安全的、创新性的、持续性的。

在中国金融市场体系，所有的银行和大券商就像一个个石头，它们占据了“杯子”的绝大部分空间。填充缝隙的会是谁？是民间资本、小贷公司、担保公司、典当行等，像沙子一样把这个空间填满。真满了吗？填满了等于没满，你把水倒进去发现还是可以有很多空间。我们就是水的基因。石头就是石头基因，水就是水的基因。最近在研究公司治理的时候，我形成的一个非常深的领悟：公司的基因决定了它的路径，这个公司未来是什么基因，关系着它的模式的可复制性和可传承性。

3.2 去伪存真：金融搜索服务已经过时

如果一个人把全部注意力都放在一片树叶上，那他就无法发现，其实这片树叶是属于一棵树的。如果一个人把全部注意力都集中到一棵树上，他就会意识不到森林其实是由无数棵树组成的。同理，如果把注意力都放到金融搜索服务上，就像盲人摸象，看不到背后整个生态。

你会羡慕金字塔底端的生活吗

保险虽然不能改变生活，但可以预防将来的生活被改变。当人们搜索“保险”或者“贷款”的时候，总是漫无目的地寻找和筛选。在整个生态体系里，信息位于金融市场的最底层，占有绝大多数流量却带来一小部分利润。为了解决这个问题，我向大家描述了五种信息呈现的方式以及背后的优缺点。

互联网金融本质上更偏向金融，围绕信息业务，有五种呈现方式：第一种方式是问题导向，走 PC 的传统路径，面对繁杂的商品把问题抛给用户——这么多产品哪一个更适合我。第二种方式是产品导向，竞价购买关键字让产品获得首页展示的机会，最终还是没有解决用户问题。第三种方式是需求导向，直接把优选的产品放到线上去撮合——你搜索一些核心的诉求，我们帮你寻找最适合你的。这是最常见的三种信息撮合方式。

第四种方式是打包。你去医院看病，就需要在治病与抓药方面做信息撮合。当你面对吃药、打针、做各种体检，以及不同的设备，是谁帮你做撮合？是医生，但是医生有两种：一种是医生收了很多厂商的钱故意推销这个药，这个药利润高，或者这是个新药，医院为了推广这个药必须给医生钱，这就是担保模式；另一种是一个纯粹的医生，你感冒了你吃这个药，你想好得更快可以选择打针，也可以选择输液，这类似于金融中的纯中介平台。

第五种方式就是这个事情就一款产品，不需要撮合。比方说我们发工资的形式都是钱，不会说工资给你发黄金或者发衣服，肯定不是。当行业中所有的东西只有一个的时候，这个行业的信息撮合就只有一个方式，撮合的目的不是为了让你更好地找一个产品，而是通过这个方式让两者交易的成本降到最低。之前有中介费，现在没有中介费了。

互联网金融的盈利方式是根据信息方式而来的。前三种方式的问题在于严重依赖流量，流量的成本很高，但产生的效益很小。第四种方式的问题是严重依赖渠道，为了找到合适的医生，需要用户擦亮眼睛。就像很多资讯平台转行做互联网金融一样，从一个信息渠道对应着另一个用户渠道，平台没有风控，本身违背了金融脱媒核心的诉求。只有第五种方式才是金字塔的顶端，适合互联网金融发展。金融产品的特性，决定了用户直接去选择某一款产品。

金融搜索服务或陷入反摩尔定律

有一天，我刚上班，俞鲲就拿着吴军所著的《浪潮之巅》对我说，计算机工业生态链的“三大定律”对互联网金融很有启发。

摩尔定律：每 18 个月，计算机等 IT 产品性能翻一番或者说相同性能的 IT 产品价钱降一半。

安迪-比尔定律：个人电脑工业整个的生态链是这样的——以微软为首的软件开发商吃掉硬件提升带来的全部好处，迫使用户更新机器，从而让惠普、戴尔等公司受益，这些整机厂商又向英特尔等芯片、外设厂商购买外设，各家获得的利润用来投入研发提升硬件性能，以满足微软等下一步更新软件的需求。

反摩尔定律：一个 IT 公司如果今天和 18 个月前卖掉同样多的相同产品，营业额就要降一半。

对互联网金融来说，发生变化的速度要比计算机的生态链变化得更快，可能就 1 年时间。就规模来说，没有转正的它还处于一个被边缘化的地位。金融搜索服务作为其中的一个分支，流量和用户还这么多，买竞价排名的钱花出去也是这么多，本身就是一种倒退。另外，作为一个现象，很多公司会被它们最擅长的东西绊住脚，实际上包括微软这些大公司，改变是很难的，因为它们已经有了路径依赖。

银行之前是躺着挣钱的，现在改变起来很难，而金融搜索服务的盈利模式主要是信息费，规模上去了为此付出的成本也很高。一种商业模式成型就意味着一种商业模式已经衰老。如果故步自封你可能很快被时代淘汰，或者有更大的公司出来替代你。互联网金融永远在追求下一个爆款出现在哪里。至于之前淘汰过什么，时间渐渐淡化了失败者的存在。

你会给金融搜索服务估值多少

首先，流量是金融市场里面的悖论，互联网金融不是一个流量的生意。你去看银行为什么不愿意开那么多柜台就知道了，越这样损耗越大，成本越高。我们可以做流量，但需要先要问自己三个问题：他是不是我想要的客户，我有没有不同的产品服务他，这个客户能不能给我们带来价值。如果说服不了自己，那就别做流量。

其次，你的服务半径要配得上你的用户数量。举两个例子：第一个例子，你花钱买了 1 亿元的流量，带来 1000 万用户，但你的商业模式是挣信息费，按一个用户 10 元算起，最后又回到 1 亿元的起点上，利润是 0。当然这是理想状态，实际上有贷款、理财需求的可能只有 200 万人，那么你大部分的钱都贡献给了百度。第二个例子，我们有 200 万用户，其中有 10 万核心人群。

我们集中服务好10万人，每人创造100万元的交易量就是1000亿元的交易量，1000亿元的交易量我们挣1%的利润率也是1亿元。

这两个1亿元，你会选择哪一个？在资本市场里，利润为0的顶多体量很大，但是没有任何估值，而利润是1亿元的企业，估值就可能是100亿元。因此，一个成熟的商业模式更重要，一个不能带来转化率的流量就是空头支票，这就好比在电商的价值观里，流量再大如果客单价很低，也是“赔本赚吆喝”。

另外，货币基金上的经验在金融搜索服务领域不能适用。为什么余额宝成为一个爆款？从量级来看，银行、信托、券商、保险、基金依次递减，基金是里面最差的一个，它实在是太小所以被巨头忽视；从风险程度上来看，互联网企业来了，反正基金也要死了，就给你拿去折腾，死马当活马医。

为什么金融搜索服务永远不可能是一个爆款？因为你的利润都在别人的公司里，金融搜索服务更是属于被别人牵着走的行业。

单一金融搜索服务没有抵抗风险能力

互联网时代，用户免费模式带来第一轮红利，但如今这个逻辑错了。目前，互联网经历了三轮淘汰：第一轮是门户模式，门户兴起淘汰了BBS、论坛等；第二轮是免费模式，淘宝战胜了易趣，360战胜了金山，QQ战胜了ICQ等聊天室；第三轮是移动模式，所有的门户、电商都在抓住移动化这根救命稻草，移动化让平台不断细分，免费模式被为内容付费的粉丝经济重建。

第三轮淘汰过程正在上演，之前的搜索连接的是人与产品，平台只负责信息撮合即可。但是，未来的搜索连接的是人与服务，用户想得到的是优质产品这个结果。比如一个企业如果去银行贷款，银行能否把款贷给它，让于它能够最终完成这笔贷款；一个企业去银行去做理财，银行是否有针对这个企业的定制化的理财产品，让它实现资产的财富增值，或者灵活性的赎回。

随着经济增长速度的放缓，从整体上加速了淘汰的过程。尤其是互联网金融领域，涉及一些能力受限、还款能力可能受到影响的企业。其实，这里面受影响较大的是金融搜索服务的广告主，也就是 P2P 平台、担保公司以及小贷公司。它们的日子在经济下行的时候并不好过，因为那些风险比较高的企业风险有可能集中爆发。

我一向主张，在抵抗风险的能力上，单一业务支撑的企业肯定比不了平台型企业。在经济放缓阶段，整个行业对我们影响不大：一方面，中国未来会步入一个消费型社会，对金融消费的需求很大，包括去买理财，去买保险，这个市场对我们来说是个机遇期；另一方面，基于经济周期下滑对我们在信贷方面没有什么影响，91 旺财涉及的资产都是房产足值抵押的，在一线城市，不会出现房价大面积下滑的情况。

金融搜索服务是一个伪命题

在互联网金融领域，用户需要的是“今日头条”，而不是“应用商店”。根据用户需求推荐合适的产品，需要用技术驱动而不是用关键字驱动。从搜索这个模式来看，有价值的搜索需要买家和卖家一起参与才能成立：如果没有买家，搜索成不了流量的入口；如果没有卖家，搜索对用户来说没有一点用。

监管政策出台之后，P2P 平台有可能只会剩下七八家，因此，靠 P2P 吃饭的互联网金融搜索服务不是锦上添花，而是多此一举。刚才已经说了，金融搜索服务的客户主要来源于 P2P 平台、小贷公司和担保公司，但中国的 P2P 发展与海外截然不同，大部分 P2P 平台的业务没按照银行的逻辑去风控，而是把风控嫁接到下游的小贷公司和担保公司上，最后违规的“资金池”水库发生崩盘，P2P 平台跑路。

互联网是一个工具，而金融是一个杠杆，工具和杠杆结合在一起，互联网金融更要强调中介属性。在金融服务中，收益率是用户选择的出发点，一个收益率 6%的产品和一个收益率 5%的产品，后者是被淘汰的。在信息撮合业务里面，像余额宝、娱乐宝那种标准化的产品是不需要被搜索的。

在残酷的市场竞争面前，我觉得一个基因是否进化是由这个平台的胜负手决定的，一切模式和行为都要为这个战略胜负手服务。举例而言，电商网站的胜负手是重复购买率，网络媒体的胜负手是阅读率，餐饮企业的胜负手是翻台率。决定互联网金融的胜负手是盈利模式，在金融搜索服务里，如果没有自营产品去服务客户，就只能挣最简单的信息费。

这一节讲的是基因淘汰，本质上是一种思维，包括我们认清自己的思维以及别人看待自己的思维。互联网金融里的竞争就是一轮轮基因淘汰，新一轮淘汰之后，胜利者的基因会进化下去。

从大局上分析，P2P 目前正遭遇坎坷且没有转正，金融搜索服务正在走下坡路，房地产不景气牵连信托市场，商业保险线上销售的面签难题未能解决，传统银行仍然被严格管制，因此，爆款最有可能出现在互联网券商领域。

第一，券商的竞争态势是比较激烈的，但是在过去很多年里被压制得厉害，因此有可能在券商行业里出现一个爆款产品。为什么说有可能，因为券商的量级在那儿，不可能特别爆。第二，随着互联网券商出现，传统券商的日子更加不好过，形成一种无形的压力促使它们尽快翻身。第三，互联网银行刚刚起步，而且门槛特别高，基于风险的原因发展肯定会小心翼翼，因为量级越大，爆款的机会越难出。

3.3　切入市场：从百度、小米的案例看选择市场的差异

一个企业的基因如何能够长寿？当你全身心都在琢磨基因的时候，我想给你泼一些冷水。基因是分优劣的，是好是坏源于我们业务本身设置的模式，这很关键。一艘船能否在海洋上到达彼岸，首先是看这个船的形状、模式、动力，看是什么样的结构模型能够让它前进。

基因的“鸡汤”和“澡堂”

在我眼里，基因有两种：一种是“鸡汤”，另一种是“澡堂”。

对我们这些在鸡汤里泡澡长大的人来说，基因的鸡汤无疑是没有吸引力的。先举两个例子：诺基亚创始之初是一家造纸企业，其后还从事了制药、化学、军事等多个领域，1960 年代才开始设置电信部门，20 世纪 90 年代才彻底转型为电信和手机制造商；三星集团的李秉喆，最早从事的是蔬菜、鱼干和水果生意。现在的它们又变了，诺基亚被微软收购了，三星在中国的市场份额被小米超过。原因何在？

对我们这些在洗澡堂里喝鸡汤的人来说，基因的澡堂没有功劳，也有苦劳。例如，一个创业者创业失败了，另一个创业者来安慰他说，你要加油哦！创业者说，滚，臭鸡汤。第二次创业失败后，另一个创业者同样会说，你要加油哦。创业者仍然不以为然，滚，臭鸡汤。第三次，创业失败几近崩溃。另一个创业者安慰说，我给你一些钱。

这一次，创业者没有骂他，反而说，我需要的就是这些干货。结果是，创业者一败涂地，永远销声匿迹……一家公司需要的基因到底是什么？我认为，基因是一家公司拥有各类优势的最大公约数，不同的是，组成人类基因序列的是各类核苷酸，而组成企业基因序列的是人。

例如，京东的基因由创始人、管理体系、专业人才、资本、物流渠道、知名度、供货渠道、数据库、网页界面、客户量、美誉度、价格、正品货源、腾讯联盟、京东金融等各类因素汇总而成，上市让它的基因最大化。当一家公司变得以市场规模为目标的时候就变味了，只有以营收增长为目标才能在竞争中有更多的资金流。

作为一个教训，一家公司很少因为坚持自己基因而失败，大部分的公司都是因为想改造自己的基因而失败。

连发传单都做不好，怎么做金融

一个互联网金融企业的发展就跟地推一样，没把发传单搞清楚就不要想着花钱。不要忽视每一个环节的作用，更不能忽视每一个基因所占的分量。

以地推这一个环节为例，首先要思考的是“用户通常是在什么样的场景下拿到我的传单？”第一个问题想出来之后，接着从用户拿传单的场景上做动作分解，需要再拆分成三个动作：一是选择接受传单；二是阅读传单上的内容；三是根据传单上的内容做出反馈。在此看来，平均一个用户拿传单需要做三次“二选一”。

第一步，根据这三个场景来调整物料，1秒钟决定成败。第一个场景可以提高发传单的接受率；第二、第三个场景可以提高传单的转化率。每一个场景上提升3~5倍转化率，最终可以带来30倍左右的转化率。从场景出发，其他14个环节配合的好坏都直接会对这三个场景带来影响。一般而言，用户从接到传单，再阅读传单上的内容的时间不超过1秒钟。这就要求文案和设计思考和落实：如何打造一个在1秒钟内就能让用户决定行动的“传单产品”？

第二步，要设置地推的标准话术，这和海报文案的重要性是一样的。比如，“你好，这是91旺财。现在下载我们的APP可以获得50元红包，你只要扫一下这个二维码，点击下载，就可以了，记得回去下载噢！”这句话有三个问题：一是太长不容易记，降低了地推的效果；二是话术越长，传递到一线地推人员出错的概率就会累加，导致最后地推的效果完全依赖个人能力，而不是整体策略；三是为了说话而说话，不考虑不同场景下人们的情绪。

第三步，用户路径中的每一个步骤，只传递一个信息或者一个指令就够了，就好比在战争中可以以战养战，但不能恋战。

看完这三步，你会觉得一个企业发传单很容易吗？连发传单都没做好，怎么能得到投资者信任？

百度基因进化的启示

在国内传播，叫作地推；在国外地推，就叫作国际化。一个企业的基因走向何处，跟它的路径选择也有十足的关系。很多互联网金融企业一开始就把业务铺得很大，在后续服务、产品知名度、业务门槛还没有建立的时候，就想着把钱花出去。随着短时间的快感过去，企业有可能遇到的就是10多年的债务以及被收购的命运。

互联网金融是一个门槛很高的行业，无论是已经成熟的传统金融领域，还是不怎么成熟的新兴领域，企业在选择行业以及市场过程中，会不断肯定自己又否定自己。

以百度为例，一开始就选择市场份额已成定局、利润比较高的成熟市场。2007 年，日本成为百度走出国门，实施国际化战略的第一站。在日本，雅虎日本的搜索份额占有绝对地位，占 56%；其次是谷歌，占 38%。2015 年 3 月，只有 2%份额的百度日本搜索无奈关闭；4 月，百度发言人才证实，难掩尴尬。根据数据，日本搜索份额排名第一的是雅虎，排名第二的谷歌为 38%。

在战略选择上，百度犯下的第一个错误出在语种选择上，百度正确的出海方式应该是瞄准非通用语中的大语种，例如 2014 年进军巴西，葡萄牙语使用人数并不少，巴西是金砖国家，经济发展较快，日后从中可以挖掘较高的商业价值。另外，东南亚、非洲、南美等新兴市场也是新的掘金点。第二个错误是本地化运营。吸取了教训后的百度，在巴西建立研发中心，加大对葡萄牙语搜索的研究力度。

百度从成熟市场转向新兴市场，对互联网金融企业来说有三点可以借鉴：一是业务上的调整能力能否快速适应市场；二是团队建设上，任何决策都有可能出错，要做到能缩能伸，风险业务不要追求规模，规模业务要注重本地化经营；三是在成熟领域很难见缝插针了，在新兴领域，不走捷径才能弯道超车。

小米基因进化的启示

目前，传统金融面临互联网化的挑战，而互联网金融正在向传统金融看齐。在 P2P、互联网证券等领域，新兴企业更是层出不穷。

鲜为人知的是，小米的扩张是建立在合作的基础上的，支持小米在全球扩张的基础是供应链的支撑。在中国台湾，有负责组装的代工厂富士康，手机芯片制造商联发科，提供面板的友达，开发驱动 IC 方案的联咏等；在中国大陆，有玻璃加工商蓝思科技，伯恩光学电感供应商顺络电子，摄像头模组供应商欧菲光，以及小米移动电源和路由器的精密结构件产品长期供应商劲胜精密等。

小米侧重开拓新兴市场而不是成熟市场，有着专利的隐痛。以美国市场为例，在苹果、三星、诺基亚等树立的专利门槛下，小米在国内的专利防御体系显然不能与之对抗。在解决方案上，无论是在美国申请专利然后走程序，选择购买或是授予一个第三方的专利布局，还是通过布局国内市场换取对方在国外市场的专利，都不如第三种合作的方案有利。新兴市场只是一个试金石，5 年内不上市意味着可以用 5 年时间去解决在美国的专利问题。

从小米基因进化的逻辑出发，互联网金融领域也有三点考虑：一是供应链是规模业务扩张的前提条件，安全是风险业务扩张的前提条件；二是牌照相当于专利，注册资本金相当于专利的专利数量，如果自己的专利体系没有建立，那就用合作的方式让自己先拥有牌照，再拓展业务；三是谨慎对待新兴市场，无论是针对农民的农村互联网金融，还是针对学生的校园互联网金融。

移动互联网产品要想挣钱就主打美国和日本，如果有野心，还是要把重点放到发展中国家，真正的胜利者一定属于最能忍耐的企业。

大数据是基因的分水岭

无论是成熟市场，还是新兴市场，决定基因怎么走的都是大数据，决定能不能到达的都是用户。在当前，重要的是用户数据而不是征信数据。从金融的维度来看，大数据既属于互联网金融，又属于传统金融，它的核心价值还没有被挖掘出来。

大数据是传统金融的金矿，但是还深埋在土地下面。之所以隐藏得很深，部分原因是对隐私曝光和网络漏洞的恐惧，另一部分原因就是不信任感。围绕大数据可以做的生意有很多：一类是对企业而言的，比如信息撮合、交易撮合、产品定制；一类是对行业而言的，比如把大数据打包，就成了生意。但只有这些远远不够，大数据和那些未开发出来的脑细胞一样，一定是从三维向四维，甚至向更高维度上过渡。

大数据是四维世界的一个变量。在互联网的一维世界里，大数据只有用户。在二维世界里，一端是用户，另一端是流量，两者相互制约。在三维世界里，除了用户、流量，大数据正从一个品牌包装概念向生产销量转移，可以用转化率，也可以把获客成本变成柱状图。目前，大数据还很肤浅，所以还需要以百度迁徙地图及大数据预测等由头传播。四维世界和三维世界的区别只是一个时间轴，能否正确地认识时间与大数据之间的变量，关系着互联网金融和传统金融的本质区别。

大数据也是时间的一个变量。传统金融好比二维世界，时间是一个平面，存款人和银行之间，贷款人和银行之间，都只隔着一面镜子。互联网金融时代，银行与用户之间不是隔着一个平面，而变成一个立方体。存款人、贷款人与银行成为立方体里三个不安分的点，很难重合。于是，大数据应运而生。在四维世界里，企业找到了人，就找到了数据；找到了数据，就找到了和传统金融沟通的密钥。

大数据是基因进化遇到的一个分水岭。现有的技术是机器推荐，人提出需求，然后互联网把产品推荐给用户，例如今日头条；但是，未来互联网金融的大数据，人的意愿和意识会被数据挖掘出来，推荐产品给用户和产品自主寻找用户将是一个可逆的过程。

每一个个体都是一个基因，每一个基因都有着它的价值。对一个年轻人而言，一辈子遇上一个爱着的人，你在这波基因里沉醉，很幸运；一辈子遇上一波浪潮，你在这波基因里工作，很幸运。人和公司的基因有相同的地方，人的基因很渺小，而公司的基因有一个加杠杆的效应，能把人的价值放大到十倍、百倍。

从这个角度来说，公司的基因就是个人基因的救命稻草。公司的基因进化到什么地方，也是带着人们走出古埃及的“摩西”。

3.4 定制化服务：传统金融和互联网金融走向合作

金融是一个壁垒很高的市场。以前没有互联网金融，现在有了，并和传统金融深度融合，这个壁垒正在产生裂痕。互联网金融发展很快，是在挽回以前没有能力保护的资源。传统的秩序已经有了新的参与者，我们有实力在这个世界上一定范围内制定新的规矩了，这个规矩，就是我们的地盘，只能听我们的。

基因的拦路虎是它的周期

生命都是有周期性的，公司的基因决定它的周期性。朋友圈是一个相信鸡汤的地方，所以到处都是“风口”；现实是一个更相信眼泪的地方，所以到处是“哭声”。因为大环境已经改变，你可以看到担保公司、小贷公司到了转折的拐点。

一个公司的基因，如何在初创、创业、腾飞、守业、衰落的周期性里保持新鲜感？当你的业务量与日俱增，身边的各种资源五花八门，又如何崇尚一个安全、可控的基因，让创新力持续？我和许泽玮一起见证了一个现象，那就是在2011~2014年这4年时间里，公司保持每年300%的速度增长，我们的用户群体也以这样的速度在增长。我们从2013年开始盈利，在2014年也是盈利的，背后都是基因在驱动。

另外，我们看到两个现象：一个是传统银行“缺钱”，另一个是互联网金融企业在“烧钱”。我相信这样的基因是有问题的，比如很多同行烧美元VC的钱，但还是亏损的，他们号称有很多用户，如果真的有很多用户还不能挣钱？说明这样的模式是经不起考验的。公司的基因决定未来怎么走，如果已经站在山顶上了，还需要知道在走下坡的时候如何回头，西西弗斯每天都在往山上搬石头，这就是一个创业者每天要做的事情。

我始终认为，每一个产品都是有周期性的，但至于什么时候该做什么，我觉得需要看市场的需求反馈，要始终做好准备，去迎接新的市场需求。永远不要寄希望于一个产品能持续经营下去，每个产品都有周期性。你只需要做好准备，建立一个体系来不断产生创新，这很重要。如果你没有这样的体系，没有这样的平台，那你很快就会被市场抛弃。

我们在寻找的企业的基因应该是什么？就应该像老虎一样，不断地奔跑，要始终保持我们是最优秀的。

单一业务是一个“玻璃心”

互联网金融很难用概念去说，互联网这三个字背后是“人”，本质上是关于“人”的金融。人是产品的伯乐，而产品视人为知己，只有针对不同用户群体的不同需求，在不同阶段去设计、研发、推广产品，最终才会带来收入。每个人都有“玻璃心”的一面，怎么打破“玻璃心”？就是要在脆弱面前展现反脆弱的一面，我提出了“四种经营”的观点。

一是经营平台。从单一业务走向平台性业务，是市场竞争的结果。我们在自营之路上，对传统金融机构来说，会恪守做“前台”的职责。尽管前台因为产品的收入开始跟后台合作了，经营平台仍然离不开经营资金，我们所有的钱归根到底都是放在银行里面的，不会踩资金池的红线，一方面有政府监管，另一方面，用户的钱存在银行有信任感，我相信很多人已经很信任 91 金融了。

二是经营风险。传统金融机构有非常好的风控标准，我们不可能去改变它们的标准，但我们可以跟它们合作，让它们的标准在一个时段、一个时点上更符合市场的需求。我们是银行和用户之间需求的对接人，未来可以替代很多这样的网点。之前的网点由单家金融机构承担，作为第三方平台，91 金融可以跟很多家机构对接，最后选择权实际是在我们这里。

三是做经营关系。我们要跟很多机构战略合作。所谓的战略合作很简单，我一直有两个标准：第一，要出更符合市场的新产品；第二，要注重新的标准。目前，银行柜台卖的理财产品只要比银行利息高就很容易卖出去，但这种销售是不长久的，我们之所以自营产品，就是希望让我们的用户有比银行更好的产品、更好的体验。

四是经营用户。以 91 金融手机移动端为例，围绕用户的需求，我们推出了两项长期活动。一个是邀请好友理财即得 1%现金奖励。老用户得到的 1%现金奖励既能直接提现，又能投资定期收益理财产品。另一个是用户每天有一次抽奖机会。设计抽奖功能的初衷就是为了提高平台用户体验，使用户和平台之间能有更多互动。用户完成抽奖后，可根据系统提示领取奖品，还可以分享到朋友圈，让好朋友一起来抽奖、赚钱。

风险业务不能当作核心业务

传统思维里面，认为有规模都是好的，实际上有这种想法的公司都错了。在发展的过程中，风险业务绝对不能做核心业务。

第一，高风险可能是低利润的，低风险才可能有高利润。以 P2P 来说，平台有一个冲动，说我要放很多钱出去才能赚更多钱，殊不知高风险带来的高利润率，在遇到高坏账率时就被稀释了。银行为什么坏账率能控制在 1%？核心原因是银行站在整个金融链条的最顶端，资金成本非常低，利润率很高。

第二，互联网金融企业应该用银行的逻辑做事，用互联网的逻辑做人。什么是银行的逻辑？我是银行，我有公信力，我的募资成本低，我的利润率高，所以某些风险很高的事儿我不做，要控制风险和速度。什么是互联网的逻辑？我是互联网，银行到点下班了，我 7×24 小时不休息。

第三，开车的时候，要踩刹车，又要去加速，这是不可能的。对 P2P 平台来说，要挣钱，又要控制风险，这也是不可能实现的事情。首先，P2P 平台不像银行，银行的募资成本很低，P2P 平台发一个产品的募资成本通常需要 15%以上，成本很高，要把钱放出去才能活下去。而且 P2P 平台的风控和放贷部门不可能分开，也不可能像银行那样把坏账率降到 1%。

我和许泽玮都坚信，P2P 业务一定不会长久。我们核心的业务，一是金融导购入口级的业务，这块业务是基础业务，贡献收入占 1/3；二是 91 旺财，互联网直接理财平台，贡献收入占 1/3；三是整个互联网证券业务 91 资管，贡献的收入占 1/3。这些收入未来随着业务的发展可能会有一些调整，比如 91 旺财的业务会逐步收缩，而新增的互联网证券业务会越做越大。

交易撮合下的必然产物

对互联网金融企业而言，一个关注增速的生意一定是不关注风险的，这里面存在赌徒心理。不同于赌徒心理下的高风险，自营产品是交易撮合下的必然产物。一个最终走自营之路的企业，必须先要迈过两道门槛。

第一道门槛，如何联合定制产品，冲破信息撮合的天花板？

一开始我们是通过金融信息的撮合来帮助传统金融机构进行服务的，但是有的撮合并没有让金融交易完成，因为信息流只是一种传导方式，与如何为消费者提供更好的金融产品并没有必然的关系。为了实现交易撮合，我们试着和传统金融机构合作定制一些产品，在这个逻辑下，2014 年我们做了针对企业理财的 91 增值宝和针对个人理财的 91 旺财。

以 91 旺财为例，它是一个来自银行的短期周转性借款的企业债权的转让，我们把它打包成产品推荐用户。这使我们在业务的层次上从信息撮合向交易撮合进行了延伸，也让我们具备了设计产品的能力。过去我们具备了对数据的对接能力，而现在我们具备了一个能力就是根据用户的需求去为他们定制产品。

第二道门槛，如何拿自营产品去跟别人竞争？

我有一个观点，那就是做金融市场就必须回归人性。为什么我们能在 3 个月内就上线一个产品？从最小的层面讲是因为二级市场火，我们应该做这样的互联网证券产品来满足投资者的需求，这是一个业务逻辑。不过，从业务的主旨出发，互联网证券业务只是我们诸多产品的一个单元而已，只是为我们的用户多找了一个出口。

企业在产品设计上，针对从互联网平台上获取的用户，根据用户的分类和属性以及风险偏好，在这些金融机构里面找到一个切入点做自营产品。一方面，传统金融机构有市场；另一方面，我们更了解用户。这种设计产品的能力是我们在过去1年里面越来越强化、越来越提高的。

基因改良走向自营之路

目前，互联网金融有很多产品，无论是余额宝，娱乐宝，还是招财宝，都是在满足投资者和金融消费者的需求，包括储蓄、理财、投资、融资的需求。金融消费者有高净值客户和普通客户之分，也有中小企业和大型企业之别，我们如何更好地服务他们，以更高的效率、更低的成本去满足他们的需求，只能靠自营产品去解决。

自营产品是互联网金融企业的必经之路。之前，你的产品始终是受制于别人的，你要找银行找资产，找券商去打包做产品，今天我们有能力自己做，自己根据用户需求来定制产品，来实现对用户更加精准服务的需求的满足，我们做了资管产品，满足高端用户对投资的需求、市场的需求、风险的需求。

自营产品，是以战养战。让我们逐渐变成具备主动性资产管理能力的互联网金融企业。主动与被动，是互联网证券发展到一定程度的一个分水岭。在初期阶段，传统券商做什么，互联网公司被动地做什么，如今，互联网金融企业反哺券商的时代已经来了，91金融超市类似于一个平台，用户像下雨一样都进来了，最后像漏斗一样把用户收集到池子里面。然后再设置一个筛子，把用户一层层地筛，筛完之后为用户提供不同的金融产品。

自营产品是长期战略，而通过联合传统金融机构定制是一个策略。我们在向互联网证券进军的过程中，首先是做资管，先有了几款资管产品，比如“岁月留金资管计划”，这是第一步。其次，有能力做资管，这是主动管理能力的证明，获取资产能力和风控能力也提高了。最后，有风控能力一定会有自营业务。

从通道业务走向自营产品业务，这是一个互联网化的思维。“漏斗”也是一个倒立的金字塔，越往下走，就越接近金字塔顶端。用户分层下来之后最后还会汇合在一块儿，分层之后用户沉淀在平台上，就有了很多用户数据。

数据是一个筹码，让自己的产品更精准，让自己的路走得更长。

自营之路有门槛，不是一蹴而就的。首先，要设计好一个用户通道，类似于电梯，然后联合金融机构做定制产品，把楼层分好。其中，定制产品离不开产品的设计能力，自营产品离不开风控能力和主动管理能力。我们在挽回之前没有保护好的资源，那些资源曾经遭受过不公平的待遇；我们也在改良之前没有尽到义务的基因，把自营产品和传统金融机构的产品放到一个笼子里，在竞争中生存。

自营产品会有一个势能在里面，把企业的核心业务聚集在一起。其他企业在跑向悬崖的时候最终都掉下去了，但我们不能站在原地不动，要具备一个冲的素质，冲过悬崖，到达彼岸。想飞得更远，非常考验一个企业扩展的能力，反映到产品上，就是基于用户的需求去做更多的产品，以抵御各种风险，所以衡量一个企业的基因好坏，就得看企业的产品的基因，是改良过的，还是直接复制的。

3.5 交易撮合：如何发展平台业务和生态业务

在战略行为和非战略行为中，业务只是生态的一块磨刀石。一个企业的基因，最重要的做成一个生态，而不是做成一个业务。互联网金融在进化过程中，一定有奇点存在。在这个奇点到来之际，每一个互联网金融企业都无法摆脱，都必须直接面对。

你真的了解生态吗

讲一个寓言故事：有个叫“生态”的美女，总是被不喜欢的人死缠烂打地追求着，觉得很苦恼。比如，乐视想追她，小米也在追她，苹果正在追她，BAT 已经在追了。他们向她表白，她都无法拒绝，于是，她把妆给卸了，但是他们仍然向她表白。

乐视向她表白说：美得让人窒息。小米向她表白说：为发烧而生。Are you OK？百度向她表白说：未来会给你一个百度大脑。腾讯向她表白说：连接一切。阿里跟她表白说：买买买。这么多追求者，她该选择谁？

其实，我想说，你们真的了解生态吗？2014年6月，在一个金融峰会上，面对几百名互联网金融从业者，我第一次提出了互联网金融生态的概念。在互联网金融领域，“她”遇到的问题，也是所有创业者都需要思考的问题。当前，最好的模式就是拥有一个互联网思维的基因，再来一个拥有生态的美女，就能成双成对了，但这不仅是一个简单的经济问题，而是一个复杂的社会问题。

首先，在旧的生态里，传统金融机构分为两个业务体系，有银行和非银行金融机构之分。银行主要从事的是吸储和揽储的业务，它们有很多钱，也有很多渠道；而非银行金融机构更多从事的是资产业务，它们把银行不愿意做的事情，或者银行没有能力做的事情拿过来做，比如说做资产证券化、财富管理、资产打包、债券等。银行是终极业务的顶点，所有钱都会经过银行，非银行金融机构从事中间业务，一方面，给银行业创造利润，一方面帮银行做扫尾工作。

其次，在旧的生态里，从资金上来看，资金成本是多重的金融脱媒，资金在整个产业链体系运作下去的时候成本越来越高。所有的金融机构都是一个信用担保的机构，所有的金融机构也都在做货币的资产定价。互联网金融一开始来到这个传统生态里，做的是分蛋糕的生意，所以银行不高兴了，如今，做的是帮助银行做大蛋糕的生意，为银行打工。

在“互联网+”时代，一方面，传统金融机构发生了变化，变成互联网化的银行以及非银行金融机构。另一方面，在资金上也发生了变化，变成了银行、互联网平台和非银行金融机构。在平台思维下，不仅意味着产品丰富了，更大的意义是缩短了资金在中间环节的流通成本，让中小企业融资成本降低了，以前经过十八道弯，现在经过三道弯就可以了。

构建中产阶级的理财场景

在移动互联网成为趋势的情况下，金融产品只有配合场景才能实现移动金融，不同的商业模式对应不同的场景。许泽玮告诉我，企业构建的是中产阶级理财场景。以这个场景生存，又基于这个场景做金融模型设计，最后推动了这个行业不断创新。

构建场景，首先要找到自己的用户。我们把用户定位于一线城市的中产阶级，里面有大量的企业主、法人以及高净值客户。我们的客户是中产阶级以及想成为中产阶级的那一类人，年龄在 35~50 岁之间。另外，我们还服务了 4 万多家中小企业，这些企业主都是我们的客户。比如，在 91 旺财这个平台上我们有接近 10 万个用户，平均下来单笔都是 25 万元以上。

构建场景，其次要做最精准的风险定价，把用户进行分层，使越来越多的人享受到普惠金融服务，这是“互联网+金融”的核心要素。互联网金融越来越形成新的格局，市场级用户的需求会推动技术与产品的创新。在过去的时代，往往通过技术的引导推动市场的变革；在互联网时代，一定不是技术的引导推动市场的变革，而是用户的需求促使了企业的产生，促使了模式的创新。这完全是两个不同的思维和理念。

构建场景，重要的是尊重每一位用户。在互联网端每个用户的需求应该被满足，基于这样的需求创新产品和服务。违背了这个原则，抛弃了用户需求而盲目创造产品，企业将死得非常快。在过去的传统金融市场，每个个体都是弱势的，是不会被服务好的，如今，每个个体都有可能被尊重，每个用户的需求都会排到重要的位置。

互联网基因和互联网金融基因的差异

每一个行业都有一个行业的基因，每个基因都对应着一个行业发展的关键点。传统的互联网基因是电商基因，核心就是 UI/UE、导航、流量、PV、UV、转化率等。传统金融机构的基因延续的是零售基因，理财产品基本上是围绕着定价、区位进行的。互联网金融的基因跟这些基因有什么不同？

与电商基因相比，互联网金融的基因更保守。电商的基因在于流量和用户。从流量的概念引申出来：一是网站迎客能力（抵抗瞬时流量的峰值）；二是流量的成本买卖，流量等于渠道，渠道越大，分发能力就越大；三是流量的转化率，多少流量换来多少用户，转化成多少销售。而互联网金融不是流量的生意，传统金融机构和互联网金融企业合作，不是因为你有流量和渠道才合作的，而是看你服务用户的能力及金融产品的设计能力。

与零售基因相比，互联网金融是做一个水坝而不是挖河道。传统零售最在意的是核心区位，有了核心区位就有了客流量。这和线上流量的思路本质是一样的，一个互联网金融企业，做的不应该是一个通道，河水流过去就过去了，顶多河道变宽，径流变大而已；互联网金融应该做一个水坝，把用户截流到自己的库容里，看能服务多少用户而不是有多少用户漫流而过。目前，零售业萎缩的原因就是用户的到达能力变差了。

与加盟商的基因相比，互联网金融的基因属于游击战而不是阵地战。移动互联网打破了地理位置的界限，用户只有场景，而没有阵地。加盟商固守阵地的做法已换不来真正的用户，游击战的做法是不断地在场景下留住用户，这个场景完成了马上切换下一个场景。从场景出发，可以提炼出四点：用户的客单价，涉及用户定位；用户的滞留时长，与解决场景问题能力有关；迎客能力和获客能力，场景只解决了一个场景问题，还有其他场景；用户的后续服务，强调增值服务和多元化需求。

在中产阶级场景的概念里，一个企业必须学会以跨界的思维去定制产品。任何一个场景搭建完成之后，就是一个逐个击破的过程。

未来的互联网金融都是女性的

女性改变互联网金融的产品，谁赢得女性，谁就有可能赢得下一个市场。无论是思维，还是细分领域，女性互联网金融时代已经来了，但现在还没有被充分认识到。

第一，理财场景本质上是女性的，女性当家的观念在中国很有影响力。目前，女性应用里面，每一个领域都有重兵把守。经期管理（大姨妈、美柚），导购应用（美丽说、蘑菇街），美颜自拍（美图秀秀、美拍、百度魔图），女性社交（闺蜜圈、美丫），美甲（秀美甲、河狸家）等都在分女性市场的一杯羹。针对女性理财，每一个细分领域本质上都是一种理财场景。

第二，在这些应用里，女性场景离不开女性思维。大多数女性都注重具体细节、表达感受、描述问题、关注过去、对照眼前、罗列现象、开放肯定、忘却目的、相夫教子、倡导独立自由等标签。而男性思维大多偏向解决问题、探求动机、预测未来、建立因果、推理总结、目的优先、结果导向等概念。谁最懂得女性思维，谁就可以在女性互联网金融时代占有一席之地。

第三，围绕女性做的生态，还需要结合女性的风险偏好做产品。数据表明，在移动购物上，近30%的女性喜欢“晚上在床上购物”；在网购强迫症下，63%的女性“不买也要上网逛逛”；在理性和感性的斗争中，45%的女性上网逛着逛着一冲动就消费了，33%承认网购过度但还是控制不住。甚至女性还有一种特殊的表达方式——愧疚生产力，41%的女性表示，当她们自己网购太多的时候，就会给丈夫、家人买点东西以求“心安理得”。

总结到这里，我们就会总结出一些金融产品设计上的花样。例如，91金融手机移动端在产品上推出“员工宝”，让公司员工享受高收益。无论是UI设计上还是用户交互上，偏重女性用户的设计，尊重女性用户的习惯，一定会换来女性用户的感谢。

生态的奇点是一种什么体验

先来设想一个问题：到达生态的奇点之后，究竟是一种什么体验？然后甲乙丙看到这个问题之后就开始回答了。

甲回答说，现在，互联网成为一个连接用户的入口。过去我们卖产品并不知道用户是谁，它是一个封闭式的东西，比如电视连着一个有线网络，但我没有连入互联网，我跟你之间是没有关联的；现在不一样，我打开电视可以看到很多人评论，看到最新的一些推荐，我跟你产生了信息互联。未来设备都在互联网化，互联网金融也是如此。互联网金融到了奇点之后，首先抵抗风险的能力大大增加了。小米为什么要投 100 个初创公司？那是因为它在用风险投资的逻辑做自己的生态，智能手机也只是一个形态，未来有可能被其他智能硬件取代，所以它在用 99 个公司试错，然后只要有一个企业最后有可能取代手机，那么之前所有试错的投资就会收回成本。

乙回答说，到达一个生态的制高点，就感觉像人站在食物链的最顶端，也站在智慧生物的顶端一样。这时候，互联网金融企业做生态就是在解决“人”的问题。人的核心诉求是多元化的理财，这就要求这个生态必须可以满足贷款、理财、保险、股票、P2P、基金等多元化的需求。每一个业务的归宿都是人，要把这部分人先圈进来。

丙回答说，一个互联网金融的生态就像哄女孩开心，有一个公式是这样的：“时间点+小事+深加工+山盟海誓”。这样就可以了。

其实，什么是生态？甲说的是形成一个生态的逻辑，多点开花去抵抗风险；乙说的是形成一个生态的原因，本质上是在解决人的问题；丙说的是形成一个生态的环境，第一选对风口，第二学会哄女性开心。总之，互联网金融为女性服务。

一个企业最重要的就是找到它的基因。今天你可能不是这个市场上体量最大的公司，但是一定要变成市场上生命力最强的公司。在很多公司烧钱的时候你想着如何挣钱，在很多公司靠单一业务发展时你要比对手早 3 个月进入一个新的业务。

作为一个生态型的公司，你要知道，不是为了生态而去选择上市，上市是为了更大的生态。只有平台性公司上市才能实现它的抱负，单一业务公司没有这样的动力。这是基因决定了的，只有鲤鱼想跳龙门，因为鲤鱼想成为龙。

3.6 技术内核：基因背后的网站安全建设

互联网金融最后的防线是技术，在征信不严以及用户良莠不齐的情况下，决定技术基因品质的重担放在企业研发力量上。不仅要求企业拥有抵御黑客的能力，也要求企业对整个网站以及移动端进行全面的升级。

互联网金融如何对待征信

目前，国内的征信体系还不是很全面，从征信体系的结构，到受征信体系覆盖的范围，各个维度都做得还不够。如何对待征信？

首先，大数据和征信有关联，也有区别。大数据是基于数据再做挖掘和分析，如果数据不够，维度不全，企业就没办法建立征信体系。在这种情况下发展征信，必须遵循银行的征信体系来评估企业的融资人。融资人的征信，目前企业能从国内几个有限的数据源来获取。同时会在积累各项品牌的征信、模型、征信体系、征信数据的基础上，做二次数据的开发。

其次，投资者的征信不是企业关注的重点。随着国家对金融体系越来越重视，以及企业积累的量和维度越来越全面，征信体系成果会越来越明显。在征信体系不健全的情况下，平台获取融资人的成本和企业融资的成本还是比较高的，各个渠道的征信数据获得成本都非常高，某种程度上限制了互联网金融的纵深发展。

最后，如果把互联网金融比作挖金矿，这个征信体系就是工具。很多企业把数据当作重点，对很多企业来讲，平台通过一套数据系统进行所谓的业务的合规，这个难度非常大。不同的数据对应不同的平台，其利用效果不尽相同。只有平台型企业，数据才能帮助对用户开展有针对性的营销，通过金融产品的设计对不同用户进行精准匹配。

在我看来，对于征信而言，企业自己建立的成本比较高。在一个新生事物的婴儿期，只有让企业探索适合自己的征信体系，才有可能促进它的健康成长。

如何从技术措施避免羊毛客

在一次营销活动中，我们发现了数据不正常的波动，于是请教技术部门进行了一次深度交流，CTO 宋传胜给我介绍了一种“用户分析法”。

分析用户有五个重要的指标：第一个指标是到达率，我让你知道我，不一定你进来；第二个指标是注册率，你知道我了，你来注册；第三个指标是忠诚度，这非常重要，你得对我信任；第四个指标，你得重复购买；第五个指标，推荐你的朋友来。后两个指标的价值比前三个更重要。

宋传胜说，一般来说，羊毛客从技术上来说是非常难防的，但也可以采取一些措施，一般羊毛客不是钻你技术上的漏洞，而是赚你促销制度的漏洞，造成羊毛客的根本原因是促销制度出现了问题。

从制度来讲，首先，企业可以从后台去关注账号一些共同的行为，比如说身份证或者卡号是不是集中出现在某一地区。其次，看 IP 或者电话号码是不是有一些相同的趋势。通常羊毛客都是新客户群，对新客户来讲，他们的属性和分布能看出一些趋势来。最后，每个网站的用户分布都有规律性，比如平常 80%的用户来自北上广，突然有一天在搞活动的时候发现 80%的用户从别的地方过来，那就有可能出现问题。

另外，企业追求的是用户质量，衡量质量好坏的是用户的购买力而不是财富程度，更不是单纯的用户数量。用户不能用规模来衡量，海通证券在 30 年内，通过 200 万用户创造了 2000 亿元市值。用户不是由背景决定的，大多数公众型的金融企业不是以高净值人群为主，而是普通老百姓占大多数。

企业在安全性建设上的四点思考

在金融行业，创业者要考虑四个问题。

第一个问题是网站的安全性。互联网金融安全性可以分两个方面：一是整个公司的内控，用户的金融资产放在这里，企业如何做内控，防止公司内部流程出问题致使资产有损失；二是对用户的信息保障，对外来讲，因为金融行业涉及的金额比较大，尤其盗号情况要比其他行业多一些。

第二个问题是不要忽视外包风险。外包风险主要在由于它的问题而导致系统不可用，比如说云服务器方面，企业会做一系列降级的策略。在极端情况下，比如说它的服务不可用了，我们可能会降级到另外一个具有只读功能的展示页面；再比如说现在维护需要服务器，但不能依赖它，必须有自己的替换策略。

第三个问题，企业在选择合作伙伴的时候要看它的灾备情况。比如说它有几个数据中心，假如有一个挂机了，我们能在其他中心为用户提供服务。同时，还有一个比较大的问题就是，企业怎么来保证用户数据的安全。除了服务商的数据备份以外，自己也要时时把数据备份在专人手里，防止数据丢失，保护用户的隐私。

第四个问题，创业者可能会想，数据放到供应商，会不会出现数据泄漏。我们现在除了跟第三方合作，签保密协议外，还会对用户的敏感信息进行加密，确保符合国际标准，向银行卡的安全认证标准看齐。所有用户敏感信息都是加密存储的，脱密后都是有记录的。即使密码信息泄漏出去，用户的身份证号、手机号、资金情况等信息外人也看不到。

网络安全信息的四大保障

为了保证用户安全，我们采取了四大技术保障措施，从服务器的选择、技术的底线、黑客的防御、全民安全制度上来保障公司的网络信息安全。

一是在服务器的选择上。91 金融选服务器运营商的标准有三个：第一，运营商一定是一个中立的平台，如果第三方运营商属于 BAT 旗下的一个公司，其自营的业务就会跟我们的业务有冲突；第二，要倾向于选择技术流派的公司，它能提供更多的 API 给我们，让我们能够灵活地定制；第三，它有比较强的技术实力，让服务能够稳定，保证不出问题。

二是严守技术的底线。创业者最大的挑战是在于时间和质量的权衡。因为创业企业要求拼速度，要很快地研发产品。在拼速度的过程中，怎么保证质量，守住安全性的底线，这是最重要的。尤其是业务部门会很着急要一些功能，但是这些功能可能与底线是冲突的。坚持技术的底线，要从流程上保证最起码的安全。

三是对于黑客的防御。第一，企业会跟安全圈的公司保持长期合作，比如安全宝；第二，企业会定期请一些白帽子团队对网站做深度攻击，在可控范围内对漏洞做检测，及时对这些漏洞做修复；第三，企业会对代码进行审查，包括内部的流程控制，把漏洞分析放在第一位；第四，从企业信息安全的角度去重视这个事情，比如企业邮箱需要手机认证才能打开。信息安全不忽视掉任何一个细节。

四是91金融实行了全民安全制度。企业安全一定是所有部门一起参与的。除了定期更换密码，整个信息安全的攻防一直在不停地切换。

企业如何提高安全意识

在我看来，技术建设是一个长期而烦琐的工程。对技术的可靠性来说，企业更要提高关注安全的意识。

第一，不要在所有地方使用一套密码，不要使用简单的密码。这两点貌似很容易做到，但实际上，90%以上的人是做不到的。

第二，尽可能要多做一些事情，比如说邮箱需要用手机认证。我有两部手机，第一部手机上所有的账号验证都需要输到第二部手机上去验证。等于说即使我丢了一部手机，别人想盗取我密码登录我邮箱也无法得逞。这是一个意识问题。

第三，随着移动互联网的出现，移动端的安全关系到一个企业的生命。移动端的场景非常复杂，要让技术人员多问自己这样的问题：如果黑客把这个APP逆向了，或者截取了全部的源码，获得的信息是否能进一步泄露；如果APP里存了某关键服务的密钥，是否能调用某不受限制的接口；如果对方侵入了这个 APP 后端的服务器，是否可以对内网进一步渗透等。

第四，敢于去怀疑。安全问题不仅出在技术建设上，还出在思想建设上。企业要善于用批判的眼光去对待问题，比如一段字符，删除了或者写错了会出现什么后果，如何去补救，影响到网站上哪一个环节，这都是技术研发团队的工作。这种敢于试错的态度是主动防御的精髓，如果因为害怕错误而不敢试错，那失去的机会成本一定大于得到的安全。

总之，安全意识对互联网金融企业来说是一项基础性的工作，它的作用不是“快刀斩乱麻”，而是“润物细无声”。

互联网金融想要达到蔓延式生长的状态，必须依靠良好的运维文化。面对 IT 基础薄弱、安全人才缺乏、IT 架构设计不合理、系统更新过程中程序设计审核不够严格、网站升级和 APP 升级过慢、运维的精细度不够、没有行程良好的运维体系和运维思想等诸多问题，都需要坚持技术驱动，用技术去改良企业的基因。

我们要学会做选择：如何在产品研发以及产品上线上分轻重，如何在风控人员和技术人员上分大小，如何在市场推广和产品支持上做排序等。安全投入属于战略性投入，销售投入属于策略性投入，如何把有限的资源在战略与策略上做分配，这是我们能否找到企业发展的基因的关键钥匙。

第四章　互联网金融壮大：融资

4.1　天使轮：创业者靠什么打动投资人

一名企业家在登珠峰后，感叹地说：“敲天堂的门比敲地狱的门更难”，“不是你征服山，而是山在教育你”。资本市场，创业者的天堂更加艰难。

创业者打动投资人的是什么

对创业来说，你要理解衡量一件事的标准不是以苦难为大小的，而是这个事你觉得值得去做。任何做成很大事业的人，都可以认为他们没有经历过苦难，比如那种“职人精神”，一定存在那种超脱于肉体之上的愉悦感。

在互联网金融领域，想要打动投资人，必须要告诉对方你的风控能力在哪里，你的业务发展方向是什么。金融市场要遵循的一个基本原则是：抵御风险。金融最核心的业务是抵御风险，提供安全的服务。而抵御风险和提供安全只有一种可能性，那就是平台性业务。就像一只手张开要有五个触点一样，单点无法支撑一个平台大的发展。

创业者的出发点可能是一样的，通过互联网这种业务或者方式，去帮助客户满足他们的金融需求。但是你需要看满足的程度是什么，满足分为知道、获得、满意三个不同的层次。

在我看来，91 金融超市业务是知道，它代表了一个入口，让用户知道它的理财、投资，或者叫融资的需求、储蓄的需求，通过这个平台能够找到对应的金融机构，这是早期的业务。之后，91 旺财和 91 增值宝就是获得，信息撮合变成了交易撮合。最后，根据用户定制的服务就出现了，比如91金融手机移动端从单月盈到年富盈，年化收益率从7%到10%，投资周期从1到12个月，能做到这一步就达到了满意。

一个创业者最重要的不是烧钱，而是给投资人赚钱。创业者刚开始融到钱后很容易膨胀，这时候最关键的是现金流。一个企业如果没有足够的现金流做支撑，就没有动力做变革；没有变革，在边际效应上一定会失去用户，最后会是那些掌握了新型人群需求的企业，才能成功地实现资本的跨越。

2015年上半年融资情况的启示

对比2014年融资情况来看，2015年上半年的融资情况不容乐观。资本寒冬不是空穴来风，有以下三个原因：一是业务合规的因素；二是天使轮的融资越来越难，因为门槛已经建立起来；三是互联网金融的切入点已经被几个巨头跑马圈地，天花板效应明显。

从2014年的融资情况看，在资本偏好上，有些资本喜欢天使轮，有些喜欢A轮、B轮。IDG资本在互联网金融领域投资了15家公司，占比15%。IDG和华创资本有专门成立1亿美元的金融投资基金，IDG关注的方向包括贷款、理财、网络证券、支付、众筹、保险、比特币等领域。红杉资本有8起投资，占比11%，方向集中在贷款和理财领域，阶段上与IDG大多数在早期不同，红杉资本在金融的投资上更喜欢A轮和B轮。

另外，在互联网金融这个行业，大的资本不相上下，小的资本活跃。从险峰华兴的投资分布来看，金融是最受关注的行业，这个领域有7起投资，占比27%，而PreAngel围绕金融也在天使阶段进行了布局，投了3家公司。因此，创业者在资本选择上，感觉像是创业者在跟创业者在竞争，其实是资本在背后角力。好的项目本来就一“票”难求，未来这种马太效应会一直加强。

从币种的选择上，人民币资本将被持续追捧。2014年中国互联网金融投融资市场上美元融资59起，融资金额为107,154万美元，占已披露币种的融资总金额的45.97%；人民币融资95起，融资金额为781,889万元，占已披露币种的融资总金额的54.03%；未披露投资币种及金额的有15起。2015年，随着A股市场看好，人民币资本将持续升温，与此同时，在美国上市的私有化企业增多，包括港股在对纽约和纳斯达克的中概股企业抛出橄榄枝。

总之，资本投入的过程中，创业者的压力也会与日俱增。对创业者的素质要求很高，尤其是诚信方面，画蛇添足不行，画饼充饥更不行。

创业者在草图上写的五个关键词是什么

现在互联网金融很热，但是要知道如今知名的互联网金融企业都是2012年之前成立的。创业有一定运气成分，这个运气不是“守株待兔”，而是“未雨绸缪”。一天，我问许泽玮：当初行业还处在最初阶段时，你是怎么打动投资人的？

许泽玮说了两个字：运气。这个运气是创业者的选择，你选择了这个行业，放弃了那个行业。2011年叫作“金融电商”，2012年是“金融大数据”，进入2013年，就成了“互联网金融”。在决定创业之后，他拿着一张草图站在天使投资人张颖面前，草图上写着“需求+分类+在线服务+审核+风险控制”五个步骤，我们只做前三步，审核和风控权仍在银行。

创业就像牛顿第一定律力，摩擦力越大，增长越困难。创业者所受的摩擦力越大，其反作用力就越明显。在压力面前，运动中的物体有维持运动的趋势，静止中的物体有保持静止的趋势，创业中的人会有一种创业的趋势。

在早期开拓市场的时候，就需要勇于丢弃停滞的工作流程，逐步建立去中心化的团队，善于授权建立自下而上的管理体系。刚开始的时候，新模式起步有些艰难，重要原因在于银行的“高姿态”。“贷款难”的卖方市场上，银行凭什么要接受一家网络平台推荐客户，并向自己收取服务费？

但银行之间加剧的竞争和高涨的成本，让许泽玮找到了说服区域性银行和外资银行的入口。在供应链一端，企业明确定位在金融消费品领域，因此选择与个人与中小企业信贷业务较多的银行进行合作，比如中国民生银行、北京银行，以及在北京缺乏地面网点优势的地方股份制银行，如浙商银行。互联网弥补了网点的不足，让这种新模式快速积累了第一批合作伙伴。

创业者具备这种不断创业向前的趋势，除非受到其他物体的作用力迫使改变这种状态。能影响这种趋势的就是团队。人的天性是违逆改变，倾向于被别人管理，下意识地抵抗自己所不适应的环境。创业者就需要反其道而行之，克制这些与生俱来的弱点。

创业团队里做人的哲学

公司一切的问题本质都是“人”的问题，所有问题的解决最后一定从解决“人”的问题开始。2011 年，早期的创业者都是产品经理。对创业者来说，2011 年也是一个重要的转折点：一是技术派很容易创业；二是之前大多数还是创业者找投资人，从那个时点开始变成了投资人追捧创业者。

我向团队的每一个人说，当初我、许泽玮、姜志熹为什么选择创业，是因为三个关键词：第一个关键词是理想，当一个人 30 岁了，很多人就不再谈理想了，创业者例如褚时健，是没有时间界限的；第二个关键词是认真，一个创业者做事永远是“乙方思维”，如何去服务好自己理想中的那个“甲方”；第三个关键词是信任，创业者在用人上，我对这个人如果选择信任了就会一直信任他，直到他让我不信任为止。

事实上，运营一个产品和运营一个企业是一样的，核心竞争力是团队文化和“产品能力”。“产品能力”对投资公司而言就是对商业项目的判断力，这个判断力是理念问题，也是技术问题。任何一个商业项目背后都是有血有肉的人在运作，商业项目的理念判断就是对企业家精神的判断。今天的产品很成功，但明天这一商业模式就可能会消亡。

在一个创业团队里面做人，最重要的是品质。要知道一种做人的方法，那就是做人一定要深藏在土里。对一个职业来说，他的巅峰是什么？职业的巅峰一定伴随企业的巅峰而来，无论是做一个前台，做一个保洁员，还是做一个创业者。

创业团队跟投资人的关系

对所有创业者来说，要懂得一个投资人有哪些情况“不会投”。

第一，投资人绝不会投资任何能把自己的控股权放弃的创业者。因为他们觉得你绝对做不大。刘强东、马云、李彦宏、马化腾等，他们在创业的路上，哪怕刚开始的时候对股权不太重视和不太了解，发展的过程中也会快速调整，变得对股权无比重视。为什么有“合伙人制度”，这是创业者需要思考的地方。

第二，投资人不会投一家不知道谁是精神领袖的公司。一个企业的精神领袖一定是创始人，如果核心创业团队都拿同样的股份，在中国输掉的概率远远大于胜的概率。对创业公司来说，真正决策的时候大家要知道最后的决策者是谁。投资人是靠创始人吃饭的，投钱后一定要靠边站，让他们自己发展。

第三，投资人不会投一个借助“他信力”的创业者。创业者要有一个“战斗力”的团队，包括市场、产品、技术都要过硬。天助自助者，团队越给力，投资人就会越帮忙。如果一个团队只依靠外力，投资人就会全盘放弃，一分钟不花。要知道钱已经扔出去了，是沉默成本，也是试错成本，把所有钱和精力花在给力的公司上。

第四，投资人不会投一个分不清战略和策略的创业者。创业者有三个误区：第一个是在战略上眼高手低，项目还没启动，就想着天使轮、A 轮、B 轮、C 轮，想着怎么去花投资人的钱；第二个是在策略上做拼命三郎，只拼钱、拼用户、拼交易额，对投资人来说，前期看人，中期看产品，后期看数据，最想看的是你赚回多少钱；第三个误区是你投都投了，我好死不如赖活着，待价而沽等接盘侠，熬过一轮是一轮。

一个创业者对天使投资人是什么态度？我听许泽玮说过：“我从来不指望经纬帮我拿一张金融牌照，我会希望海通证券帮我干这事儿。我不指望张颖帮我约见某个领导，但是我会希望宽带资本协助我干这件事。不同阶段的投资人有不同的功能，如果我是2011年见到海通证券，海通证券不会投我。这跟你人生的选择，是每个阶段面对不同的人群，或者给你不同的支持或者是帮助也不一样。”

最后，我想告诫所有创业者：企业一定要有规划，但成功的企业一定不是规划出来的。在一个高速变化的行业里面，创业者只能说有规划，在做的过程中要不断调整，需要做的是“苟秒新，秒秒新，又秒新”。

天使轮就是创业者的一个放大镜，有的时候会失望，甚至会绝望，会经历挫折和困惑，也许一切的梦想和努力最后慢慢沉淀成了一个遥远的信仰。创业者有时无奈地短暂偏离了航线，有时倍感周围的压力，由于亲人和朋友的反对，甚至自己也突然对信仰开始怀疑。其实这一切的感受与历练都是最终的目标，过程本身就是创业者的坚持。只要坚持着，努力着，那个目标达到的时间真的重要吗?!

4.2 A轮融资：如何找到属于自己的盈利模式

所有人性最闪耀的时刻，都是在某个时点上，由某个特定的人所作出的选择。一开始可能并不起眼，但如果拉长时间轴，则很有可能对一个人、一家公司甚至世界来说，影响深远。经过了天使轮的创业者，接下来的就是思考这个时点的问题。

创业者如何克制心理膨胀

2015年，互联网金融呈现两种商业模式：一种是向上发展，依靠云计算和数据处理；一种是向下发展，线上线下O2O联动，渠道下沉。

拿到融资的创业者，很快就进入“烧钱模式”，它所呈现的早期信号包括：企业开始强调物理条件和设施，注重形式而非内容，管理人员的膨胀，不强调量化指标，反而强调不可量化的事物。创业者需要始终关注的是真正重要的指标，包括客户、交易额、还款周期、逾期率、盈利能力、现金流等，让真实的数字说话。

选择第一种商业模式，整个云化、大数据化会诞生类似BAT那样的平台，未来社会的组织结构会从金字塔的组织结构走向大平台套小平台，在平台上生存的将是一个个以合伙制模式而存在的手艺人们。平台上可以诞生不同的业务，尊重传统风控的手艺人会把工匠精神发挥到极致，极大地提升效率。

选择第二种商业模式，O2O化，向下沉。互联网金融做O2O就是对传统金融供需关系的直接接触。成功是成功者的墓志铭，新进入者有极大的机会，农村市场有巨大的需求。随着O2O搜集到的数据变多，数据运载量大到一定程度的时候就可以依据数据做产品，因为数据的边际运算成本和存储成本在降低，这时就可以选择性地提供增值服务了。

从本质上来讲，互联网金融是利用大数据和云计算系统将信息流和资金流混合在一起，实现信息撮合及交易撮合。需要强调的是，数据本身并不产生任何价值，如何分析和利用大数据对业务产生帮助才是关键。大数据的本质不在数据量如何庞大，而在于对数据的重新认知与运用，最终创造巨大的新的价值。

归根结底，对互联网金融行业来说，无论是把数据存到云上，还是通过O2O找到下面的数据，数据交易有三个原则是不变的：交易数据必须是双方主动提交的数据；平台有义务将数据提炼得足够简单；让双方都能够处理，关键在于数据的效率和变现能力有多强。

怎么做创业者里面的独角兽

互联网企业里面，存在着一只只“独角兽”。在我看来，可以简单分为两类：成熟型独角兽与催熟型独角兽。

成熟型独角兽往往具有充足的资金储备和良好的商业模式，其创始人对未来发展的方向有非常清晰的思考，并能在资本市场获得支持。比如小米、Uber等。互联网金融领域，这一类型的企业很少，很多企业还停留在P2P里面，未来，随着单一业务变得没有市场竞争力，烧钱扩张的模式有可能退出历史舞台。

而催熟型独角兽则比较危险，这类公司受益于前两年资本市场的活跃，其估值被极大地高估。但在资金趋紧的阶段，这一类型的公司由于缺乏清晰的财务规划或可靠的商业模式等因素，则会很快地在泡沫中面对风险。

对于互联网金融的“独角兽们”来说，创新、增长、技术、用户体验、收益、毛利率都是企业考虑的，但监管是最容易被忽略的。

首先，“独角兽”企业需要一个导火索。2012 年年底的时候，有人开始讨论互联网金融，到了 2013 年 4 月，媒体、投资人、学者开始关注这个领域。2013 年 8 月的余额宝是一个标志性事件，在这场改变中，历史选择了一些人，一些人选择了历史。余额宝的爆发在 2014 年红不了，在 2012 年也红不了，历史选择了 2013 年，是因为当时货币基金最多就能给到 6% 的收益率，从那以后收益率就开始走下坡路。

其次，“独角兽”企业还需要一个“火种”。2013 年 9 月，91 金融获得田溯宁旗下宽带资本等多家机构的第二轮投资。田溯宁投了很多云的项目，认为我们是基于数据和基于云来做金融的生意。他们的逻辑是大数据和云计算既可以在通讯领域、医疗领域，也可以在金融领域做一个应用。当时的概念不是互联网金融，更像一个金融大数据。

在拿到 A 轮融资之后，就是一个变革的“引爆点”。在天使轮阶段，我们的盈利模式单一，营收主要靠信息导航、佣金以及展示广告三种，其中导航占据了绝大部分，也就是流量入口的信息导入带来的收入是主要营收方式。到了 A 轮阶段，自身平台的盈利模式直接转向了交易撮合。

总之，“独角兽”一定不是催熟的，只有导火索、火种和引爆点汇合在一起时，“独角兽”企业才会从空想成为现实。

傅盛的国际化和许泽玮的公信力

对创业者来说，在时点的把握上，选择什么样的时点决定了以后发展成什么样的商业模式。在这里有两个例子，第一个例子来自猎豹浏览器的傅盛，他在硅谷正式提出国际化，一开始遭受嘲笑。但猎豹真正的蜕变，正是从那个时间节点做出了正确的选择。

在硅谷孵化器 RocketSpace 审议是否接纳猎豹入驻时，拷问傅盛的是：你如何与众不同？如何证明你真有梦想？你为这个时代带来什么？你是否能受人尊敬？此时，猎豹一方面在国内被 360 安全卫士以及浏览器等压制着，另一方面，百度、腾讯、360 的混战让自己的市场占有率节节走低，在这种情况下，傅盛把中国的三级火箭模式复制到了美欧。

他先是力排众议，做出“砸锅卖铁做毒霸”的决议，接着埋头做细节，单点切入：工具软件免费，广告挣钱；依靠清理对用户的影响力推荐安全软件、浏览器、游戏等；再借收购进入移动广告网络。2013 年 1 月，Clean Master 有 100 万月活跃用户；2013 年年底，有 8000 万月活跃用户；2014 年 5 月上市前夕，有 1.4 亿月活跃用户。由点到面，再到平台，完成逆袭。

第二个例子来自 91 金融，在其他人追着规模不放的时候，我们提出公信力第一这个概念。为了贯彻这个概念，我们要牺牲资源、速度、规模。从网站升级开始，要在所有网页上把公司地址和电话贴出来，一个人做不了就把技术团队扩大到 40 多人，这都意味着要消耗掉资源。要把客服变成 7×24 小时服务，一个客服完成不了就把客服团队扩张到 100 人。

把公信力当作重心是一个标志性的事件，这是重要的战略决策。我总结了一下，创业最重要的是选择了三点：第一，选择走内资路线，在 A 股上市，不断拿到相应的牌照；第二，企业始终面对中小企业和个人用户这条路，走定制化服务路线；第三，所有的产品按照公信力、金融产品和体验这样来排序。这是能够实现盈利最重要的三个东西，也是商业模式实现从探索到定型做出的三个最重要决策。

创业者的安全感是什么

每个创业者的心里都在追逐安全感。尤其是借助资本市场，有钱的确能让创业者松一口气，但很多人成了安全感的奴隶。什么是安全感的奴隶？就是害怕改变，保持现状。追求安全感是人的本能，但安全感的获得必须通过让自己变得更强大。对未来的恐惧越多，对安全感的索取越多。

在互联网金融领域，创业者的这种安全感是不希望适应监管而希望监管改变。创业到了A轮阶段，就是快速发展的时期。有些互联网金融企业，拆VIE结构的时候雷声大雨点小，只等待监管发号施令，自己不作为。只等待注册制代替审核制，而不想办法满足审核制的要求。互联网金融到了这个份上，就是失败。

随着企业渠道的下沉，企业的服务也将下沉。企业的互联网化绝不仅仅是一种策略，它是一种大的趋势。“互联网+”真正起作用的是那些针对消费者市场的企业，因为互联网做大的特性在于打破了企业与用户之间的隔阂，企业通过互联网能够紧贴用户的需求，从而在企业的产品研发、服务等方面为消费者带来更好的体验。

对于企业来说，要主动承担起责任，尤其要承担风控的责任，时刻对用户负责。郑申在公司成立四周年的发布会上说，我们始终秉持三个理念：一是服务中小，普惠金融；二是提供超出预期的服务；三是相信时间，相信正确，时间会给用户和投资者一个答案。在这三个理念之下，互联网金融就有了比肩传统金融的实力。

总之，风险控制能力和可盈利的模式才是创业者安全感的来源，离开了这两个安全感，融了多少钱都会感觉恐惧。

在A轮就要知道自己的盈利模式

一个优秀的创业者，他的发展方向就是在不同阶段都必须要盈利。目前，互联网金融领域走了偏门，虽然体量很大，但是不具备成长性。虽然发展速度很快，但是不能按照一个公众公司去市场化运作。一个要上市的企业应该注意什么？我认为，第一，企业要盈利；第二，模式上要向平台靠拢，变成公众公司；第三，具有很强的成长性。在业务设计上一定是高度注重安全，并且业务一定是利润较高的。

盈利模式是企业生存的根基，想要保证盈利，还需要始终保持精简。规模往往是增长和创新的敌人，规模的增加意味着风险的加倍。在企业发展的过程中，要谨记始终保持一个轻盈的体态。道理很简单，因为作用力对于一个质量大的物体几乎起不到作用，但却能轻易推动质量小的物体，并让它加速前进。优秀的创业者务必随时警惕规模成长陷阱。余额宝发展规模太大了，就做不到精细化管理，做不到专注。

盈利模式是企业发展的根基，想要保证盈利，就要趁早下手。整个行业还会高速发展，但金融给早期创业者的机会已经过去了。宽带资本对我们来说，一方面，它让我们在一段时间内有非常充分的资金，加深了对技术的理解和认识；另一方面，宽带资本背后有强大的政府关系。

一个盈利的模式一定要是爱国的。政府喜欢一个企业，可能有数千个理由；但是拒绝一个企业，只需要一个理由就够了。在中国，金融和媒体都是接受政府监管的，西方的标准只适合西方，一定不适合中国的国情。一个创业者，要热爱国家，要有自己的政治信仰。这是宽带资本投资 A 轮的原因之一。

一些企业为什么在 A 轮融资后就死掉？创业者肯定会有一整套这样的逻辑：不是我的问题，是别人不好；不是我的问题，是我做这个事的时候没条件；不是我的问题，是商业模式门槛太高。在失败者眼里，自己从来没有犯过什么错，错误都是别人和行业的。

每个人都在别人的故事里获得不少廉价的快乐和虚无的安慰。这就是创业者的通病，把惨当作标准。后来的创业者看到失败后的创业者，都会找到安慰，原来世界上还有这么惨的事情，还好我活着。不过，当你这样想的时候，已经离死不远了。

4.3 B 轮融资：除了商业说话，还需要什么技巧

互联网时代，信息的价值决定了财富分配。谁掌握了信息，谁就能获取更多的资源。创业到了 B 轮的阶段，创业者对于资源以及信息的需求就与日俱增。这时候，创业者是否成功，可能只源于解决一个简单的问题。

比如，对 Netflix（价值 290 亿美元）来说，这个问题就是：为什么我必须支付滞纳金？互联网能让一个用户改变过去他依赖的渠道和习惯。

创业者需要骆驼式的扩张

创业者在 A 轮有了自己的盈利模式之后，就有可能大张旗鼓地扩张。头脑一热的结果，往往变成以速度取胜。曾经有 VC 说：“小规模基础上的盈利没有意义，速度比盈利重要。先以大资金猛投入，在‘烧钱’中快速做大规模占领市场，所用手段包括低价格、铺广告、圈地抢资源。依靠大规模把单位成本降到最低，同时抬高对手的进入门槛，掌握定价权，最终胜出，慢慢提价……”

这种野马式的扩张，从一个互联网行业传染到另一个互联网行业，似乎是百战百胜。在互联网金融领域，这一套打法彻底“哑火”了。低价倾销和对规模的崇拜让风险集中爆发。控制不住规模的互联网金融企业一旦迷恋上交易额，就丧失了对风控的控制权。被 VC 催熟的创业者，“面子”光鲜无比，“里子”却空空如也。

在互联网领域还有一种企业，崇尚的是那种骆驼式的扩张，九阳、志高、美特斯邦威……这些企业拒绝被资本逻辑挟持，在过去十几年中，它们犹如沙漠中行走的骆驼，持久、缓慢，但很稳健。这群“骆驼”公司构成了一个“被 VC 绑架”之外的世界。

骆驼式的企业依靠自己的积累，不追求速度，它们逐渐成为细分市场的领导者并且有稳健的盈利能力。我认为，互联网金融需要的是骆驼式的企业。

尤其在企业的成长期，利润比规模更重要。在收入方面，要靠高品质和砸口碑而不是广告和流量拉动销量，以求在对手强营销和强品牌的打压下生存；在发展方面，有极强的成本控制力，自有利润成为下一步的发展资金，而在资本市场只是为了交换资源和提高自己的公信力。

骆驼式的企业，有多少钱，就做多大事；有多大的风控能力，就在那个地区生存。在扩张方面，量入为出，不急于抢地盘，抢天下；在选择投资人方面，不单纯追求数字指标，也不轻易对外界压力妥协。创业者想清楚要做多大的事，然后告诉投资人需要多少钱。一个企业要用仅有的钱做出尽可能多的事，这才是它的核心竞争力。

B 轮的创业者需要什么

在骆驼式的扩张面前，创业者为了拓展未来的发展空间，需要成长必不可少的资源。在 A 轮重要的是形成自己的盈利能力，到了 B 轮，企业想的就是形成自己的门槛，只有门槛上去了盈利才会有质的变化。

在美元基金方面，有红杉资本投资真格基金，IDG 资本和华创资本设立金融创新基金，与网龙设立移动互联网投资基金，互联网公司如腾讯投资创新工场，阿里巴巴投资传媒梦工场，盛大网络和创业家成立黑马基金，以及金山、小米和雷军个人的天使基金、顺为基金等。

在人民币基金方面，有达晨创投设立了 3 亿元规模的达晨恒胜基金，浙商创投设立了 1 亿元规模的天使基金，元禾创投设立了 1 亿元规模的原点创投基金等。

我提醒一下，在诱惑面前，年轻的创业者应该警惕那些“秃鹫”一样的投资人。曾经有不少创业者与投资基金签订了对赌协议。对于创业者而言，这是最大的陷阱。你可能不明白，你作为创业者永远不可能在这场游戏中获胜。除非，你不热爱你所创立的事业。对赌就是泡沫，意味着你眼下已有的资源无法达到目标，而你将被迫必须达到。赢了，那么投资协议成为现实；输了，那么你将血本无归。

年轻的创业者在引进新的一轮资本面前，还应该对前面几轮资本的铺垫心存感激。只有天使轮，才会在企业生死不明的情况下，带企业上路。只有A轮，在你还没有盈利，没有资源的时候帮助你，找到合适的发展方向。不过，创业者最需要也最重要的是守护创业时的初心。

B轮融资选择海通证券的逻辑

2014年7月2日，我们完成新一轮投资人引入，领投方为海通证券直投子公司海通开元，前期投资人宽带资本、经纬创投等跟投。对我们来说，获得了一个重要的合作伙伴；对海通证券来说，做了一次全新的尝试。

有着多年投融资经验的姜志熹对我说过，互联网一般会有一个聚合效应，即“721”定律：第一名占70%的市场份额，第二名占20%，其他一起分剩下的10%。但互联网金融由于其金融特质，局面不太一样。虽然先行者会有先发优势，但创业者还有许多细分领域的机会，前提是要尊重金融的客观规律，敬畏这个行业。

纯粹做信息撮合的金融超市是个伪命题，没有哪家企业能做起来。你的流量费很高，你的用户忠诚度很低，你无法提供这种金融产品给对方，你无法做金融产品的配置，那么你做这个产品就没有意义。创业者的成功，一定是后面这个东西，看这棵树很强壮，不能只看树上的那些枝叶，要看到那些树底下的树根，看到非常多的枝枝蔓蔓供给它营养。

企业不同的发展阶段需要不同的资源。骆驼式企业的资本逻辑，不是为了融资而融资，更多是为了找到好的合作伙伴。出让一小部分股权，换来一个战略上的盟友。例如海通证券，既是91金融上市的保荐人和承销商，又是业务上的合作伙伴，公司所有的股票账户都在海通证券，这种合作伙伴是战略级的，包含企业跟海通证券联合做的资管产品，包含在海通证券开辟合作体验店，以及跟海通证券经纪业务部门的合作。

与此同时，企业在不同的发展阶段需要不断提高对自己的要求。海通证券满足了我们发展所需要的金融资源，除此之外更重要的是，它让很多业务变得更加合规，因为它知道规则在哪儿，互联网金融企业做创新的时候如何符合监管规则。宽带资本让我们有了良好的政府关系，海通证券让我们有了与监管层可以直接沟通的通道。

海通证券选择合作伙伴的逻辑

海通证券成立于 1988 年，是国内最早成立的证券公司中唯一未被更名、注资的大型证券公司。海通证券的前身是上海海通证券公司，于 1994 年改制为有限责任公司，并发展成全国第二大证券公司。

通过此次投资，一方面，它和第三方平台合作，多了一个互联网的销售渠道。因为券商有很多业务，包括经纪业务、零售业务、资管业务、投行业务等。我们和海通证券的资管公司合作，做一些资管计划，通过海通证券的营业部以及线上来销售。另一方面，通过在互联网金融的布局，形成互联网金融的海通系。比如 2012 年投资虎扑和页游公司“要玩娱乐”，2014 年投资锤子手机、魅族、界面等。

互联网和传统证券融合之后，加速了互联网证券的发展。截至 2015 年，海通证券有 400 多家营业部，它的每一家营业部都可以成为企业生态体系里的一个触角。91 金融和海通证券还会联合开发一些金融产品，通过互联网思维进行业务撮合，包括电话、现场门店、网站、微信、微博、移动端，甚至是个人面对面地沟通理财顾问，全面覆盖高净值人群。

传统金融和互联网金融融合之后，加速了证券行业 O2O 的进程。为什么在证券行业还需要 O2O？第一，很多用户不习惯在线上消费金融产品，而且有些金融产品还需要面签这个最后的防线；第二，金融的交易完成需要从线上线下，不是纯线上过程，通过 O2O 方式可以更好地服务；第三，线上线下只在于用户的获取渠道不一样，用户的服务渠道还是一致的，目的是为了更好地触摸用户，帮助用户提供服务。

未来 O2O 这块互联网金融会怎么发展呢？我想说一下，在北京地区，我们在延庆、石景山的直营体验店已经开始营业，在海淀海通证券知春路营业厅开的合作体验店已经落地。在全国，同天津、成都、上海、武汉、深圳等地都在沟通，包括在当地设立分公司开店。这是 B 轮融资后对用户面对面服务的实践。

创业者在 B 轮融资要敢于拒绝

对创业者来说，用一个指标形容，创业的动力是互联网。如果用两个指标，第一个指标是互联网，第二个指标就是上市。银行为什么跟你合作？决定性的因素是用户，对所有创业者来说，用户量是放在第一位的，上市是第二位的。在选择投资人上，创业者要敢于拒绝，拒绝那些没有资源，又急于通过你变现的投资人。

首先，创业者要有一个整体的思路，而不是病急乱投医。第一，不要想着靠投资去换取野草一样的增长，而是一点点滚动发展。这不是浪费时间，而是打地基。一开始就要盖高楼、赚快钱的，后来都死得很快。按照这种逻辑去发展的互联网企业，要么是“速生”，要么是“速死”，更多的是后者。第二，创业者在管理方面，要讲使命，不要只讲数字，VC 都是唯利是图的，创业者不要把赚钱和上市作为目标。一方面单纯讲数字留不住员工，索尼、三星比绝大部分创业者有钱多了，一给高薪就背叛。另一方面，所有“一心赚钱的”“用数字说话”的对手全死了。很多企业一上市就完了，就是因为被逼着去讲数字，去造数字。

其次，创业者要懂得和监管层建立一个有效的沟通机制。金融行业是管制行业，在互联网金融领域，可以适度放开，但是不能开放。在这个圈子里，要保持和监管层高度的、密切的沟通。

企业和监管层的沟通要坚持三个原则：第一个原则，在没有规则之前尽量按照已有的规则去做。做资管就按照资管的计划来，先满足现有关于资管行业的要求；要做私募就先要去备案；要做基金先去拿基金代销牌照。第二个原则，在没有监管之前，尽量去领会监管政策的精神，比如有些底线绝对不能触碰。第三个原则，没有规则，又在领会精神的过程中，还要有一定的意识，比如选择人民币资本。

总之，每一个优秀的创业者，对增长有了一定认识，面对人民币或者美元资本，要保持创业者的初心，有拒绝投资人的勇气，也有对未来的一个清晰的认识，无论跟政府还是监管层，都有了沟通的渠道。创业者还需要一种“家”文化，员工和用户都是家人，投资人是邻居，邻居的好坏也会对家人产生影响。

在“家文化”的指导下，经过B轮融资，我们解决了三个问题：第一个问题，信息最大化地去匹配，不论在线上，还在线下。第二个问题，在信息匹配之后，交易可能很快就完成了，我们不仅提供海通证券的产品，还提供一些个性化定制的产品及资管产品。第三个问题，解决了和传统金融机构之间的信任问题。想要别人信任你，要靠信用，靠绝对忠诚的团队，靠提供资源的合作伙伴和投资人，靠代表公信力的企业形象和铁一般的纪律。

4.4　C轮融资：如何获得1000万用户

和“C轮死”这个命题对立，“C轮生”才是所有创业者最关心的话题。2014年，很多创业公司的A轮和B轮之间相隔只有1年，因此这1000多家企业中会有很大的比例需要在2015年拿C轮。天使轮靠人品，A轮看盈利方式，B轮看发展的天花板，到了C轮就需要现金和用户。

到了C轮的时候，创业者最该干什么

在踉踉跄跄中前行的互联网金融，如何闯过B轮、C轮融资关？有些创业者等了1年，有些创业者用了半年，融资额的多少、融资时间的快慢都不是问题，真正的问题是融资的用途是什么。

一轮200万元的种子投资帮助创业公司建立起运作模式，一轮1亿元以内的A轮融资又使创业公司找到自己盈利的方向，那么接下来的B轮和C轮

融资，创业者需要“两把刷子”：第一把刷子是对自己团队的，如何在谈判中保留对团队的“股权激励”；第二把刷子是对投资人的，如何在上市和股权上做分配。

为了这两把刷子，创业者选择细分领域的时候要判定这个市场是否足够深，如果不深，那就“唯快不破”。必须在短时间内形成规模与细分领域的品牌知名度，进而去融钱聚人整合资源，持续打造品牌势能。如果这个细分领域的延长线很长，那就关闭扩张的时间窗口，转而放到研发和产品的时间窗口上，哪怕巨头跟进了，也可以分一杯羹。

以车为例，在细分领域就可以有学车、租车、代驾、买车、车险、车贷、用车、洗车、修车、加油、停车、卖车等细分领域可以选择。车贷属于互联网金融里面 P2P 的一个小分支。对创业者来说，理财这个细分领域跟生活行业不同：生活的真谛在于消费，为服务买单；理财的真谛在于增值，为实现财务自由买单。

另外，创业者在对待投资人和用户的时候，一定要选择后者。选择投资人是为了进行资源互换，有些签对赌协议的投资人是为了分你的钱而来，但用户不一样，只有用户可以在没人帮助的情况下为你雪中送炭。围绕提升用户体验并满足用户预期这一目标，企业应着力于建立规范的服务质量标准和指标体系，形成竞争壁垒。

作为创业者，要关心账上的钱是多少。把控现金流与资金使用效率，从天使到 PE，越往后，越容易到达天花板。因此，把控现金流关系到企业能否持续运营。如何有效规划和监督企业的现金流流动，度量企业每笔运营资金的支出效率及收益，是企业财务标准化的首要精神。

互联网金融里的“圈地运动”

从英国的“圈地运动”来看，在那个年代，“在对土地的渴求中没有人比自耕农更贪婪”。在今天，创业者和投资人的圈地运动才刚刚开始。投资人位于食物链的顶端，下面一层是创业者，再下面一层是用户，在这个逐利的年代，从资本到用户是一个正金字塔的模型。资本经过这个金字塔后，就完成了投资人的一个布局，可以覆盖更多的用户。

在经济学里面，有一个“1000 元魔咒”的理论。2011 年二季度团购网站的千团大站让美团一将功成万骨枯。从那以后，团购用户的单个有效用户获取成本突破 1000 元。2014 年一季度末，腾讯完成了旗下的电商平台易讯和京东的联姻。从 2014 年年初开始，综合性电商平台的单个有效用户获取成本突破 1000 元。如今，1000 元的有效用户成本让互联网金融进入一个新时期，形成了一个倒金字塔模型。

在这个倒金字塔模型里面，用户位于最上端，产品位于最下端，用户从入口进去之后开始分层，先是各个分发入口，最后到达产品入口。随着互联网理财产品的标准化进程，一方面，用户对收益、成本更加敏感，在不同平台之间的迁移成本更低；另一方面，在层层筛选用户的漏斗里，留住用户需要的不仅是相同收益的产品，更是一种相同价值观和理财观。用户经过这个倒金字塔后，就完成创业者的一个布局，找到自己的核心用户。

我一直主张，一个正金字塔侧重覆盖用户，一个倒金字塔侧重留住用户，互联网金融领域创业者的有效用户获取成本在 1000 元左右徘徊，但是对企业的未来来说，资本的圈地运动结束之后，对核心用户的圈地运动才刚刚开始，这是战争，而不是游戏。

从 C 轮到 IPO，创业者还需要走多远

在 B 轮融资，或者后续融资的过程中，投资人往往更理性。哪怕给投资人一个暂时不能盈利的空头支票，但创业者也需要说明盈利模式和商业模式，或者拿出一定批量的产品。产品是拥有潜在用户群体的，模式已经在小范围内被验证是可行的，可以在后面大规模推广，这样才能说服投资人钱花在哪里了，以后会怎么花。

在 B 轮融资之后，企业或许还会进行 C 轮乃至之后的融资，不过 C 轮之后就是一场拉锯战，投资人和创业者谈论的是上市或其他退出方式。从 C 轮

到 IPO 还有很多变数存在，就上市的概率而言，高频比低频更有机会；对细分领域来说，刚需比非刚需更有机会；对模式而言，平台型企业比非平台型企业更有机会；对生态而言，资源丰富、成长性高的企业比受制于资源、成长性低的企业更有机会。

不过，创业者在前进的过程中，要认清楚最容易犯的三个“逻辑错误”。

一是面对虚伪。当别人批评你的时候，你不正面回应别人对你的批评，而是用批评别人作为你的回复，比如“你之前也是如此”。如果创业的过程中，用批评去回应批评，免去你为自己辩护的责任，那样最终会失去用户。

二是以偏概全。当你的观点被证明是错误的时候，你用阿 Q 精神来给自己开脱。当你的理念被投资人拒绝的时候，你总是觉得自己认为正确的东西必须是正确的，所以总能找到一个坑，把不适合自己的投资人推进去。

三是诉诸权威。创业者最常用的就是利用权威人物来取代一个有力的论述。但用的时候需要注意两点：第一，这个权威是对的，别人是对的跟自己是对的还有一个中间过渡；第二，这个权威有可能是错的，所以不能无条件地假设合理性。

离 IPO 最近的地方，高处不胜寒

估值是一个放大镜，也可能是一个哈哈镜。创业者在推进 IPO 的时候，一些人不能正确认识自己的估值，往往高估自己；一些人不知道如何花钱；还有一些人则是待价而沽，拖得越久，幻想拿到的钱越多。

对待估值，投资人的第一种心态是，有时候甚至连折都不打，只要能被选中就行；融资企业能做的是尽可能把融资前 3 个月和融资期间的业务曲线（其实这个阶段主要就是用户曲线）做漂亮，让自己有叫出高价的资本；投行能做的是尽可能通过制造买方竞争为融资方创造有利的供需态势和交易氛围。这就是估值。

C 轮融资中对估值影响最大的因素其实就是三个：一是竞品同轮融资的真实估值（如果是竞品抢先做完，那就看融资的质量和投资方的背景）；二是

相对于竞品的运营能力和市场地位，以及超越的概率；三是前一轮融资的估值、融资额和交割时间。创业和融资一样，都是一种竞争，如果竞品先融，那么你要考虑的是如何在估值和融资额上占优；如果自己有融资的先发优势，那么从承诺到到账的时间越短越好。

企业 IPO 就是一个钻井的过程，资本市场提供了钻井的必要资金，包括潜在的矿区、钻机和工人等。就融资而言，天使轮是找到一个潜在的市场，A 轮是选择一个靠近石油的位置，B 轮是找到合适的工人，尤其提倡“铁人”精神，而 C 轮是打造一个强有力的钻机。有了这些不一定能找到石油，但每一轮都提高了找到石油的可能性。

在找石油的过程中，天使轮，在没有产品的时候就必须注重宣传产品，哪怕是画饼。A 轮，越是缺钱的时候越是需要给自己留出充足的现金以及盈利模式。B 轮，越是没有增长模式的时候越要注重管理，通过提高资金的利用效率和降低获客成本来省钱。C 轮，越是没用户的时候越要重视运营，所有的用户都是靠运营出来的，如果不能找到 1 个全职运营，就需要找 10 个兼职运营。

创业一定是一个什么都缺少的过程，创业者想要提高创业的成功率，侧重的不是“万事俱备，只欠东风”，而是“三军未动，粮草先行”。每一个阶段找到侧重点，集中解决主要矛盾，依次解决营销、盈利、管理、运营等问题，创业就成功了一半。

创业的另一半：如何拥有 1000 万用户

创业初期，用户群分布很散，用户数据基本上为 0，大多数都是白手起家，想要吸引用户，有两个过程：第一个过程是垂直进步，网站从 0 到 1 将是一个漫长的创新过程；第二个过程是水平进步，从 1 到 100 万则是覆盖渠道、广告等资源的复制过程。

创业后期，从 100 万到 1000 万的难度会比从 0 到 100 万大得多。从运营的角度讲，在互联网金融领域有 100 万用户，说明网站的产品有一定市场需求，需要继续在产品下功夫。当网站有了100万用户的时候，想要做到1000万级，就需要考虑如何让产品匹配用户的需求，这里面需综合监管、市场环境、币种和国内外环境等多种因素。

从初期到后期，传统线上推广方式显得不那么重要，诸如SEO、邮件EDM等的作用就显得有点力不从心了。而传统的平面推广方式就变得受宠，包括报纸、电视等。另外，新媒体的运营就成了兵家必争之地，这个阶段的网站运营推广需要一个质变的过程，要从用户主导到品牌主导。

用户积累是一个长期的过程，把服务标准化可以赢得第一批用户，把用户粉丝化可以转化第二批用户。把1000万用户再继续细分，通过三步可以收集第三批用户：第一步，分包到人，包括每个活动覆盖的用户数量、每个人转化的用户数量、每一天到达的用户数量；第二步，效果分析，具体可以分为获客成本、转换率、留存度、月活用户数量等；第三步，目标激励，用户达到1000万是一个门槛，相当于一个引爆点。

2015年，我们的年度目标是争取做到1000万用户，许泽玮满怀信心地对我说："我们现在用不到200人的团队服务300多万人，估值30亿元。中国平安用3万多人服务了8000万人，估值4000亿元。如果有一天，我们也服务了8000万人，我们只需要5000人的团队。如果我们能走到那一步，公司估值必然超过中国平安，因为我们的成本更低。"

创业者在C轮阶段，从优先级上排在第一位的不是估值，而是时间。有很多融资戛然而止，或者分期到账，一个融资交易只有交割了，才算真正完成。C轮意味着两个时间节点：第一个是B轮到C轮的时间跨度，第二个是C轮到IPO的时间跨度。前一个跨度的长短取决于业务聚焦的程度，后一个跨度的长短取决于业务的合规程度。

C轮过后，创业者要考虑的是可以置换的资源以及未来是什么样子。你的理想是什么？如果未来足够美好，那么创业者就需要拿出以命相搏的态度，因为巅峰就只有一次。

4.5 创业者的作用力：必须谨记的六大军规

大家都应该看看《沧浪之水》这部小说。在没有光芒的时候，创业者需要的是“借光”生存。很多创业者走着走着，不知不觉把别人的目标当成了自己的目标。创业者最大的问题，就是对自己抱有偏见，把自己设想成创业者唯一的例外。

首先，创业者一点也不高贵，这个世界只有一种高贵，那就是创业时的初心。其次，创业者一点也不自由，因为创业者必须谨记“六大军规”。

创业者的肖像是什么

创业者是谁？这个问题需要创业者自己去回答，《沧浪之水》里那个“曾经困顿到衣食无忧”的处境，正是当代创业者的窘境。现在是两种时代，一种是想当创业者而不得的时代，另一种是暂时坐稳了创业者的时代。前一个创业者苦于没有资金，没有资本青睐；后一个创业者则是被资本侵蚀，忘记了自己的初心。

创业者的标签有很多种，成功的光环也不是一蹴而就，失败的苦果也不是没有规律可循。目前，创业者身上有几个值得注意的地方。

一是诚实。诚实作为一个最简单的品质却被市场利益无情地抛弃了。创业者身上的浮躁是多种原因造成的。有的创业者第一次拿着商业计划书，融到了第一轮，融资的钱烧完了继续创业另外一个项目，变成了连续创业者。在不断融资和烧钱的过程中，创业者成为一种职业打工者。对创业者来说，拼劲之外，还需要对投资人诚实，对用户诚实。

二是素质。创业者需要有一些独特的素质，而不是浮夸的标签和炫目的PPT。创业者一开始就跟“享受”这个词距离很远，从几平方米，到宽敞的写字楼，从一名员工，到形成一个上百人的团队。从这个角度来看，创业者需要秉持的发展逻辑和外部投资人的投资逻辑应该是一致的，不同点只是在于，创业者是养自己的孩子，找不到合适的人就自己上，而投资人则是抱养孩子，一个创业者倒下了还有其他创业者。

三是密度。创业者密度在各个时期的表现是不同的，现在是创业者的高发期，创业者的密度就比 80 后乃至 60 后多一些。在创业者高密度下，创业者末位淘汰机制就从表面凸显出来。这种密度背后，有三个“不同”：不同的行业密度不一样，互联网金融成为热点之后拥进去一批人；不同的年龄密度不一样，不同年龄反映了创业者的心态；不同的身份密度不一样，从产品经理到媒体人，再到普通大学生，创业的门槛变得越来越低。

创业者的肖像到底该怎么画？在同一个身份之下拥有不同的面孔，就需要看创业者的初心是什么。

创业者最该为谁负责

世界上普遍存在最简单的因果关系，谁对你负责，你就对谁负责。对有些创业者来说，只要对那几个投资人负责就行了，对用户来说，1000 个也没有用。这不是创业者变了，很有可能是环境影响了创业者的心态。创业者该为谁负责？

《沧浪之水》里，权力的本性只对权力的来源负责，因为人的本性是对自己负责。这种冲突从权力形成就已经开始了。发展到最后，创业者最该对用户负责。从创业者的商业模式来看，无非就两种：第一种用户付费，比如媒体网站；第二种用户免费，向机构收费。在这个最初的模式下，两种基本的商业模式发生进化和升级。

我认为，在发展过程中，企业负责人要铭记成功的七个要素，分别是“需求、产品（技术）、商业模式、团队、营销、运营、竞争优势”，并进行深入思考且在战略方面实现自增长。这七个要素，形成三种不同大小的漏斗，分别是“大漏斗”“中漏斗”和“小漏斗”，而且每一个行业都有一个漏斗。

对互联网金融的创业者来说，第一个大漏斗淘汰的是那些倡导“颠覆论”的创业者，他们得不到传统金融的支持。第二个中漏斗淘汰的是那些不懂得尊重监管，违背金融产品设计逻辑和方法的人。第三个小漏斗淘汰的是那些没有用户体验的互联网金融企业。没有用户的支持，资本只是一个杠杆，掌握创业者前进的还是用户。

我问姜志熹，创业者该为谁负责。他说，要为用户负责。互联网不仅不可能颠覆传统金融，还需要正视金融行业的发展，找到用户服务的"痛点"，比如与传统金融机构相比，如何建立"公信力"。在互联网金融领域，用户体验不是第一位的，第一步应该解决"信任"问题，第二步是关于金融产品，第三步才是体验。

这三步有前后之分，恰恰解决了创业者对谁负责的问题，创业者最根本的是要对公信力负责。

创业者必须谨记的六大军规

在一次演讲里，许泽玮首次提出创业者有"六大军规"：一是要创业，先理解金融行业的特殊性；二是要以盈利为前提，互联网金融项目半年没有规模性的收入就是失败；三是互联网金融不能也不会颠覆传统金融；四是搞好产品需要分三个步骤，信任是第一步；五是金融行业没有什么"你死我活"，大家的合作很多；六是互联网金融行业创业机会微乎其微，创业要趁早。

怎么理解？第一，金融行业的特殊性是不允许失败的，这是与互联网行业的本质区别。创业者要保持对政策的敏感性。《指导意见》出台后，对于政策的理解是非常重要的，尤其是这样的一个管制行业。

第二，盈利对互联网行业来说，考验的是耐受性，但对于互联网金融行业来说，则攸关生死存亡。当一个项目在未来被看好，资本的追加让创业者把这种战略耐受性当作唯一的指标，只考虑用户量，而不考虑盈利模式。但对于金融行业来说，盈利模式是绝对的，海通证券 200 万用户贡献了几十亿元的利润，支撑了 2000 亿元市值，如果用户规模很大，但是贡献很少，一定会被淘汰出局。

第三，传统金融和互联网金融正处在大融合阶段，互联网公信力与传统金融机构相比不可同日而语。创业者如何看待与传统金融机构的关系？不是你去颠覆它，它有不足的地方可以帮它改进，让用户享受更好的服务，这个过程中可以获取你的商业利润。传统金融存在惰性，因此互联网金融必须靠勤奋来生存。如果没有公信力，那就向传统金融机构“借”公信力。这种“借”不是无条件的，而是一种资源置换。

第四，创业者有一个误区，那就是追求用户体验来牺牲别人对你的信任度。经常有人说某银行网站特别差，害我等了20分钟。这句话创业者单纯理解成用户体验就错了。换一个角度来思考，为什么说银行网站差但是他还宁愿选择等20分钟？因为信任是第一位的。用户体验是一个陷阱，前期的投入如果没有信任就打了水漂，未来将没有互联网金融这个词，因为所有金融服务都能跟每个人挂钩。

这只是其中的四条，最后两条是创业者最容易犯的，任何一条方向偏了都无法保持那份初心。

大家都不傻，VC对创业者的作用是什么

很多创业者觉得与传统金融机构竞争，通过博取用户的同情会更容易得到用户的支持，这个想法错了。我认为，VC的作用就是要让创业者走正确的道路，然后有尊严地活在资本市场。

为什么我们想改变VC的规矩？第一，我做过这个事，知道创业者的痛点在哪里。第二，会提供足够多的金融机构跟你合作。VC只是嘴上的交情，我们是钱上的交情。第三，会告诉你创业者的边界在哪里。很多创业项目失败了，不是创业者不够努力，而是在错误的时间、错误的地点，把有限的资源用错了地方。

对创业者来说，要记住第一句话：“留得青山在，不怕没柴烧。”今天，你觉得创业来之不易，通过揩传统金融的几滴油过得很滋润，那么你只是初级创业者。失败只是交学费，创业者要有战略眼光，大地方看得细，小地方看得粗。解决一个问题就解决一切问题，你拿着你的野心去见传统金融的合

作伙伴，剑拔弩张的结果一定是自己失败，他们毫发未损。

还要记住第二句话："不是东风吹倒西风，就是西风吹倒东风。"创业者最容易想当然，一想当然就觉得"舍我其谁"。有时候我感到奇怪的是，人人心里想刮着东风，怎么坐在一起就是西风劲吹？对创业者来说，创业机会不是别人给你的，而是自己发现的。现在政策上有东风，但是决定创业成败的是在西风那里，有的人眼里的是"帘卷西风，人比黄花瘦"，有的人看的是"六盘山上高峰，红旗漫卷西风"，角度不同，境界也不同。

这两句话是对创业者说的。对于互联网金融创业者来说，我更极端一点的说法是，所有互联网想到的创新点，10 年前都有金融机构已经想到了，只不过基于种种原因没有做，没有做的主要原因是因为不想做。我们当时找一个金融行业人加入我们很难，那个时候没有创业习惯。没有一个人说我将来会成立一家银行，那个环境下，没人想创业这个事情。

一定要给创业者应有的尊严

创业者要把最后的尊严保住。这个世界上有两种创业者：一种人要什么有什么，他的每一根毫毛都得到无微不至的爱；另一种人要什么没什么，他越困窘的时候灾难越接连不断。资本市场的规则是为谁设计的？就是为那些投资人设计的，创业者想设计规则，一个投资人说不同意，那么一千个创业者跳出来说任何话都不能改变这个钢铁事实。

创业者最后的尊严是创业者自己争取的。在资本市场里面，尊严感是靠你的团队撑起来的，资本崇拜的是创业者对用户的话语权。如果你对用户开不了口，资本就用钱去撬开。如果你不想这样做，投资人就选择听话的创业者，换了谁在那个位子上，都会有一样的效果。你被投资人绑架了，就不要去谈尊严。

创业者心理有空洞，那就找东西去填补。《沧浪之水》里面写到，人生最大的悲剧就是意义的真空。创业到了后期，这种真空就变成两个现实的东西：一个是钱，一个是地位。平时这两个被视为雷区，但是真正用到的时候它们就变成无限的目标。有时候对创业者来说，虚拟的真实比真正的真实更加真实。真实的圈子就是这样，你站在那里就是天然的对手，哪怕是好朋友也不行。

无论在任何时候，创业者必须前进，向前进。你不为生计发愁，那么到头了你一定会被生计所抛弃。上帝为创业者设计了幸福的感觉，又设计了逃避的方式，也设计了失败的痛苦。这三种感觉，创业者一定伴随整个创业的始终。如果你想幸福，那就努力服务好你的投资人和用户；如果你想逃避，那就把融到钱的烧完；如果你想失败，那不要开始。

总之，创业者死的时候那个支撑初心的堤坝也倒下了。从创业时候的劳心，融到第一笔的匠心，资本追捧时的野心和花心，降为酸心和孤心，最后磨光了棱角，成为失败后的甘心和哀心，这成了大部分创业者的心路。

为什么让创业者去看《沧浪之水》？因为创业者总以为自己很聪明，这个聪明是建立在别人的愚蠢之上这个假设的。实际上呢？

> 谁也不傻，你看到的东西，在你看到之前必定有千万双眼睛已经看到过，他们的熟视无睹和铁石心肠，也是在残忍的规则之下压缩出来的；你想到的东西，在你想到之前，必定已经有千万个脑袋想到过。
>
> ——选自作家阎真《沧浪之水》

4.6 资本的反作用力：退出机制和融合

人来到世界上就是为了两场战争：一是钱的战争，二是理想的战争。资本和创业者，两场战争同时进行。有的时候，钱大于理想，创业者对钱太容易上瘾。有的时候，理想大于钱，创业者太容易深陷到理想里，无法自拔。

资本对创业有作用力，但是更多时候没人说资本有什么反作用力，在这非黑即白的世界上，资本的逻辑和路径，追求最大的回报率而不会关心创业者的理想是什么。如果理想和钱创业者都不想要，那就没有资本青睐，也没有风险投资。

创业为什么需要资本

目前，中小企业发展遇到一些问题，包括融资成本负担过重、直接融资的机会很小、受货币信贷调控的影响比较大、融资担保体系不完善、小型金融机构发展不足、金融机构服务不能满足中小企业要求等问题仍然存在。

除了大环境问题，困扰中小企业成长的难题还在于直接融资问题。直接融资是以股权形式参与企业投资，相对来说面临着信息不对称、治理结构不健全、财务不规范等问题，但作为股东进去以后，激励结构发生变化，股东约束增强了，相对来说能解决一部分问题。与此同时，企业家不愿意稀释股权，也面临治理成本，所以不倾向于采用直接融资。

创业者第一个解决的是钱的问题。中国的企业家和西方企业家不同，他们不倾向于稀释自己的股权，不希望引入外来人参与管理，这就制约了中国中小企业的股权融资。实际上，创业者为了自身的发展，在没有直接融资渠道的情况下，只能选择风险投资这一条路，包括一些美元基金和人民币基金。

钱的问题解决了，创业者下一个解决的是团队的问题。值得强调的是，每一轮融资，已有股东股份都要被同比例稀释（包括期权池），没有优先劣后之分。也有例外的三种情况：一是新投资人以股权转让方式进入；二是新投资人以股权转让+增资方式进入；三是已有投资人股东在当时投资时有反稀释条款，下一轮融资时行使了该条款中的权利。

这两个都解决了，创业者剩下的就是发展的问题，包括它如何有效地获客、如何很好地做内部管理等，这些都相对比较弱。目前，我们谈普惠金融、小微帮扶，除了缺钱之外，在能力建设方面缺得更多。归根结底，在于银行与中小企业存在信息不对称性，如何给中小企业增信，增加透明度，让银行相信中小企业具备相应的还款能力。

资本和创业者之间的博弈

对创业者和投资人来说，有两种思维：羚羊和狮子。创业者想成为哪一类人，决定了创业的成功与失败。

我想对创业者说，你必须跑得快，如果在这一轮融资钱花光之前，下一轮融资还没有解决，那么你就意味着饿死。对投资人来说，他们就像狮子，每天在奔跑。他们有足够的忍耐力，甚至可以等 10 年，10 年前，他们张开大口追很多只羚羊，哪怕 10 只跑得快的羚羊跑掉了，吃掉 1 只跑得慢的羚羊也足够了。

羚羊和狮子，创业者和投资人，无时无刻不在上演着最原始的狩猎游戏。钱是这两类人共同的语言。其实，能否听懂资本的语言是创业者能否成功的最大秘密。创业者在理解资本市场时，有一个三步走策略：第一步，讲对错，创业者选择资本要分清哪些是对的，哪些是错的；第二步，明是非，每一轮融资决定了未来会发生什么，对人民币和美元要三思而后行；第三步，做了断，融资充满很大的不确定性，要善于选择，敢于选择。

另外，创业者还要善于“借”，包括借粮借兵、借兵养战、借战成势、借势成功。创业者的成功，是借来的：初期的时候，需要借钱；中期的时候，需要借资源和人脉；后期的时候，需要借一个时点和势能。人们在面对借的时候，分为“有借有还”和“只借不还”两种：前一种，要么上市了，要么并购了；后一种，则意味着失败。

创业者恋爱时的“三收三不收”

男女朋友在交往的过程中，花多少钱最合适？对男女朋友而言，没结婚之前，要讲究“三收三不收”原则。

具体来看，作为主动的一方，男朋友在花钱的时候，女方面对这三类善意时是可以接受的：一是价值不高的礼物，如巧克力、玫瑰花、衣服、鞋子等可以收；二是双方一同享受的礼物，如共进美餐、出去唱歌等可以接受；

三是带有感谢性质的礼物，比如感谢你帮他背行李，送你一杯水或者一句谢谢等。

女方有三类礼物是不能收的，否则“退出”时会很麻烦：一是带有求爱性质的礼物，或者带有明显彩礼性质的礼物，好比送一辆宝马，不能收；二是超出对方经济承受能力的贵重礼物，如白领刚认识不久就送奢侈品牌包包，学生存几个月生活费给你买个苹果6，不能收；三是远远超出自己消费水平的礼物，不能收。

假如投资人是男方，作为女方，对创业者而言，这“三收三不收”的原则实际上代表了合作的基础。创业者需要向投资人要一些资源，另外，还要准备一些资源互换的东西，除了股权，还要有核心的竞争力；创业者理应享受成长带来的一些荣誉。对于创业者不能收的礼物，则是投资人的一些苛刻要求和对赌协议，超出自己能力的部分以及自己不需要的东西，比如你想要人民币他非给你美元。

创业者和资本的这场爱情里，存在供求关系。当相信资本的人多了，那些想要融资的人成了买方市场，买家与买家在相互竞争，就是供大于求。所以，创业者坚持到上市的寥寥无几，那些失败的案例让“她们所相信的爱情”也贬值了。假如相反，那些想要融资的人则会成为卖方市场，卖家与卖家竞争，结果是供不应求。所以资本选择了宁缺毋滥，投一个项目的价格也变得很高。

总之，创业者和投资人就是在谈一场恋爱，上市等于恋爱成功了，并购则是换了一个对象继续恋爱，最次的是恋爱分手，创业失败。把这种恋爱的过程一分为二，本质上也是一种经营与销售的关系。资本想要生存，就要利己，需要维持一定的支出；创业者想要生存，就要利人，需要施予必要的利益。

三种常见的资本退出机制

对于创业者来说，有两种不同的结果，好出路和坏出路。好出路在于，当你失败了的时候，你的公司并没有垮掉，同时另一家公司来购买你。坏出路是指你不能改变任何事，除了你的风投投资组合的表现。

创业者的退出和资本的退出是一样的，对投资人来说，风险投资的退出方式主要有以下三种：第一种退出方式，二级市场。对于风险投资，IPO 是最佳的退出方式。首先，IPO 使风险公司获得了在证券市场获取低成本筹资的途径；其次，通过 IPO 可以保持创业公司的独立性和管理层的稳定性；最后，IPO 成功了，是金融市场和投资人对该公司创业成功的一种确认。

第二种退出方式，重组并购。其中包括三种情况：一是创业企业被上市公司收购，既实现了风险资金的顺利退出，又使风险企业“曲线上市”。二是风险企业借壳上市，迂回退出。具体经过两个步骤完成：第一步，参股上市公司，逐步增加收购上市公司的股权，达到绝对控股或相对控股的水平。第二步，对已经控股的上市公司进行资产重组，剥离不良资产。三是除了借壳和收购，创业公司还可以和上市公司共同投资，成立一个新的公司。上市公司出资金，风险企业以无形资产如拥有的专利产品或部分技术资源或者核心业务作为投资，共同组建新型高科技企业。

第三种退出方式，股份回购。风险企业向风险投资基金回购股份通常在签订投资协议时设定，即在投资期满，风险企业无法上市或无法转售给其他大公司的情况下，风险投资基金应拥有的股份。

其中，IPO 是最佳的风险投资退出机制。另外，拆除 VIE 结构的时候也需要股权回购，包括美元资本退出，人民币资本进入。除了 IPO 方式退出所具有的高收益性外，风险企业公开上市的现实可能也给企业的收购与出售提供了竞价标准和谈判条件。

资本加速了创业者和传统金融机构的融合

2014 年，并购已经赶超 IPO，成为主流的资本退出方式。2015 年，资本寒冬还没有真正到来，并购与重组很有可能延续这个趋势。

我认为，究其原因主要是互联网行业可以通过并购来获取核心技术、扩大用户量、布局产业多元化、实现新的利润增长点。此外，并购也能帮助企业实现线上线下整合，是传统行业与互联网渗透式发展的一个途径。在国内，针对人才的并购也在快速发展中，未来很有可能成为并购的主要原因。

在A股逐渐火热的现实下，赴美上市已不再是主流的退出方式，越来越多企业选择在A股市场上市或在新三板挂牌。很多创业企业着手于拆除VIE结构。当然，美国市场对于企业提升国际知名度、吸收境外资本等依然有吸引力。几年之内，随着注册制实现，赴美上市的互联网金融企业在数量上会小于在A股上市或新三板挂牌。

国内资本市场还没有完全成熟，投机多过投资。新三板热能否持续下去并成为资本退出的重要方式取决于新三板能否有持续回报，取决于是否真的具有流动性。目前，新三板的市场流动性较差，给了今后新三板的重组和并购很大的机会，创业者需要提前在财务数据、运营情况等方面做内功，提高竞争力。

新三板成为互联网企业和传统企业交融的一个重要阵地，未来很有可能成为上海战略新兴板的一个跳板。另外，新三板也成为机构与机构融合的重要板块，尤其在互联网金融领域，新三板公司收购主板市场已有案例出现。未来，互联网金融企业通过新三板进入创业板以及主板的通道会更加通畅。

创业者对资本有作用力和反作用两种，前一种让资本实现了一个低投入、高杠杆的回报，后一种实现了创业者的一个理想。

请所有创业者记住三句话：第一句，关于新兴市场的热度："创新者来了，随后模仿者来了，最后抄袭者也来了。"第二句，描述了资本的真理："真理还在穿鞋的时候，谎言已经走遍了半个世界。"第三句，描述了资本和创业者存在的信息不对称性："真正的变量从来不会超过4个，其他的都是噪声。"

这三句话，一个是对自己的定位，什么样的人融什么样的资；一个是对资本的态度，用谎言去验证谎言，得出的结果一定是谎言；一个是对创业者的希望，在资本中起决定性因素的一定只有三个——实力，实力，还是实力！

第五章　互联网金融成熟：商业模式

5.1　工具+APP 商业模式：开发 APP 需要注意什么问题

在传统生态里，商业模式是固定的，而管理模式、生产模式、营销模式是变化的。如今，在“互联网+”企业里，最核心的就是商业模式的互联网化，即利用互联网精神（平等、开放、协作、分享）来颠覆和重构整个商业价值链。

超级 APP 的生态图谱

一个超级 APP 的出现，对其他 APP 来说可能是一场灾难。微信发布的数据显示，截至 2015 年一季度末，微信每月活跃用户已达到 5.49 亿，用户覆盖 200 多个国家、超过 20 种语言。结合易观智库《微信购物一周年发展研究报告》的数据对比，我们可以总结出以下几个规律。

一是微信的用户属性决定了京东微信购物的用户属性。在年龄方面，微信用户平均年龄在 26 岁，在 18~36 岁之间有将近 86.2%的用户。与此对应，京东微信购物用户，24 岁以下占 12%，25~30 岁占 44%，31~35 岁占 26%，合起来占 82%。在男女比例上，微信的男性用户占 64.3%，女性用户占 35.7%，与此对应的京东微信购物中男性用户占 61%，女性用户占 39%。这不仅仅是一个巧合。

二是微信的使用人群和京东微信购物的使用人群高度接近。在职业方面，使用微信的企业职员、自由职业者、学生、事业单位员工四类人群占据了

80%的用户，此外，80%的中国高资产净值人群在使用微信。而在京东微信购物，拥有本科以及以上学历的用户占 50%以上，高学历成为微信购物的一个重要标签。消费能力较高的白领和一般职员占 59%，成为主力人群，月收入 5000 元以下的用户占 42%。

三是微信成了京东微信购物天然的下沉渠道。一方面，微信成为近 30%用户手机上网使用流量最多的应用；另一方面，微信人均启动次数达到 11.47 次，25%的微信用户每天打开微信超过 30 次。在高打开率以及高流量占比下，中国整体移动网购用户三、四线城市占比是 25%，而京东微信购物用户中来自三、四线城市的占比达到 41%，超级 APP 成为推动电商渠道下沉的新动力。

从中可以看出，微信作为一个超级 APP 对京东的刺激效应是不言而喻的。所有的商业模式都在移动化，工具如同一道锐利的刀锋，它能够满足用户的痛点需求，用来做流量的入口。其中，社群是社交属性，商业是交易属性，用 APP 变现流量价值。三者看上去是三张皮，但内在融合的逻辑是一体的。

现象级 APP 的聚焦与抽象

苹果前 CEO 斯卡利提了两个词，分别是 zoom in（抽象）和 zoom out（聚焦），前者指从战略高度看整个行业方向，后者指把每个细节做到极致。既能看大局，又能沉下去。对一个行业或者一个 APP 来说，是很难做到两者相互统一的。如何理解抽象和聚焦，将影响一款 APP 从研发、成型、发展、爆发、高峰到衰落的整个变化过程。

从抽象角度看，想成为超级 APP，得先区分现象级 APP。现象级 APP 到了天花板之后，就开始走下坡路。从早期的魔漫、秘密，到超级课程表、脸萌，再到快看漫画、污染地图，每一个现象级 APP 的产生都伴随着一次新媒体的爆发。值得一提的是，它们的爆发源于人性，而消失也源于人性。

因此，阻碍现象级 APP 成为超级 APP 的一个关键点是热度，保持热度就得从感情、人性出发，比如衣食住行的购买入口手机淘宝，搜索的入口手机百度，熟人关系链的微信，以及凭借女性天生爱美这个人性而经久不衰的美颜 APP 等。没有人性的驱动，任何 APP 卸载了都与用户的切身利益无关。

从聚焦上看，想成为超级 APP，就必须让现象级 APP 升级进化。第一是树立门槛，现象级 APP 有先天的缺陷，就是门槛太低，一旦超级 APP 模仿就立刻失去自己的阵地。比如足记，以一种大片即视感引爆朋友圈之后，随着美图的加入，足记很快就被边缘化，原有的用户流失。另外一个奇幻咔咔，从 3D 小熊来看，给人新鲜感但是因为没有后续产品跟进，争取来的用户也很快被稀释掉了。

第二是如何持续刺激用户。现象级 APP 营销的时候更强调短期效果，社交媒体在各部电影上的动作同质化严重，这种新媒体合作成为一种现象后很快就由盛转衰，用户产生了转为被动接受信息时的疲惫感。想成为超级 APP，是有很多偶然因素促成的。没有 QQ 引流的微信，很可能就输给了米聊。在 APP 的推广上，要知道 APP 成功的几个关键词。

影响 APP 的四个关键词

一个 APP 从盛转衰，从来不是一次小概率事件，而是牵一发而动全身。APP 想要成为爆款，就必须弄懂 APP 没有流行起来的原因。窥探欲、成就欲、爱美、社交等人性因素只是一个方面，还有一些是可以用数据总结起来的规律。

第一个关键词：频次。一个产品分高频次和低频次，衣食住行是刚需，打车也是刚需，所以烧钱也得争取用户，但是金融属于一个低频次的产品，有些人一年也不去银行几次，那样下载银行 APP 就缺少一个天然的使用场景。另外，银行产品的封闭性让一个 APP 很难容下其他银行的产品，而第三方平台提高了人与银行之间的沟通频次。

第二个关键词：竞争。金融机构的 APP 和第三方理财平台的 APP 不是竞争关系。银行的利润也不是被金融超市挣了，比如货币市场基金的固定收益理财产品，过去留很多利润的时候，这些产品都卖不出去，现在在金融超市，反而有可能卖出去。这就是基金公司没有做一个独立的 APP，反而余额宝把货币基金卖出去了的逻辑。

第三个关键词：内容。内容是一个相互的概念，脱离金融机构去谈内容，在金融领域是不成立的。比如 A 基金给 4.7%的年化收益率，B 基金给 4.8%的年化收益率，我只有这么多用户，我肯定选 4.8%的，风险相同时，收益就肯定占了主流。脱离互联网金融企业去谈内容，也是不成立的。中国有上百家基金公司让金融超市去挑。对单家基金公司而言，能选择的互联网渠道是不多的。

第四个关键词：盈利。资本分两面性，一方面是投入，另一方面是回报。一个 APP 如果占据了部分市场，又形成一个很健康的现金流而不是一味地去烧钱，那么随着市场的变化，资本也在变化着。以 91 金融手机移动端为例，这个 APP 相当于券商的一个终端，对券商来说多了一个渠道。我们向它收取的费用让券商的业务量扩大，交易成本变低了。

不要对超级 APP 心生恐惧

巨头插足不到的地方，就是一个生存的窗口。在金融领域正在兴起“移动化”的一个高潮，对金融机构来说，这种烧钱是无奈之举。本质上，金融就是低频次的产品，微信的爆红是因为红包是一个高频次的场景。

从三百六十行找到一个高频次行业容易，但是占大局容易，沉下去难。低频次的产品很难拥有超级 APP 的活跃量和打开率。只要是互联网的风口就会一哄而上，最终演化成泡沫。比如体育视频 APP，之前是一个高频次的场景，但是现在没机会了，想要成功就得再细分，做体育用品、体育社交、体育教练、体育食品等细分市场还是有机会的。

我们想说的是，不要对超级 APP 心生恐惧，要找准自己的位置以及整个移动市场的环境。如果开发一个 APP 不能转化用户和效果，就得逆向思维。微信好比插座，传统企业好比是电器，插座负责提供标准和规范，帮助电器和用户实现连接，而电器才是服务的提供者。而微信为行业提供样本的意义也在于此，做不了颠覆者，就做背后默默支持的大树。

在这个思路下，很多银行在 APP 上表现一般，但是在微信银行上有了突破。比如多家银行都在微信平台推出网点查询和排队预约的服务。用户向中国光大银行的微信公共账号发送自己的位置，系统就可以告知该行最近的营业部在哪里以及排队信息，方便客户前往办理业务。招商银行则将“无卡取款”功能放在主目录，绑定银行卡后就可以办理无卡取款。

一个 APP 还需要注意的几点

第一，互联网金融正在大力发展移动端，有些移动端貌似是在移动上交易，实际上只是在互联网上用“旧瓶装新酒”。举例来说，用支付宝开银行卡的时候肯定是面签过的，只不过把卡绑在上面可以用来做支付，这个交易过程是在移动端，但一开始开卡是在线下的。目前，移动端还不能彻底颠覆原有金融服务的模式。

第二，一个 APP，随着行业的发展、政策和用户体验的改变，在线面签一定会成为现实。我们在做产品的时候，不只是用户体验这么简单，还要考虑政策限制。在互联网金融领域，移动端还处在婴儿期，想要攻城拔寨就需要提前准备，提前试错，提前迭代。同时推出几个产品，根据产品的反馈决定方向是什么，成功肯定是建立在几次失败之上的。

第三，靠概念拿来不了投资，所有的 APP 都是九败一胜。许泽玮对我说，互联网公司的试错成本比银行低，原因是它的决策链比较短。传统金融机构做一个产品，要报到总部，等总部决策完了，可能几个月过去了，那时候市场也许已经没有机会了，而我们互联网金融企业，所有的决策直接报到老总这里，老总说可以就直接做了。所以互联网公司的决策链条短造成了产品的试错成本低。

第四，对于一个新产品，需要的是有效率的决策链条，而不是机制。金融机构在用人成本方面比互联网金融企业低，因为有时候互联网金融企业愿意同时试十个产品，这样就需要招很多人，一旦失败了，互联网金融企业会损失很大，而银行是不会这么做的，基本上没有这方面的损失。传统银行与互联网金融企业相比，成本的高低这是决策链条决定的。

91金融有一个产品设计委员会，里边全部是金融机构出身的人，有银行的、保险公司的和金融公司的，每个人都代表着一类资源。委员们会经常开各种各样的会，研究某一个产品是否可行，这是互联网金融企业研发新产品的方式。

互联网的发展使得信息交流越来越便捷，志同道合的人更容易聚集在一起，形成一种共同的价值观。互联网将散落在各地的星星点点的分散需求聚拢在一个平台上，形成新的共同的需求。未来可以预见，从超级APP到社群，正在成为商业的一个新的进化法则。

一个创业的互联网金融企业，应该思考的是：开发一个APP到底能为用户提供什么服务？通过这些服务带来的收入如何去支撑起公司的持续发展？这个发展是不是一个趋势，而且是引领时代的？这些都很重要。

5.2 长尾型商业模式：互联网金融如何挖掘长尾用户

金融机构由于服务半径有限，只能把精力对准20%的高收入人群。有了互联网之后，平台中有20%的高净值人群，也有80%的中小企业和低收入人群。传统金融没有覆盖的这80%的人，单个用户的购买力有限，但带来的总销量很可观。

因此，“解放长尾”成了互联网金融企业的一个口号。在短尾市场与长尾市场的战争中，服务短尾客户只是雪中送炭，服务长尾客户才是锦上添花。

长尾悲剧：小明的苦恼

时代在变，但传统金融机构仍然没有变化，“嫌贫爱富”的思想仍然存在，这也算历史遗留问题。

小明是一个农民，假如他生在明清时代，那就是一步走策略。除非他爹是重犯，可以理解成背负的坏账，否则小明无论是平民还是权贵，家里是富是穷，都可以考科举，所以明清多有清苦出身的朝中大员。

如果小明生在宋代，出来混，就得走两步。第一步就是先苦读几年考科举进入官僚系统，有了官位；第二步就看个人能力，搞政绩，官就做得更大。苏东坡就是很悲剧的一个例子，王安石主政的时候站错了，司马光主政的时候也站错了，所以被一贬再贬。

如果小明生在汉末，那游戏规则更复杂。汉末是三步走，在获得官位之前，第一步要获得一定的“声望”，相当于从草根到自媒体，才可能被举“孝廉”或“茂才”进入官僚系统，而汉末的“声望”基本靠口碑，家世背景比能力更重要。如果小明没有出生在士人家庭，背景不够硬，多半要被官场拒之门外，所以汉末很多有能力的地方豪强和寒士无法进入官僚系统，或者进去了也只能混到“吏”的级别，低层出身的精英无法被消化，像小明这样的人想出头只好投奔黄巾军。

其实，小明仕途无门的现状就是农民和中小企业向传统金融机构融资的现状。因为靠传统的方法借不到钱，不得不投奔了“黄巾军”，也就是向民间借高利贷。在传统金融市场里，还有很多金融机构不好覆盖的地方，比如学生贷款、信用贷款等。传统金融机构为他们服务不好，而这部分人就成了互联网金融的一个机会。

长尾理论：找到那些不被尊重的客户

中国的金融体系经过数十年发展取得了显著的成就，然而像其他许多国家一样，中国的金融体系仍面临一些深层次的问题，比如需求和供给的不匹配。很多没有生存土壤的人，不是走向“暗网”，就是戴上了“套子”。

“暗网”是没有被网络爬虫抓取的网站的统称。人们过于依赖搜索引擎的结果，于是暗网便成为暗箭，存在但没有触发。目前，农村互联网金融和中小企业是一个空白，融资无门，导致徘徊在主流之外。那些农民就好像戴着

“套子”的人，有形的套子是别人为了区分他们而设立的，无形的套子就是自己束缚了自己。

长尾的概念由克里斯·安德森提出，长尾理论阐释的实际上是丰饶经济学的产物——当供需瓶颈开始消失，供应变得非常充足，而且所有产品都能被消费者轻易找到和取得的时候，长尾现象便会自然发生。长尾是理论，它的实践需要创客，于是互联网金融变成一个天然的土壤，供给那些现实里不被尊重的人。

如果将中国6亿网民按照收入水平和对网络金融的接受程度进行划分，传统金融机构关注的是家庭月收入在1万元以上的5000多万客户，而余额宝目前服务的主要对象是家庭月收入在1万元以下、对网络金融接受度较高的近2亿客户。而那些家庭收入较低、目前对网络金融接受度还不高的3.6亿客户，则代表了有待填补的巨大空白。

这两部分人构成了长尾理论里需要服务的人。在PC时代，他们隐藏在人海里；在移动时代，他们隐藏在场景里；在未来互联网金融时代，他们隐藏得更深，需要层层筛选。有很多数据可以让这一类人变得有骨有肉，比如月话费在200元以上的人，一线城市，白领阶层，月收入5000元以上，公务员、教师、医生、金融行业从业者……

我们欠用户一个公平

有时候我即使在睡觉的时候也会感到很不安，因为很多用户在着急解决问题，但现有的制度帮不了他们。银行没有错误，用户没有错误，到底错在哪里？

第一个问题：银行有没有错误？很多企业借款，银行不给，企业只好通过第三方渠道，最后变相地抬高了融资成本。但不能把责任都推给银行，每个公司都是商业化的公司，银行也不例外，它们没有给你做信用背书的义务。

首先，这是金融的一个结构性问题。一方面，需要建立一个多层次的融资市场，但是中国目前还没有成熟的、稳定的投资市场；另一方面，基于这些投资市场还没有二级的次债市场，所以资产的流动性很差，而且资产定价权掌握在极少数机构手中，最后自然抬高了融资成本，造成的结果就是中小企业融资很难，大企业融资很容易。

其次，中国不缺钱，缺的是有效的融资途径和手段。中国民间的钱很多，怎么保证钱有效地流动？2015 年上半年股市行情很好，都流到股市，所以监管部门出台了一些政策进行疏导。整个融资市场还不太开放，中小企业没有一个合法的资金入口，只出不进，造成了融资成本很高，中小企业发展困难。

另外，不同的体量造成服务用户的断层。我们对小额贷款的标准跟传统金融机构的标准差距很大。我们对企业的标准是 500 万元，对个人的标准是 25 万元，而在股份制银行，5000 万元以下都叫小额贷款，四大银行 3 亿元才叫小额贷款，这就意味着你贷几百万元在那里享受不到服务，它们不一定不借给你，但是你需要排队。

如何让这些没有被尊重的用户享受到更好的金融服务？只能依靠互联网，通过互联网进一步拉动整个民间融资渠道的开放，去反推金融机构提供更好的服务。这样才会解决很多融资难、融资贵的问题，并慢慢随着互联网金融创新平台工具的出现，随着大的民间资本的进入，使得整个社会体系更加健全。

因此，不要把问题全都抛给银行，在解决长尾问题上，银行没有错，是我们亏欠了用户，企业还不够强大，欠用户一个公平。

长尾的解决之道

长尾不仅是一个经济现象，也是一个文化现象。在解决长尾市场方面，我在演讲里提出两个观点：一是“金融生活化”，二是“金融定制化”。

所谓金融的生活化，就是让人感到金融就在身边，把金融嵌入众多的生活场景中。因此，互联网金融扩展的时候，一是扩大目标客群，覆盖地域，跨年龄及不同阶级；二是占领客户的生活时间，更多地挤占碎片化时间，围绕娱乐、社交、信息获取和购物等，布局移动互联网的流量入口；三是开展精准营销，通过口碑传播扩散。

在“金融定制化”面前，购买关键字的金融搜索模式是违背长尾模式的，将繁如牛毛的金融产品呈现给消费者是一种不负责任的行为。长尾市场面对的虽然是分散的需求，但是这种分散意味着更加精准，在“互联网+”模式下，从信息撮合到交易撮合是必经之路，一定是“用户需要什么就生产什么”，而不是“生产什么就卖什么”。

不过，需要强调的是，长尾理论并不是万能的，它在针对边际成本趋于零的时候才生效。因为钱在整个金融体系里成本是可以忽略不计的，另外传统金融和互联网金融有一个服务的时间差，在银行看来服务中小客户是赔钱的，而服务 VIP 客户才是挣钱的。多种因素下，互联网金融企业追求长尾的那 80%的用户，才能产生比 20%的用户更大的收益。

做长尾市场要和农村市场相结合

农村金融需求受到多方面因素影响，到现在一直没有一个好的突破口。随着电商集体渠道下沉到农村，互联网金融自然也正在造福农村市场，不过现阶段农村地域差异化和经济发展水平差异化严重。

首先，现在的传统金融机构不能满足农村的金融需求。在地域差异化方面，东部沿海地区，城乡差别已经不大，农民更多关心的是农村基础设施建设、社会事业发展的资金投入等。在中部地区，一般的大额支出靠朋友就可以解决，金融需求更多是用在生产资料上，包括购买种子、化肥、农药、农机具等。对于西部地区，农村金融需求主要表现为农民日常生活消费特别是在一些大额支出、临时性和应急性支出上对资金和金融服务的需求。

其次，农村的经济发展水平差异化严重，主要源于农业生产结构发生了变化。在传统农业模式下，金融需求比较分散，可供抵押的产品很少，在土地不能买卖的前提下，主要依靠政府补贴。在传统农村向城镇化发展的阶段，私营经济的活跃让金融需求主要分为两部分：一是个体户融资需求，二是乡镇企业融资需求。在农村向互联网化发展的阶段，在城乡一体化的趋势下，民间融资已满足不了正常的需求。

另外，农村需求主体的多元化必然产生融资多样化的需求。农村信用社的存贷款业务已不能满足农村的资金需求。比如，农民对高科技产品的需求产生了消费信贷需求；农村电商的发展产生了对供应链金融的信贷需求；在创业大潮中农民转行做个体户，产生了对小额贷款的需求；随着农产品加工以及成为工厂的一个生产环节，产生了大额的商业信贷需求……随着互联网经济的发展，走向城市的农民对直接投融资的渴望将呈爆发式增长态势。

从这三方面来看，互联网金融的长尾市场和农村市场有天然的关系，未来互联网金融想要在农村发展中分一杯羹，一方面，积累更多数据做内功，解决农民融资只能靠高利贷的现状；另一方面，通过大资管战略，建立农村发展基金，通过基金的方式带动农村基础设施建设，追求长期的回报。

长尾理论的前提条件包括：商品储存流通展示的场地和渠道足够宽广；商品生产成本极低，甚至个人都可以进行生产；商品销售成本极低，以至于个人都可以进行销售。如果没有这些条件，企业还是乖乖遵循二八定理，去集中力量服务好那20%的人，以获得80%的收益。

这就是京东和天猫在农村发展的区别：京东的自营电商决定了渠道下沉时付出的物流成本更高，而不是趋于零，所以需要满足20%的人的需求，为追求正品及高速物流的人服务；而天猫因为它的快递是与第三方合作的，菜鸟网络对数据的调配可以接近无限地降低成本，所以天猫的策略就是挖掘80%的人的需求，来弥补自己在物流上的劣势。

最后，我想引用硅谷创投教父彼得·蒂尔在《从0到1》这本书中的一句话：“创业者在创业过程中，对未来明确的乐观主义可以使你创造出你想要的未来，对未来明确的悲观主义可以对已经存在的东西进行复制，毫无新意。”这句话启示所有的互联网金融企业，对一个明确的模式，或者一个低风险的模式，要乐观地去对待长尾市场。对农村和中小企业的投入，未来肯定会有回报。

5.3　跨界商业模式：从 Uber 和米其林的案例看企业如何寻找商机

有位分析师如此评论 Uber：如果你把 Uber 当成现有出租车公司的替代，它的估值不大。如果你意识到 Uber 可以把你的孩子送到学校，把你的父母送到机场，带你去约会喝完酒后再送你回家，给你送一些日常用品上门，它的估值就大一些。如果你以后不再自己买车，完全用 Uber，它的估值就更大了。如果你把 Uber 看成一个超级联网计算机，每天全世界运送上亿的人和货物，连接一切，那它就是世界上最大的公司之一了。这就是跨界的营销之道，历史青睐的永远是多迈出一步的人，而不是原地踏步的人。

卖轮胎的为啥给美食评星级

你是一个吃货吗？如果是，你一定知道专业的餐饮业评级是米其林一星、二星、三星。如果你的餐馆被评上米其林三星，那么恭喜你，你拥有了一座金矿。轮胎与餐馆，它们跨界的逻辑在哪里？

米其林的逻辑很简单：为了提高轮胎的需求量，首先就要提高汽车的需求量。为了提高汽车的需求量，就要鼓励大家远行，要说服大家去吸引人的好吃、好玩的地方。这是人性的一个弱点，米其林的无心插柳不经意间变成了妙笔生花。

米其林体现了互联网两种思维：一种是跨界思维，另一种就是粉丝经济。最后卖轮胎的成了美食的专业评测机构。不管做哪个行业，真正对你们构成威胁的对手一定不是同行，而是那些行业之外看不到的竞争对手。跨界这种模式，在战术上是给看得见的对手造成压力，在战略上是给看不见的对手提高门槛。

因此，打倒小米的一定不是下一个小米，打败谷歌的也一定不是下一个搜索引擎。在维度上如果站着比别人低，那么就一定要升高自己的维度。在互联网行业，只有高维度去占领低维度，高效率去打败低效率。

91金融CFO罗颜斌对我说，从财务的角度来讲，互联网实质上就是利用高效率来整合低效率，对传统产业核心要素进行再分配，即生产关系的重构，并以此来提升整体系统效率。其他行业都讲颠覆，在互联网金融领域，我们不讲颠覆，通过减少中间环节，减少所有渠道不必要的损耗，小米砍掉了分销商，我们解决了抵达用户的最后一公里的问题。

做互联网金融里面的Uber

跨界营销的意义在于让一个应用跳出原来的圈子，在更大的圈子里实现新的价值。在Uber CEO卡兰尼克看来，Uber提供的不仅仅是一个出行工具的解决方案，而是一种“生活方式与运输方式的交汇点”。未来，所有的服务都会Uber化，对互联网金融也是如此。

Uber有两个中心：一是以用户为中心。不仅限制在车这一个场景里，还有更广泛的含义。卡兰尼克希望Uber能在用户需要的时候即刻满足他们的愿望，假如你想送个包裹给住在另一区的朋友，就可以选择招个Uber司机过来取包裹之后送递。在这个思路下，Uber成为连接服务的一个入口级应用。

二是以场景为中心让Uber实现了多个附加价值。比如，在北京，有的白领在晚上10：00~11：00下班，在这个时间点上，很多BAT的HR就兼职做了Uber的司机，一边开车一边与用户交流，从中锁定目标人群。在这里，Uber成为一种招聘工具。从这个角度开发，Uber还有可能成为一种销售工具，一种交易撮合工具，甚至创业者的投融资平台。

在全世界，Uber打破了人们的常规，已经试验过了用冰激凌车给预定的人送冰激凌，也尝试过在情人节递送玫瑰花，提供租赁直升机服务或是在德克萨斯提供烧烤服务。在中国上海，用户享受到了佟大为开车的服务。这种在不同场景下的跨界已经成为一种符号，产生的价值远远超过Uber测试新运送服务的成本。

因此，在互联网金融领域，你的竞争对象不一定是同行，比如，谷歌把亚马逊当作最大的竞争对手。不远的将来，互联网金融企业的竞争对手不一定是金融机构，很有可能就是Uber，因为它是一个服务的入口。

Uber对互联网金融的启示

我们在获客思维上，还停留在“被动获客”上，未来，传统金融机构和互联网金融企业，最大的价值在于“主动获客”的精神。这包括三个方面。

第一，交易量。在Uber看来，打车是一个高频次、低客单价的需求。从竞争对手来看，围绕互联网出行工具的四个阵营，滴滴快的这类打车应用、神舟租车和一嗨租车这类租车应用，易到用车和一号专车这类专车应用以及拼车应用，Uber能突出重围，靠的是把低客单价做成了高客单价，把低效率做成了高效率，把单纯载人上升到服务上。

试想一下，某银行和Uber合作，拉着一个银行的员工到处跑，有人需要去银行面签，Uber一下子把银行的人拉到跟前，完成面签过程。从服务的结果来看，原先排队解决的事情10分钟搞定了，银行变成了一个流动的服务窗口。

第二，边际成本。传统的打车是低效率的，抢单以及专车并不符合供需，造成的结果就是在高峰期很多人都打不到车。另外，抢单是一个违背人性的过程，用户只需要一个能到的车，而不是看周围有多少司机在转悠。Uber真正把低效率变成了高效率，通过派单的形式避免了司机与司机的竞争。

从抢单和派单，体现了一个用户思维的变化。抢单相当于一种金融搜索，周围有很多司机和无数个金融产品堆砌，用户体验是一致的。而派单是一种标准化产品，用户只需参照自己的风险偏好按需求购买就可以了，比如蚂蚁金服的余额宝，金融产品是不需要选择的，用户一定会选择收益既高，又安全的。

第三，监管。在中国，Uber面临的挑战有两个：一是只能和有运营资格的出租车公司合作；二是快递是有门槛的，需要审批，前车之鉴是人人快递。

对互联网金融来说，监管是一个绕不开的话题。在创新面前，监管往往是滞后的。另外，高用户体验未必带来好的效果。所以要坚持底线思维，要坚持走牌照之路，通过牌照来让自己合法合规，最现实的例子就是 Lending Club，先是因为不合规遭到 SEC（美国证券交易委员会）停业整顿，当它第一个通过 SEC 的审核后，快速地从一个城市扩展到美国绝大多数城市。

你所不知道的跨界差异

Uber 的跨界营销很厉害，是不是可以拓展到所有行业？我的答案是否定的，跨界是需要有前提条件的。跨界是否成功，取决于两个至关重要的因素：交易额度和购买频率。

第一，高购买频率的市场不适合与低交易额的市场合作。比如，大家觉得“Uber+水电工“这种服务是否有意义？可以想象一下，按一下按钮让 Uber 把一个维修工送到家，把水管修理好之后然后送回去。对维修工来说，一天维修的量难以支撑起他打车的费用；对 Uber 来说，一开始维修的时候并不知道哪里出问题，涉及二次维修。这种商业模式既无法支撑起油费，也解决不了用户的问题。这种跨界是必然失败的，首先，它不能带来自增长，决定了不能带来规模效益。其次，这种跨界因为服务用户太少，决定了不能沉淀有效的数据，交易频率太低，再加上一次交易额太小，既不能走规模也不能走个性定制，只能走向瓦解。

第二，跨界有一个前提，就是用户的消费水平基本上是同一个程度的。低购买频率的市场和高交易额的市场基本有相同之处，所以用户群体基本上也是一致的，例如房产和汽车，但由于用户高度重合，彼此很难共享用户数据，导致这种合作事实上成了一种竞争关系。因此，只有用户需求互补的才能实现跨界，比如坐飞机的乘客，专车接机的服务、高级餐厅、高级酒店之间就能形成一个合作的闭环。这种跨界听起来仿佛牺牲了用户的个人信息，但仔细分析下来，这是一项互助互惠的服务。比如金融超市，一开始引进的是想要贷款的人，后来又加入想要保险的人，最后想理财的人和贷款、保险的需求是一致的，可以做成一个平台，互补所缺。那买房和买车的用户如何合作？就得找两者的需求点，比如贷款需求，这类数据既是理财平台想要的，也是他们想要的。

第一种是用户的相关性驱动的，第二种是用户的需求驱动的。跨界合作的好坏，除了创意，就是效果。

跨界合作的销售技巧分析

所有的业务，归根到底都是一种销售行为。这种跨界营销，涉及几种销售技巧。

第一，淘宝式销售。在用户购买一个产品的时候，顺势向他们推荐一些搭配的产品或者服务。最常见的就是在淘宝上买够一定数量后，可以获得包邮服务。研究表明，当你在向客户介绍产品的时候，适当地让用户觉得占便宜了，那么你就可以卖出更多的搭配产品，最高可将你的利润提升到 40 个百分点。

第二，91 金融式销售。在用户面对两种或两种以上的产品是互补配套的情况下，应该把它们摆放到一起，比如把贷款、理财、保险放到一起，作为一个入口引来用户之后，让用户按需求找到不同的产品。平台需要做的就是增加金融产品的品类，增加更多和传统金融机构合作的定制化产品，最终完成交易。

第三，小米式销售。面对两个产品，用户往往会买物美价廉的那个；但是如果将很多同类产品摆在一起，用户就陷入选择困难，甚至对这些产品麻木了。而且，现实里绝大部分人在下单之前都会查一下他们要购买的产品，以确保选的是性价比最高的。根据这个思路，互联网催生了小米的高性价比模式，以发烧为生。

第四，海底捞式销售。在用户等待的过程中，把美甲、贴膜、工艺品及零食提供给食客，就是典型的“客户心理预测”。在中国有句话叫作“拿人家的手短，吃人家的嘴软”，这句话带来的好处就是至少让海底捞再提升 3% 的销售额。

总之，这种跨界营销可以带来意外的销售。其中包括：第一，通过跨界提高产品附加值以此提升了顾客的终身价值；第二，在提高客单价的同时，也带动了每个客户的平均订单价值；第三，无论是规模效应还是打造精品，都提高了盈利能力；第四，获得更多关于顾客购买产品或服务的可能性的相关数据，未来可以根据这些数据提升打造定制化产品的能力。

在 91 金融成立四周年的媒体人沟通会上，我对在场的 400 多位媒体人说，91 金融未来会开启多个众筹项目，包括卫星、影视、体育、公益等，还会成立一家卫星公司和一家传媒公司，众筹第一部电影等，通过跨界帮助传统产业进行迭代、升级。

历史有时候是巧合，有时候却是必然。等 10 年后再看互联网金融时，说不定已经没有“互联网金融”这个概念了。当传统金融都高度互联网化和高度互联网思维，这个行业就只剩下金融了。

5.4 免费商业模式：互联网金融正在粉丝化

如何看待免费经济？我认为只要付出了努力，却没能体现相应的价值，这种免费就是一种浪费。如何看待粉丝经济？粉丝经济不是为了服务所有人，而是服务跟你的意识形态站在同一条线上的人。

免费是互联网的一个传染病

“互联网+”时代是一个信息过剩的时代，也是一个注意力稀缺的时代，怎样在无限的信息中获取“有限的注意力”，便成为“互联网+”时代的核心命题。注意力稀缺导致众多互联网创业者们开始想尽办法争夺注意力资源，而互联网产品最重要的就是流量，有了流量才能够以此为基础构建自己的商业模式，所以说互联网经济就是以吸引大众注意力为基础去创造价值，然后转化成盈利。

因此，在上一个十年的PC时代里，互联网掀起了免费化的“大跃进运动”。免费的破坏性有多大？作为一种商业模式，它既可以统摄未来的市场，也可以挤垮当前的市场。以前，免费是一个洗牌工具，现在，免费一定程度上扼杀了中国的创新。

信息时代的精神领袖克里斯·安德森在《免费：商业的未来》一书中归纳了基于核心服务完全免费的四种商业模式：一是直接交叉补贴，二是第三方市场，三是免费加收费，四是纯免费。互联网金融时代，免费这种现象同样存在，只不过形式变化了，现在一般的做法是对用户免费，对机构收费，做出这种改变的还有房屋中介。免费意味着用户至上，现在医院不是以病人为中心，而是以医院为中心，这就造成了会收挂号费，会看病贵的现实。

免费这种商业模式没有门槛，容易复制，因此看现在的行业，免费肯定是需要一个淘汰机制的。目前，互联网金融没有这样的淘汰机制，难以把不合格的平台淘汰出去。现在的机制是由担保公司担保，或第三方公司来兜底承担信用，把资产通过这种渠道送达投资者，但这并不能阻止违规，阻止“自担保”和“虚假担保”现象的出现。

免费这个词你真的懂吗

互联网讲免费，真的是免费吗？免费其实都是相对而言的，真实的互联网，还有收费的一面。一定意义上，免费是一个很昂贵的服务。对提供服务的互联网金融企业来说，免费这个词还有四层意思。

第一，如果在免费的状态下找不到一个很好的模式，有可能断送自己的收费服务。（腾讯的策略是售卖增值服务，百合网把会员费去掉之后，商业模式需要重新构建）

第二，回到开头讲的，如果免费没有实现价值，这种免费其实是一种浪费，容易被复制。（比如小米的毛利率为零的策略，就面临着魅族、乐视、中华酷联等手机厂家的围剿）

第三，免费带来了很多用户，但是你却不能更好地服务他们。或者自己

的产品不好。（很多创业者烧钱买用户，等到钱烧完了打算让用户变现时，傻眼了，发现这是一群没有附加值的用户）

第四，免费是一把双刃剑，当你的竞争对手也免费之后，市场有可能朝着相反的方向发展，最后都是输家，永远找不到一个可持续盈利的模式。

对接受服务的用户来说，免费是一个沉重的负担，也有四层意思。

第一，免费永远是最昂贵的成本。对用户来说，你使用它，就代表着你要共享自己的资源，包括你的部分或你不知道的大部分隐私，最典型的就是浏览器里面的 cookie。

第二，暂时失去甚至永远失去更好的但是收费的服务。刚开始是产品容易同质化，等到用户基数到达一个程度时，就会变成垄断，失去话语权，比如之前的 3Q 大战。

第三，免费带来的是更劣质的服务。用户在甲方免费，不免需在乙方收费，网游就是一个例子，只会带来越来越差的服务，榨取越来越高的利润。

第四，免费会破坏平衡及信用体系。因为免费，所以不珍惜。免费的低效率让用户产生惰性，也会增加运营成本，变得不可持续。

免费对提供服务的机构以及享受服务的个人来说，就是一个在用户体验和用户转化率方面做的困兽之斗，这种斗争会持续下去。

“免费+入口”会被“粉丝+入口”代替

免费思维是互联网入口的一个捷径。当大家都把免费当作入口来对待时，免费这个入口就挤满了互联网企业。互联网一旦成为入口就一变得定很贵。免费对用户而言，考验的是增值服务是什么；对企业而言，考验的是它的现金流状况。

当免费撞上入口，一款互联网产品就这样诞生了。企业找到具有相同特征的一类人，观察他们每一天都需要获取哪些信息，在什么时间，利用何种途径，找到一种有待开发且市场潜力较大的入口。用互联网的方式思考：能不能使信息对称，能不能去掉中介，能不能做定制……然后把高利润的部分打掉，对传统行业进行外科手术。

目前，互联网都是按照“免费”+“入口”的方式去做的。这个方式被扩大到所有的市场，比如洗衣、理发、按摩……这个模式有一个先天缺陷，就是它的产品只设计了前端，把后端扔给了对手，你获得的用户与你想要的用户之间，可能有天壤之别，导致之前的工作都白费了。

于是，就诞生了“免费”的2.0版，即“粉丝+入口”模式。从本质上来说，这对免费用户进行了一个筛选，把购买能力强的粉丝留下，把跟着流量一起来的用户挡在门外。

以互联网理财为例，在理财上有这么几种用户：打新族、黄牛党、羊毛客和正常用户。一方面要筛选，“第一个吃螃蟹”的打新族会被淘汰，从低息转高息的黄牛党属于非法套利，会被打压，只为了占小便宜的羊毛客会逐渐被清洗出去；另一方面，为了把正常用户转化为粉丝。

结果就是，“免费+入口”被“粉丝+入口”代替。当一个产品由用户驱动转化为粉丝驱动，有三点好处：一是可以对平台的用户进行深度服务，二是根据这批用户做定制服务，三是这批用户的数据可以成为平台最核心的竞争力。

互联网金融正在粉丝化

我们正在进入女性时代，这也意味着整个互联网都会进入女性时代。女性审美和情感就成了一种文化，影响产品以及生态的属性。从社会现象上来看，有可能男人越来越“娘”，产品越来越萌。这是互联网金融始料不及的，从产品设计到产品的包装设计，迎合女性产品会越来越多。包装设计得就像一座剧场，它能够制造共鸣，拆包也被设计成一种仪式般的程序。

另外一个趋势，我们正在进入IP时代。2014年，围绕版权的IP之争让优质IP瓜分殆尽，从《盗墓笔记》等网络文学，到《火影忍者》《圣斗士星矢》等日本动漫，再到《我叫MT》《侠岚》《喜羊羊与灰太狼》等国产优质动漫，储备IP成了所有游戏厂商和电影厂商的功课。从游戏的改编权，扩散到电影的改编权，这成为一场没有硝烟的战争。

从 2015 年开始，IP 投资背后，本质上是对粉丝的收买。根据数据显示，IP 版权形成了三大阵营：第一个阵营是腾讯、阿里这样的互联网巨头，腾讯抢到了《火影忍者》《复仇者联盟》《天涯明月刀》等资源，阿里成立了阿里文学和阿里影业；第二个阵营是传统的网游巨头，完美世界占据《圣斗士星矢》《武林外传》《诛仙》等，盛大游戏有了《星辰变》《凡人修真传》等；第三大阵营就是新兴的一些手游厂家，蓝港在线购买了《十万个冷笑话》等。

在女性时代和 IP 时代两种趋势下，占有粉丝就有了先发优势，未来演变成各家产品开发的竞争。互联网金融逃不脱这种粉丝化的趋势，这种趋势加速了传统金融机构的互联化进程。

如何做一个合格的互联网金融粉丝

现在是一个粉丝构成的互联网金融世界，跟过去那套基于互联网金融体系下的业务是完全两个世界。在粉丝时代，我们怎么做一个高级的互联网金融粉丝？

我认为，对于初级粉丝，不要把互联网金融简单理解成 P2P。互联网金融是指以依托于支付、云计算、社交网络、搜索引擎及 APP 等互联网工具，实现资金融通、支付和信息中介等业务的一种新兴金融。它不是互联网和金融业的简单结合，而是在实现安全、移动等网络技术的基础上，被用户熟悉接受后，自然而然为适应新的需求而产生的新模式及新业务。

对于中级粉丝，金融绝不是电商。金融是一种契约关系，有利率，有期限，有明确的盈亏法则（高风险、高收益）。除了极少数成熟的投资者理解这种盈亏法则，主动选择不同收益率的产品并承担相应风险外，绝大部分“小白”用户并没有风险观念，需要平台去为投资者设计产品，控制风险。在资产保值和增值面前，用户选择保值。

另外，中级粉丝相对于初级粉丝，对互联网金融的认识更全面。互联网金融是传统金融行业与互联网精神相结合的新兴领域，只有把握住它带给社会的价值，才能更准确地定位互联网金融，也才能更精准地把脉未来的发展方向。

对于高级粉丝，就要有风险识别的能力。例如，许多人简单地认为注册资本越高，公司实力越强，越安全。真实情况是注册资本不需要验资，只需承诺出资额度，企业可分期出资，注册资本和平台安全无法画上等号。对于风投，许多人简单地认为平台获得风投，资本更雄厚，真实情况是宣布的融资额多为计划投资额，不等于实际到账资金。一般风投资金分为多期投资，初期金额往往较小，有的还会签下对赌协议，业绩达标时才会有后续投资。

对于资金托管，许多人简单地认为通过第三方资金托管，降低了平台的“资金池”及跑路风险。从互联网金融的模式来看，资金托管的形式有三种：第一种是纯通道模式，第三方支付仅作为支付通道；第二种是分账模式，主账户管理众多子账户，对资金流动无实质监控；第三种才是托管型账户，为借贷双方设置虚拟账户，实现点对点的资金流动监控，银行会监督每一笔现金的支出情况，平台提出请求，银行审核后支付。

总之，随着《指导意见》正式出台，“合格投资人制度”将加快落地，这个制度的制定和推行对规范互联网金融的股权众筹以及网络借贷、消费金融等有一定指导意义。股权众筹的门槛越低，对普通老百姓的伤害就越大。要根据不同的债权制定不同的风险定价策略，然后根据不同的债权评级认购不同的数量，这一块在中国还没有一个很好的市场。随着征信制度和合格投资人制度一起推进，互联网金融步入正轨。

互联网金融的发展会冲击传统金融机构，但影响并不明显，源于传统金融机构有三个优势：牌照优势、公信力优势及风控优势。因此，互联网金融发展粉丝经济必须和传统金融一起合作，用资源换机会，用效率换时间，用粉丝换信任。

5.5 O2O 商业模式：互联网金融发展 O2O 应避免的误区

O2O 有两个时代：一个在 PC 端，属于到店服务的时代；一个在移动端，是追求即搜即用、上门服务的时代。时代的更替总是带有“鲜血”的，团购之死，就成了一代资本市场的血泪史和一代互联网人的成长史。

夕阳无限好，只是近黄昏

在中国，O2O 有一批信徒。人们对 O2O 的认识，从到店服务、优惠券服务，到上门服务，理解得越来越深刻。

首先，早期的团购只解决了本地商铺在线上推广的问题。随着到店的客流量越来越少，商家只是把线下的成本花在了线上。在接下来的 O2O 时代，用户获取信息是为了完成交易，因此得到整个服务体验才是最终目的。如果不能发生交易，对 B（商户）、对 C（用户）都是意义很小的，所以未来团购的发展一定不能围绕商家来做。

其次，早期的团购以商家为中心，目的是找更多广告主。初期，团购网站甚至可以把用户购买但未消费的部分记为“收入”（非营业性收入）。这种对用户极不负责的体验，在 2010~2011 年的“万团大战”遭遇了危机，拉手卖了，高朋、F 团、24 券等带死不拉活，但是线下的商家活得好好的，因为你的生死跟你的用户没有任何关系。

最后，早期的团购市场已不复存在，现在已经到了烧钱争夺用户阶段，企业想要活得好，要从高渗透率的行业向低渗透率的行业下沉，最具代表的现象就是电影票补贴。通过电影票这个渗透率高的爆款去吸引用户，然后让用户选择渗透率一般的外卖、餐饮市场，进而影响渗透率更低的家政、洗衣等市场。

总之，团购时代已经结束，未来比拼的是 O2O 的时代。当变成以人为中心后，团购的商业模式正在被更细分的服务模式蚕食。最大的特征就是上门服务的兴起。这一领域主要以团购等信息撮合为主，以美甲、中医理疗、外卖等上门服务的交易撮合为辅。以前，在美团购买美发的代金券，如今，不需要美团了，可以直接上门服务，团购模式正在加速瓦解。

上门服务模式与各行业渗透率分析

根据企鹅智酷《2015互联网新金矿：中国二、三线城市跨界服务渗透报告》的数据，电影等娱乐的渗透率最高，为60%；在线订餐外卖服务的渗透率一般，占40%；上门家政保洁，渗透率在7.3%左右；上门洗衣，一线城市和二、三线城市差距较大，前者的渗透率为3.3%，后者降到了1.3%。这种渗透率的高低跟二、三城市经济发展水平、个人习惯、使用频次有关。

另外，与互联网金融关系密切的理财产品，是一线城市和二、三线城市用户最常用的互联网金融产品，渗透率超过40%。这个成绩的背后主要归功于支付宝和微信钱包的普及，这些产品所拉动的如余额宝、理财通等理财产品起到了最直接的用户教育工作。至于P2P网贷、网络分期、众筹等新生产品，渗透率基本在5%以下。

从渗透率的角度来看，2015年的现状是，二、三线城市还有待开发，四线城市还需要早点排上计划。从团购的教训来看，抢占一线城市不是为了盈利，而是为了占位，真正的盈利点在三、四线城市，以及广大的农村市场。未来的O2O想要深入发展，把发力点放在三、四线城市，开发这种长尾用户，成为左右格局的一个关键点。

不过，值得强调的是，团购不是一种理想的交易撮合模式，因为用户的钱在商家那里。某国内领先的团购网站最大的弱点在它不是一个生态，而只是一种支付工具，这种零散的交易撮合没有门槛，对手一旦跟进，自己的份额很快就失去了。而百度糯米背后有百度钱包和百度地图，让它不是单纯的信息通道，而是生态中负责交易完成的那一环节，最重要的价值在于把用户留在百度这个大生态里，满足其他服务的需要。

互联网金融正在改变以前的O2O市场，用户不仅完成交易，还要把下一次交易的可能性留下。在团购大战的中期，美团率先推出未消费自动退款后，团购行业开始洗牌，大量团购网站倒闭了。另外，传统的交易撮合向定制化的交易撮合发展，现在以合作为主，未来 O2O 有可能会在自营业务上实现跨越。美团外卖只是一个试验品，O2O 互联网企业甚至可以入股酒店、电影院……根据用户数据产生个性化的套餐服务。

金融 O2O 发展的两个误区

一方面，互联网金融正在改造传统的 O2O 市场；另一方面，在金融 O2O 发展上，互联网企业还有很多路要走，基础设施、平台、渠道、场景是四个天然的壁垒。为了更好地发展，要避免陷入两个误区。

第一个误区：场景很弱，并不意味着这个市场很小。

金融 O2O 现在只是一个概念，更多的创业机会还在探索之中。从整个“鼠标+水泥”模式来看，它正在向着“手指+水泥”模式跨越。在理财还未实现移动化转型战略的现状下，O2O 和移动化无可避免地捆绑在一起。在投资追逐场景的热潮中，生鲜、餐饮、服装、旅游、百货、电影、打车、生活等概念泡沫化。金融 O2O 的场景渗透率很高并不能说明它的场景很强，而且余额宝和微信红包代表不了互联网金融，这个市场有很多空白。

例如，整个市场千亿元以上的规模，但农村金融却是一片空白，虽然京东、阿里、腾讯均有涉及，但主要被高利贷把持。未来，随着农村金融发展，O2O 下沉到农村将引发传统借贷市场的海啸。91 金融未来将在两个场景上发力：一个是移动化场景，另一个是农村场景。91 金融 2015 年会在全国范围内开设 100 余家直营线验店，并通过海通证券铺设 500 家线下金融便利店。这个市场在广大的农村，现在的 O2O 只是没有农村市场做基础的空中楼阁。

第二个误区：互联网金融没有基础设施，只有线上概念。

在金融 O2O 面前，抱团取暖成为传统金融机构的次优选择。传统 O2O 的“玩法”认为，互联网金融没有基础设施，只在线上烧钱。这里面有两个坑：一个坑是把传统金融机构的产品搬到线上，线上的直销银行在 2014 年被吹上了天；另一个坑是猛攻线下，用线上的壳去“空手套白狼”。这两个模式，都不是 O2O 的代表。

在以线下为主的观念里，券商 O2O 和互联网金融 O2O 有联合的趋势。对用户来说，互联网金融可以解决信息不对称性。消费者在面临理财、贷款等金融服务需求时，又多了一条线下的优质渠道。对平台来说，改变了线下为主的误区，即使是线下店，“无现金交易”和“纯线上操作”也成为标配。

为什么 O2O 不能加盟

2014 年，我们正式开启 O2O 战略：一是与海通证券合作开设线下体验店，将互联网思维与传统产业相融合，实现线上线下、虚实之间的深度融合；而是直营线下体验店，在北京延庆和石景山有两家，不在线下交易，所有交易都在线上完成。值得注意的地方是，在 O2O 战略的推动过程中，我们拒绝加盟商模式。这个逻辑是什么？

第一个解释是从执行力上。假设我听到 10 句话，8 句都能传得完全正确，然而其中 2 句会传错，那么传正确的概率为 0.8，传错的概率为 0.2；当一列有 2 个人时，这时完全传对的概率为 0.64；4 个人，完全传对的概率为 0.4096；8 个人，就变成只有 0.17。也就是说，当一列有 8 个人的时候，每传 10 句话，至少有 8 句都能传错。加盟商为了业绩，有可能忽略风险，也不利于公司的整个战略。这是一个因素。

第二个解释是从人性上。一些互联网金融企业选择让加盟商兜底，但这是不现实的。这种现象有可能导致互联网金融成了线上的高利贷，是很危险的。在互联网金融领域，一切出发点都不能是规模，不能只为了流量和交易额。金融的核心是信任，流量可以让一个金融做大，但不能让一个金融做强。线上线下都是信任的渠道，线下客流量和线上的流量在一定程度上是可逆的。

第三个解释是从历史教训上。目前，渠道下沉成为电商的流行语。尤其是移动化大潮，在这方面有惨痛的教训，如果金融 O2O 复制团购的扩张模式，只有死路一条。为什么这么说？团购模式存在三点先天不足：在相信加盟商快速圈地的同时，失去了对其的控制力；相信一线城市，导致在二、三线城市失去了先机；相信地推，演变成严重依靠地推，人海战术最终失灵。把这三点教训总结成一个，就是金融 O2O 注定以直营为主。

总之，只有直营模式才符合金融 O2O 的发展规律。目前，金融 O2O 有两种常见模式：一种是在三、四线城市布局线下加盟店，收取加盟费的传统连锁模式，另一种就是为了线上债权而采取人海战术拉单的模式。这两种模式既不属于金融的创新，也不符合金融的逻辑。互联网金融在 O2O 过程中也要绕过“结盟”的误区，即使结盟的门槛再高，付出的风险成本也是平台无法承受的。直营既能避免结盟带来的内耗，也能避免引入加盟商导致的“天高皇帝远”的弊端。

金融 O2O 仍然是交易为王

金融 O2O 有两大分支：轻和重。

传统金融机构的线下模式是重的，因为传统行业已经有一个非常成熟的价值链，很难通过一个点里面去撬动全局。我们应该与传统价值链结合，无论是做汽车、电视、手机，还是做类似于金融这样的行业，都无法逃脱传统行业本身遇到的效率、用户体验的问题。传统金融机构开一个店需要层层审批，社区银行这条路就走得十分艰难。

互联网行业的线下模式是轻的。传统金融行业面临很多急需提升的空间，如果你的模式能够让传统金融在提升空间上有很大的释放，那么你的公司一定效率要高。比如说你原本做放贷，放贷不好做了你可以转型做资产管理，但传统行业没办法做到这么灵活的调整。互联网金融和传统金融是一样的，有传统的货币关系，有安全风控，有资产管理，有大数据，有资金匹配需求，每一个环节都是按着传统风控来做的。

很多人认为线上线下就是渠道为王，但实际上他们错了。在一个未成熟的市场，O2O 在实践过程中有很多陷阱，相比其他 O2O 的烧钱抢占市场的逻辑，如果在金融领域强推、强上将导致金融风险指数级增长。风险和机遇都是共同的，互联网金融在O2O上种下两颗“种子”：第一颗是在线下野蛮生长，第二颗是在线上遍地开花。最后结出的却是“恶之花”，到处烧钱之下，赔本赚吆喝。

金融O2O仍然是交易为王，最终摆在面前的不是成本，而是留在网站上的用户数据。给投资人看的也不是烧掉了多少钱，而是一个可持续盈利的商业模式。O2O时代，线下场景和线上场景不是割裂的，两者正在融合。当用户一边玩着手机一边在街道上漫步，很难对他做出纯粹的“线上”或是“线下”的场景判断。实体经济和互联网经济的对抗程度也在降低，互联网金融和传统金融竞争合作的概念正回归理性。

团购真正死了吗？现在还没有，但可能已经没有呼吸了。创业者还有机会吗？本质上这是一种人与服务的双向选择题，只要这种服务是刚需，频次更高，就能通过互联网的方式把服务单独做成一种商业模式。

本质上，O2O只属于产业升级，未来也会没有O2O这个词汇。在洗衣、送药、送饭、代驾、美甲、美发、按摩、家教、金融等全部互联网化之后，在所有支付都可以线下的时候，O2O这个词的历史使命已经完成。

5.6　平台商业模式：企业走向平台的五个步骤

平台的价值是什么？平台就是把支持你的人变多，把反对你的人变少。当你的合作伙伴多于你的竞争对手的时候，你就可以放心地睡觉。当你的合作伙伴少于你的竞争对手的时候，你一定会想着：卧榻之侧，岂容他人鼾睡？

走向平台的第一步：你的用户在哪里

互联网的世界，平台制胜。平台型商业模式的核心是打造足够大的平台，产品更为多元化和多样化，更加重视用户体验和产品的闭环设计。不是让对手没办法生存，而是建立一个平台，建立一个朋友圈，是朋友圈提高了自己的竞争门槛。在这个朋友圈，既包括自己的多个产品，又包括跟自己合作的金融机构。

对互联网金融企业来讲，如何走向平台？第一步，要懂得选择用户。金融市场的客户分为四类：第一类是资产在20万~50万元的客户，这种投资需求的用户占大多数。他们大多是股民，还去银行办理常规的金融消费、贷款、理财、购买保险之类的业务，人数至少在1000万以上。

第二类是高端净值人群，资产在5000万元以上，每个人可能拿出几百万元进行资产配置。这个人群在中国保守估计为100万人。

第三类属于企业级用户。企业级用户有很多需求，例如企业级理财、融资的需求。这类需求对于中国公司来讲很普遍，传统金融机构对它们的服务很到位。

第四类就是金融机构，无论是银行、券商，还是传统的资管公司、基金公司，它们在拥抱互联网的过程中有很多手段或者说技术，而且营销方式比较传统，它们希望通过互联网金融平台来拓展业务。

这四类客户群体，决定了互联网金融企业在金融产品上要有一套不一样的设计业务逻辑。一个服务平台，需要围绕用户的投资、理财、融资以及资产配置需求做很多产品。比如说我们围绕基础端的用户，做了91金融超市这个产品，这是平台性的产品，它把来自很多金融机构的资产、金融产品、贷款服务放在平台上，供用户挑选。

做到这一步之后，就可以通过平台以最快的速度汇聚资源，满足用户多元化的个性化需求。所以，平台模式的精髓，在于打造一个多方共赢互利的生态圈。

走向平台的第二步：你的朋友在哪里

我和许泽玮讨论了一个有趣的话题：假如梁山是一个创业平台，那么梁山的108位好汉是如何召集的，又是如何运转的，甚至是如何“落了片白茫茫大地”的？弄懂了这些，就可以真正理解为什么说互联网金融只有做平台才有出路。

从古至今，从创业到“立国”的无非是几种人：第一种，大贵族。这种人本身就有远见有抱负，譬如东汉的刘秀、唐朝的李渊等。第二种，平民、囚徒。反正烂命一条，不死就跟你干，干到最后发现竟然干成了，譬如汉朝的刘邦、明朝的朱元璋等。还有第三种人是干不成大事的基层小官僚、秀才、商人。梁山的核心团队都属于第三种人，以宋江为例：在野，宋江难以成为蔑视皇权的草莽英雄；在朝，难以成为治国安邦的贤臣良将。

梁山之所以成功，是因为有几条核心业务线，比如马战、步战和水战。马战业务线的带头人有大刀关胜、豹子头林冲、霹雳火秦明、双鞭呼延灼、双枪将董平等。步战业务线的带头人有三拳打死一人的鲁智深、三拳打死一大虫的武松，以及手里两把开山板斧的李逵等。水战业务线有阮氏三雄和浪里白条已经完爆了。其他的包括后勤、战略、机密，包括对敌人招降的公关团队等。

为什么失败了？源于内部的分裂，尤其在晁盖之死和聚义招安上。梁山的派别很多，主要有宋江派，包括死党花荣、戴宗、李逵，军师吴用，宋江的亲弟弟宋清，老乡朱仝、雷横，徒弟孔明、孔亮等；朝廷派，大部分是攻打梁山失败结果加入梁山的降将，如大名府关胜、东昌府张清、高唐州呼延灼等；以及其他山头的好汉，包括二龙山的鲁智深、杨志、武松等，桃花山的周通、李忠，少华山的史进等。

其实，梁山这个创业平台从开始就充满着斗争，创始人宋江本质上是一个游离在体制边缘的小吏，打着草根创业的旗号，却怀着招安的心，他注定得不到朝廷的支持，也得不到自己兄弟的认同。因此，他的“朋友圈”里只有他自己。作为一个教训来看，平台制胜的关键，是建立自己的核心业务体系。攻破一个平台的裂痕肯定是从平台的内部开始，打败梁山的不是朝廷，而是他们自己。

走向平台的第三步：分辨平台的试错成本

虽然梁山最终失败了，但许泽玮认为，平台试错造成的损失比单一业务试错造成的损失要低很多。比如支付是一个基础金融服务，是平台式服务，因此可以叠加很多东西，沉淀大量商户资源和交易数据，很容易做增值服务。一定是从内部去适应这个业务，而不是借助外力。综合下来，平台试错的时候相对于单一业务体系，有五大优势。

第一，试错优势。单一业务体系的创新产出比是极不对称的，高投入、低产出、周期长，难以满足高度动态化的市场需求，因此企业需要探索速度快、成本低的试验方法，比如公司扁平化管理，小规模团队做创新实验，切入市场后快速迭代创新，将成功的试验在组织内快速线上线下推广等。

第二，信息优势。现在创业的信息不是太少了，而是太多了。其中，部分信息是企业独有的，但大部分信息往往也被竞争对手所知。在面对大量信息的时候，需要筛选、重组，评估，对错误的信息快速调整更新，把损失降到最小。对那些正确的信息要专注，迅速转化为生产力。

第三，组织优势。比如，银行中相对稳定的公司业务可沿用经典的战略规划方法，而变化较快的个人金融业务则需采用更具适应性的战略。内部创业团队要善于组织优化，敢于打破原有的架构，组成新的业务线。这就要求企业组织像弹簧一样，既能在新业务上快速伸长，又能在传统业务上快速收回。

第四，系统优势。互联网时代的竞争，在很大程度上已经不是单个产品、单个企业之间的竞争，而是生态系统之间的竞争。诺基亚公司前任总裁兼首席执行官史蒂芬·埃洛普曾在一次演讲中提到：“我们的竞争对手所依赖的不是先进的设备，而是强大的生态系统。”

第五，社会优势。我们帮助那些没有享受到财富的人得到属于他们的财富，帮助那些没有实现普惠金融的地区去实现他们普惠金融的梦想。企业只有针对社会价值和社会痛点进行创新，才能创造出伟大的商业模式。

走向平台的第四步：你要知道脚铐在哪里

一个成功的商业模式，肯定不是靠买流量生存的。对一个平台而言，知道用户在哪里，知道了朋友是谁，敢于为了创新试错，那么剩下的就是想要成功，要明白增值服务才是平台的闪光点。

增值服务的差异化表现在四个方面：第一，用户不同；第二，平台和金融机构合作的能力存在差异；第三，PC 端和移动端的不同，考验企业的运营能力，还有移动端的底层设计；第四，线上线下的不同，根据不同地区的客流量属性，我们开了直营体验店和海通证券合作体验店，来实现在线下用户的咨询和产品的售卖。未来在天津、成都和武汉等都会有这样的办事处。

增值服务不是一成不变的，企业在让用户享受到增值服务的同时，还要根据收集来的用户数据去调整内容。传统互联网思维是流量思维，在流量面前，衍生出流量转化率、PV、网站迎客能力、流量成本等。现在看来，这种思维是存在问题的：第一，流量不是挤一挤就会有的；第二，平台与流量之间，隔着十万八千里，买流量永远得不到忠实的用户。现在的互联网思维，就是为口碑服务，让用户超出期望。

总之，我认为互联网最重要的是用户获取的能力、与金融机构的合作能力、开放平台的能力、数据的处理能力的总和。其中，数据是企业对用户进行增值服务的前提。需要强调的是，只有平台业务数据才是有价值的，你可以基于数据定制化产品，去做相应的智能后台的推荐，做风控的模型设计，做相应的营销，以及帮助金融机构向用户配置产品。

走向平台的第五步：你的动力在哪里

当一个平台建立起来之后，会具有一个自我调整的能力：一方面，可以让企业抵御一些市场上的变化；另一方面，可以让企业的用户不受影响。现在的金融市场，整体结构都是依据银行的利率作为基准，然后所有的金融产品都是在这个利率基础上设计的，根据不同的用户匹配不同的风险。目前，银行利率整体处于降息通道，那么高息业务一定不会持续很久，因为这是违背国家政策要求的。

我们给予企业的融资成本，在整个行业里面是很低的。我们本身处在一个通道下行的界限上，所以能更好地去面对这样的趋势。我们整体上都在朝着中小企业倾斜，因为互联网金融企业做平台性业务的优势就在这里，单一业务的企业绝不会关心企业的融资成本是多少，只会关心自己的利差是多少，它首先想着的是如何生存。

另外，平台可以让企业组织结构更合理化，会极大地提升效率。互联网金融企业曾经像房地产公司一样离用户很远，这个时代已过去了。现在做开放平台，把个人、有资质的企业、有需求的企业都接入进来，使得信息更快速地匹配。大数据正在发展，一个出租车公司也要了解什么时间段、什么类型的人可能在这个地区需要它的服务。所以，数据的平台一定跟客户站在一起，了解用户的心理，并且针对性地推出产品。

这是互联网时代带给企业的另一个革新，成为企业源源不断进行创新的动力，并通过自身优化重组，让平台可以随着用户的变化而变化，让商业模式随着用户数据的变化而变化，变得更有生命力，更有竞争力。

平台需要的是内功，每一步都是环环相扣的。平台意味着一个很高的门槛：没有足够多的产品，用户不会来你的平台；没有足够多的用户，合作伙伴不会跟你的平台合作。而且，你必须同时做到四件不可思议的事情。

第一，你不能刷流量，但还要尽可能多地将用户和合作伙伴圈起来；第二，在有用户的条件下，保证产品跟得上用户需求；第三，在用户没有起来的情况下，风控要为产品做背书；第四，在低利润率的情况下，平台要在烧完钱之前找到一个可持续盈利的模式。

最后，做这样的平台，你觉得需要几年的积累？

第六章 互联网金融制高点：生态业务

6.1 摆正位置：如何兼顾业务扩张和规模控制

互联网行业的发展是以生态系统作为顶层设计的。从商业模式发展来看，单一的专业化分工和垂直化分工已经逐步向产业链甚至向生态链条进化，这样的思路和趋势，都来自这几年移动互联网的发展。

生态也适合定位理论

在一个生态里，占位是第一选择。互联网金融发展到现在，还没有名次之分，只有大小之分。在整个金融市场里，互联网金融只是一小部分，在整个互联网金融领域，公司的位置又低一个台阶。

为了占据好位置，大部分公司走的是流量的道路。人们眼中最好的位置是第一把交椅。第一个占住一个新位置的人，是最容易被记住的，就算第二个赶到现场的人的产品比你的更好，你还是占尽了天时、地利、人和。比如大众汽车的甲壳虫并不是第一部小车，却是第一个把“小”作为定位大肆宣传的，因此抢占了消费者心智空间中“小车”的印象。

所以，互联网金融企业发展到一定程度，占住位置之后，就会不断往这个位置上添加新的内容。从一开始，我们就占住了“金融超市”这个位置，之后为了占得住，第一是做产品，贷款、保险、理财是第一波，然后资产证券化业务、增值宝、金融圈等成为第二波，资管、基金、互联网证券成为第三波。第二是运营公信力，添加比如“普惠金融”“万众创新”“互联网+”

“比尔·盖茨”“央视”“中国梦”等概念。

企业在守位的过程中有两个误区：一是只有产品没有信任，比如新产品上市想搭顺风车，于是沿用某个成熟品牌的名称，或者把某个产品线的品牌扩大到其他的产品线；二是只有信任而没有产品，你只兜售情怀，最终没有产品出现，结果就是顾客已经形成了观念，而企业忽然跳票，自毁长城。

互联网金融各个领域如何定位

在互联网金融百家争鸣的阶段，一个产品定位的标准到底应该是什么？目前，有三种趋势：一种是工具主导，一种是用户主导，另一种是盈利主导。在工具主导的代表产品里，产品作为工具存在，比如支付系统。在用户主导的代表产品里，产品在高额流量投入下转化用户。在盈利主导的代表产品里，一切产品以公司盈利为目的。

定位决定了你在互联网金融到底能走多远。以工具为主导的企业，盈利能力必须以销售驱动，决定工具好坏的标准是人数，用的人多了自然就成为一个生态。以用户为主导的企业，大部分企业得靠买关键字来换取用户。在 P2P 领域，很多平台扩张的时候做了三件不应做的事情：一是引进加盟商，二是和第三方担保合作，三是在争取用户过程中使用“人海战术”，最终形成恶性循环。

目前，以盈利为主导的互联网企业很少，互联网的浮躁是被资本市场推高的，为了扩张把明天的钱花在了今天，导致入不敷出，连累投资人不断地烧钱来维持生计。在利润结构上，互联网金融企业最应该调整的是利润结构。以撮合信息为主的金融搜索服务靠信息费显然支撑不了广告的投入，而以金融机构联合定制产品以及完全自营产品靠提成才能占据主动，把今天的钱花在明天而不是把明天的钱花在今天。

过去 30 年没有能实现的金融市场有序化、金融风险有效的控制、基于数据征信体系的建设等，在移动互联网时代下完全可以实现。这使得中小企业的融资成本将大幅度降低，每个人都享受到更加便捷、更加实惠的金融服务，使得实体经济真正成为一池“活水”。

生态应该向小米学习吗

移动互联网时代，是“占山为王”的时代，在这个时代必须有自己的“山头”，有自己的“旗号”。粉丝效应是一种“破坏性”的力量，能够让这个平台迅速崛起，也能让这个平台迅速萎缩。这是一个“自产自销，自卖自夸”的年代，互联网从传统 PC 时代过渡到现在的移动互联时代，为每一个基于移动设备的互联网生态闭环提供了基础。

小米生态的成功源于背后支撑其成长的供应链，身处微笑曲线顶端，小米做生态的逻辑是“中央靠内容扩张，外围靠产业链扩张”。我们看到小米的版图越来越大，用入股的方式投资了 100 家各个领域的硬件初创企业，它们开发出新产品之后，经过小米的认可，被贴上“小米生态链产品”的标签在小米网上出售。这个过程有三个重点：第一个是小米网，平台的入口；第二个是小米手机、电视、路由器，用户的入口；第三个是 MIUI，产业链的入口。

在复制小米生态模式的时候，要找到自己的核心点。互联网金融只有在找到平台、用户以及合作伙伴之后，才会真正理解自己的边界在什么地方。小米网从一个产品网站变成一个平台电商，背后是供应链。小米的 MIUI 之所以重要，因为它聚合了自己的手环、平衡车、音箱、路由器、电视、服装、智能家居等一大堆下游生产厂家。

根据经验，我们反其道而行之，生态不用学小米，也不用向阿里学习。金融是一个非常庞大的市场，比如说阿里我们认为它有绝对的优势，但它只限于在阿里金融体系里面。中国有 700 多家银行，虽然五大国有商业银行占据了绝大部分利润，但不影响城商行的生存，因为盈利的模式是一样的。

有了方法论支撑，在生态上任何一家企业都会活得很好：第一，企业会专注金融服务这件事；第二，这个市场足够大，大家可以圈属于自己的领域；第三，企业跟 BAT 不是竞争的关系，我们的产品也可以在它们的平台上来卖。

遭遇刚性兑付怎么办

互联网金融是指以依托于支付、云计算、社交网络、搜索引擎以及APP等互联网工具，实现资金融通、支付和信息中介等业务的一种新兴金融。

刚性兑付，是所有互联网金融企业绕不开的话题。当一个企业走到“以速度换风控，以规模换风险”的地步时，都会陷入这个“黑洞”里面。如何从企业流程上去限制规模，从风控上去克制扩张的速度，在新时期下是一个必修课。

很多人都不想讨论“兜底”，集中在一个问题上，那就是谁愿意做兜底的“冤大头”。银行不想当，用户不想当，P2P平台更不想当，所以几个人在互踢皮球，就是不想球在自己的脚下。其实，“不兜底”是P2P平台演的一出中国式青春剧，各种恋爱、各种劈腿、各种堕胎，最后主角说：“我们的青春最终输给了现实。”“兜底”是日本式青春剧，各种冷暴力、各种被欺凌，最后主角说：“我们的青春是一个蜕变史。”

刚性兑付的业务就是说要为风险定价，一旦为风险定价就意味着买的资产的成本会上去。进行信用定价、风险定价之后，你的资产相对安全了，你就应该要为此买单。所以在金融体系里面，打破刚性兑付是很难的，金融消费者和投资者需要找媒介帮他们做信用背书，纯粹的信用平台是不存在的，没有这样的平台。

对一个金融业务来讲，没有绝对安全这个概念。政府出台存款保险制度，就是让银行也存在危机感。首先，需要有风控能力。现在有不同平台为资产做风险定价，不同风险偏好的消费者匹配不同的风险，出了问题平台买单，原因在于这个平台没有独立风控能力，也没有办法主动预防不同的风险。其次，互联网金融要作为纯中介存在，那些在垂直产业链循环的中介是不需要兑付的，比如保险的信息费，只负责撮合就可以，不需要为保险买单。

金融生态如何“克制”规模

把握住互联网金融带给社会的价值，才能准确地定位互联网金融，也才能精准地把脉未来的发展方向。在监管阳光洒落之前，只有坚持在敬畏中前行，才能让互联网金融企业摆脱“野蛮生长”的外衣，实现自身的“陌上花开”。

互联网金融一端是资金，另一端是人，资金分为借钱和找钱，但钱不是做池子随便放量，而是用在刀刃上，节流给需要资金的机构和个人。91 金融并不是什么都做，有自己的边界，不会盲目地进入所有的互联网入口。企业拓展新业务的核心原则有四点：第一，只在监管允许、自己能控制的范围内去做任何的事情。第二，围绕公信力，永远做一个活循环，而不是死循环。第三，每一个单一业务都要把自己逼到悬崖边上，然后在底线之上做创新。第四，与人方便，自己方便，通过生态链的方式提高传统金融效率，服务实体经济。

要在这四个原则的基础上，开展新业务。随着互联网金融的发展，有三种业务极有可能成为风口：第一种，改变“守株待兔”的纯通道业务，通过杠杆等提供增值服务和定制化资管产品；第二种，在专业第三方理财、垂直销售等压力下，融合互联网平台，依托大数据提供更精准的资管产品将是券商资管未来发展的重点；第三种，随着股权众筹等放宽，互联网金融将改变财富管理、投行等业务。

在扩张和克制中，互联网金融企业要懂得“节制”，一旦突破了底线，再快的发展也会化为泡影。

互联网金融正在从多方面改变我们的生活，证券、股权、保险、债权、众筹等均在触网。目前，从高维到低维广泛存在着信息不对称性：零维是一个点，那里的人无法理解一维的直线世界；一维是一条线，那里的人无法理解二维的平面世界；二维是一平面，那里的人无法理解三维的立体世界。一个企业一旦走上生态的道路，一方面变得更加透明化，另一方面不断开放，不断在扩展它本身的边界。

值得一提的是，创业分一维、二维、三维等几种。一维的企业只做单一领域，客户群和品牌受众限制在单一行业。在政策风险还不明朗的情况下，举例来说，把“鸡蛋”都放在P2P这个篮子里并不是明智的。二维的企业只做平台业务，属于混业经营的模式，但最后都逃不脱流量和用户的误区，有一个面，但是拧不成一股绳。三维的企业做的是生态业务。从趋势上来看，企业的发展遵循着升维的规律。

在普惠金融的时代，是每一家传统金融机构及每一家新兴互联网金融企业都会用互联网的思维、互联网的产品、互联网的营销理念、互联网的资产管理技术为用户提供服务的时代。这是最具想象力的时代。

6.2 三迁之教：如何选择性地做业务上的聚焦

在新的互联网时代背景下，每个人离不开互联网，传统金融体系不得不在服务端、技术端、产品体验端、金融资产端进行大量变革，全面拥抱互联网。随着两者的深度交融，互联网的这种化学反应将会带来一种新的变化：聚焦。

传统金融机构如何聚焦

在和许泽玮谈到未来的发展时，我们达成了一个共识，那就是互联网金融对传统金融机构的反哺是全面的，对传统券商、基金公司、银行都是如此。对传统券商来说，91金融超市相当于一个平台，传统券商找到服务的一个终端，多了一个销售渠道。在信息撮合模式下，金融超市的价值只是实现了信息效益的最大化，只有在交易撮合的模式下，才能实现传统金融机构交易效益的最大化。

对基金公司来说，第一，中国有上百家基金公司，天弘基金2015年资产管理规模能破万亿元，东方财富资产管理规模2000多亿元，对任何单家基金公司而言，可供选择的互联网渠道并不多。第二，利润是大家的，而不是给了金融超市，比如货币基金的固定收益理财产品，过去有很多利润，现在这些产品在传统渠道都卖不出去了，而在金融超市，有可能卖出去。

互联网金融时代加速传统金融机构的整合，让券商没有地域之争。一方面，它加剧了传统券商之间的并购重组。从本质上看，证券公司的投行业务与高端理财业务一样，它体现了人的专业性，但是服务都是个性化的。在互联网时代，券商不需要那么多家，而过去这和牌照有关，有地域限制。另一方面，互联网券商的崛起，让收购传统券商成为一种新常态。过去的门槛是地方保护主义，在互联网时代，这些券商一定会大规模减少。

对银行而言，银行和金融超市是合作的关系。招商银行的产品不会放到中国建设银行的网站上，这个生意一定是第三方公司做的，不是传统金融机构做的，基于某个产品去覆盖其他领域是非常难的，因为金融机构的品牌、用户、服务逻辑就是建立在服务好用户这个基础上。银行和金融超市不是竞争关系。

目前，传统金融机构的聚焦是由互联网金融来完成的。创业者做互联网金融一定要关注收入、业务指标和风险控制，让投资人清楚你的赚钱盈利能力和对这个行业的理解能力。

做生态上的聚焦就得像水一样

从大的方面说，如果说中国的金融市场是一个大缸，那么银行就是一块大石头，接着是券商、基金、保险等这些小石头，再往下是沙子，例如担保公司、典当行等，是大家共同把整个市场撑起来，提供上百万亿元的资金。在传统金融市场里，银行之间是一种存储关系，要么是交易的货币，要么是经过资产证券化的资产；而基金公司、券商等非银行金融机构经营的是一种资产，再往下游，担保公司、小贷公司就是一种纯借贷关系。

从小的方面说，一个互联网金融企业能做什么？我觉得做生态上的聚焦就得像水一样。这个阶段，我们要为大、中、小石头服务。按服务金融机构的程度来分，我们可以分为三个不同的层次。

第一个层次，我们最早的时候是“找水”，帮助传统银行找客户。这是互联网最擅长的事情。互联网金融，从前到后先是互联网三个字，然后再是金融。我们最初是互联网公司，帮助一些市场化程度很高的银行来做金融服务。这就把我们跟很多互联网金融企业区分开了，比如说一个企业做贷款，银行服务不了，可能由我们来服务。

找到很多“水源”之后，我们做的是“挖井”，把“水”存在用户周围。中国的个人金融消费者跟银行的关系是弱关系，一年去银行也就五次六次，日常情况下很难与银行产生很强的关系。但是互联网把这种关系网扭转了，消费者与银行的交集越来越多，从申请一张信用卡，办一些分期，到申请一笔贷款，或者申请一个旅游、留学相关的金融产品等，让用户很快地找到能为他们提供金融产品的银行。

这只是服务的第一个层次，虽然挣的钱并不多，但会有一个很好的口碑效应，在传统金融机构和用户中积累一定的人气。不过此类用户的忠诚度也不是很高，想要让用户成为自己的粉丝，还需要经过第二层次和第三层次的洗礼。

做金融生态里的“瓶装水”

互联网金融的发展，一定遵循从水发展到瓶装水后再树立自己品牌的规律。从第一个层次开始，服务金融机构的程度逐步加深。有了自营品牌之后，就会有一个可持续盈利的商业模式，可以享受大品牌的品牌溢价了。

第二个层次，我们尝试做一些标准化的产品，可以理解成“加工”，也就是瓶装水。比如说一个用户如果去银行贷款，在 91 贷款里我们能精准帮他撮合到一笔银行贷款，而他要是自己在银行贷这笔款，通常是求告无门或很难。我们完成一个交易撮合的升级，让用户完成这个交易，买到适合他的产品。

这种瓶装水，我们又做了分类：一个叫 91 旺财，一个叫 91 增值宝。这两个产品一个是面向个人的，一个是面向企业的。用户通过 91 旺财能够买到符合自己定位的理财产品。本质上我是帮助银行完成了一次资产配置，帮助银行把最适合用户的资产拿过来，然后对接给用户，使交易得以完成。这也叫风险定价。

第三个层次，有了联合定制的瓶装水，还需要有自己的“品牌”。第一阶段只是满足信息撮合，做了很多数据，有很多产品对接，但这并不够。到第二阶段通常会发现能力不够，因为要获取资产，要帮助银行做定价，这个时候就要锻炼自身，强化除了互联网能力之外的金融产品的设计能力及风控能力。到了经营“品牌”阶段，就从通道业务变成一个准金融机构业务了，会产生一个质的飞跃。

生态聚焦的五条护城河：做最后一条

传统金融机构的聚焦是由互联网金融来完成的，那么互联网金融企业该怎么做聚焦？我从五个维度分析一下：毛竹效应、贝尔理论、客户迁移成本、格局观、盈利能力，这其实是生态聚焦的五条护城河。

第一，毛竹效应。毛竹有一个很特别的地方，就是在栽种后的最初 5 年中，它就像一件塑料制品，难以看出生长。5 年之后，短短半年时间里就会长到 30 多米高。对互联网金融来说，这 5 年是一个用户数据沉淀的过程。通过 5 年的积累，把对数据分析的能力深埋在地下，等它的根系成为一套自己的系统之后，不需要等风口，自己就已经制造了一个风口。

第二，贝尔理论。英国学者贝尔天赋极高，有人说他毕业后若研究晶体和生物化学，定会赢得诺贝尔奖。但他却走上另一条道路，把一个个开拓性的课题提出来，指引别人登上了科学高峰，这种助人为乐的效应叫作贝尔理论。所有互联网金融企业都应该明白一点，聚焦是为了让别人更好地发展，让合作伙伴在这个生态里能够“逆生长”。

第三，客户迁移成本。目前，互联网金融都在吸引客户，但是在生态上，聚集客户的时候需要对用户进行风险定价。这就如同日本的司机迁徙到美国去开车，车祸率会普遍上升一样，原因在于机动车在日本是靠左行驶的，不知不觉把惯性思维也带过去了。因此，我们在聚焦客户的时候，就需要考虑让不同风险偏好的用户获得不同的收益、产品和服务。

第四，格局观。一个真正做生态的人，可以不做第一个，但一定要有做最后一个的抱负。谷歌不是第一个做搜索引擎的，而是最后一个，而它前面十几个做搜索的公司都死了。对创业来讲，做第一个之后，想的是如何做最后一个，这在金融市场里面尤为重要。

第五，盈利能力。有人可能会问了，互联网企业谈盈利吗？在大家拼命烧钱的时候，你不去烧钱相当于明哲保身，而你盈利了就意味着你已经把对手甩出好几道街。

因此，一个互联网金融企业，要懂得韬光养晦，懂得牺牲自己，懂得知晓用户习惯，懂得开放格局，还要懂得如何盈利。只有这五点做到之后，你再去谈聚焦就不是忽悠了。

聚焦就是做一个生态的“漏斗”

从信息撮合到交易撮合，从定制产品到自营产品，从通道业务到准金融机构，三个阶段经历三次爬坡，最终会形成一个“漏斗”。刚开始，帮助用户去匹配银行、券商、资管、基金、理财等不同产品。这部分用户通过漏斗的第一层进入了整个体系。接着还有一部分用户在往下漏，他们需要的不仅仅是信息，还希望有定制化的产品，于是我们做了针对企业理财和个人理财的产品。再往下漏还有一部分用户，这部分用户想赚更多的钱，而赚钱有两个途径：一是把钱拿出去理财；二是把钱拿出去投资。在投资的过程中需要借钱，因此我们针对融资和理财这两个核心需求，把这部分人群单独划分出来，我们先自己做了资管计划等基金产品，帮助用户到我们这里拿到钱，接着做了互联网证券产品，帮用户把钱配置出去。

整个聚焦都离不开一个“水”字。大的生态是让机构去赚大钱，小的生态是让更多的人去赚小钱。这样一个漏斗的形状实现了用户的分层，把用户从过去传统的金融机构简单分为好人与坏人、有钱人与没钱人、有钱企业和没钱企业，变成无论是什么样的人都能通过这个系统或这个平台找到适合自己多元化需求的金融产品。这个过程实现了我们公司系统化的目标。

这样的模式更强调平台和系统的效率，使得我们有能力去与银行合作，并在合作过程中形成独特的竞争力和优势。因为，我们完成整个金融服务的过程，也是帮整个金融市场流动性变得更强的过程。

我们始终相信一件事情——只有生态业务才能支撑起公司更长远的发展，通过设计很多金融产品以匹配不同用户，而且每一个产品都可以独立发展，带来持续的发展力。这个发展力是一个“聚变”反应，也是一个不断“聚焦”的过程。

我们始终期待的一个结果，不是来了多少用户，而是服务了多少用户。把用户的价值都沉淀在平台上，我们根据这些用户的需求定制产品，进行相应数据的风控。这是一个非常强大的具备再生能力的系统，因为用户是可以不断累积的，用户的口碑也是不断传播的。从用户的消费情况、资产情况，再到网上的行为，每个用户都会有一个自己的标签，只有用户才是整个生态的主角，我们只是给这个生态打工的。

6.3　解决不对称：如何服务中小企业和农村市场

“难行”两个字，侧重于行。每一个新业务的诞生，都要学会把自己逼到悬崖边上，然后在底线之上做创新。靠着这个信条，互联网金融才能在传统金融市场生存。在竞争白热化的今天，只要比别人提前3个月进入一个领域，后面的难度就会降低一个台阶。

解决普惠金融的问题，症结在于农村和中小微企业，一切平台走向生态之路，都是为解决这两个问题而设计新业务的。

农村金融难在哪里

在传统金融，农民是弱势群体。中国想要复制格莱珉银行的成功，至少存在两个天生缺陷：第一，借贷小组制度是否能对个人有约束力。个人征信与集体征信是一个伪命题，个人违约连带集体信用是一个法律盲区，在个人征信没有体系的情况下谈集体征信相当于饮鸩止渴。第二，孟加拉国实行的是土地合作制度，中国实行的家庭联产承包制，这一差异直接给农民授信带来了天然的障碍。

为什么说是天然的障碍？中外差异的核心点在于土地经营权。在孟加拉国，土地经营权是开放的，农民可以用自己的土地使用权作为贷款抵押，国家成立了土地合作社，根据风险国家可以收回，农民也可以赎回。在国内，土地经营权是封闭的，一方面，所有权、承包权不可以流动，农村和城市仍然是一刀切，只拥有使用权的农民不能把土地作为抵押物向银行贷款；另一方面，农民作为一种政治性身份，在金融市场里没有信用。

因此，对农民来说，在涉及土地的问题上，农民在获得银行贷款方面没有通道，只能依靠一些小贷公司及 P2P 平台，然而靠种地的收入根本无法偿还 18%左右的利息。农民单纯靠政策补贴已经不符合市场发展的规律了，如何用市场的方法解决农村问题，成为一个新的课题。

目前，关于农村移动金融的发展还充满争议：第一，农民的核心产权有两种，宅基地和土地，宅基地大多给了开发商，土地给了国家。第二，银行需要厘清的产权也有两种，一种是收益权，另一种是抵押物。目前，经营权可以部分抵押，但土地不能抵押。第三，政府寄望于互联网金融，但目前还处于探索阶段。

中小企业难在哪里

中小企业融资难、融资贵是一个世界性的问题。首先，中小企业自身的生命周期非常短。美国有 2500 万家中小企业，每年产生 50 万家，每年也死掉接近50万家。有一个统计，巴西80%中小企业的生命周期是1年。另据数据显示，中国中型企业的平均生命周期是3.7年，小微企业的平均生命周期是2.9年，这决定了中小企业先天就是高风险的。

其次，中小企业违约风险高。世界银行2008年有一个统计，在50多个国家里面，大型企业的不良贷款率大概是4.9%，中型企业的不良贷款率为5.7%，小微企业的不良贷款率为7.4%。越小的企业融资成本越高，这就决定了中小企业的融资一定是困难的。所以这个问题既不是中国独有的，也不是短期就能解决的。

另外，中小企业融资难还有四个方面的原因：一是资本市场发育不够；二是金融体制改革滞后，金融创新能力不足；三是小银行、小金融机构比较少；四是广大中小企业诚信不足。数据显示，发达国家企业融资70%是直接融资，30%是间接融资。而中国的企业是反过来的，特别是中小企业，间接融资占95%。

除此之外，中小企业一方面是融到钱很难，另一方面是融资渠道很窄。中小企业的融资渠道有三种：一是股权融资渠道，包括业主投资、天使投资、创业投资、发行股票等；二是债权融资渠道，包括私人借款、商业银行贷款、财务公司贷款、典当贷款、贸易贷款、发行债券等；三是其他融资渠道，包括中小融资机构、融资租赁、税收优惠、财政补贴、贷款援助等。

归根结底，我国的企业向商业银行贷款，前提条件要有抵押资产，没有抵押资产就不放贷。后来找了担保公司，担保公司只是把这部分风险由自己承担，担保公司仍然要抵押，没有抵押是不给担保的。而我国商业银行承认的抵押物又特别少，库存货物、设备、专利乃至于大企业欠小企业的应收账款都不能做抵押。虽然在抵押物上，最近多了一些票据、保理等，但创新还是非常有限的。

难行更侧重于行

农村问题，本质是所有权、承包权和经营权三权的分置问题。在解决困扰农村授信的“三角循环”上，互联网的四种思路各有利弊：第一种，开设银行，最土豪，门槛最高；第二种靠 P2P 平台，最便宜，风险也最大；第三种，电商模式和大数据，最生态，经济性最好；第四种，真假难辨的微商，分级销售引发了传销争议。目前，央行的征信系统是把农民排除在外的，未来，对于农民的征信提上议程。

第一，在探索格莱珉模式上，微众银行的做法是个贷小存，浙江网商银行的做法是打造小存小贷。但无担保、无抵押这种模式能否解决问题，尚需时间的考验。

第二，鉴于农村互联网还没完全覆盖，那些以线下为主的 P2P 平台，可以通过小贷公司的高收益债权无抵押地吸收农民的闲散资金。在 P2P 解决这个问题上，农民没有稳定的还贷能力但还要支付利息，而且有网上高利贷的嫌疑。

第三，电商模式，以农作物为产品集中卖给淘宝店主，严格意义上土地已经成为工厂的生产线，农作物成为商品。

第四，微商模式，在朋友圈营销方式上，微商存在一个正品和传销的难题，消费者的利益是没有办法维护的。

在严格的土地管制政策下，农民想要实现普惠金融还有着巨大的政策性障碍。在土地不能当作资产流动的现状下，未来可以做两件事：一是从收益权设押，而非所有权或其分置因素设押，作为基础资产派生融资产品，有很强的变现能力。虽然土地经营权还没有市场价格，但是由于其存在租赁收入，现金流稳定，这从侧面反映了其价值。二是按照土地产权所产生的现金流开发相应的融资服务，具备有期限、每年有现金流、不贬值等提点，可以被当作一种优质资产。

总之，农村互联网金融百废待兴，现在还没有一个成熟的模式，还有很长一段路要走。

中小企业的“三大不对称”

目前，一个企业要获得融资至少过两关：第一，监管标准要达到，比如符合抵押物的标准，以及资本金、信贷流程的标准；第二，要通过金融机构自身的风险评估。

当中小企业融资难、融资贵成为必须要解决的问题后，又有两个困惑：第一个困惑是，在总体货币资金比较宽松的情况下，中小企业却融资难、融资贵，社会融资成本高；第二个困惑是，在市场化程度比较高的这一块，融资成本更高，比如信托、民间融资、互联网金融。

面对这“三个关口”“两个困惑”，我们总结了两点经验：一是不能靠单一业务解决问题，而是要在生态下解决；二是要想在生态下解决，首先先解决中小企业难以避免的三大不对称。

第一是解决信息不对称。我们一方面分析金融机构的需求，研究它们为什么会给这样的企业做这样的服务。显然做大企业更赚钱，或者成本更低，但是中小企业也要做，因为机构不同，也有差异化竞争，所以我们要找到愿意为中小企业提供更多金融服务的机构。我们另一方面分析中小企业的需求，研究它们到底需要什么样的服务。

第二是解决知识不对称。很多中小企业的财务部门只有一两个人，没有时间研究各个不同金融机构的不同产品，这时候需要找一个中介帮它做这个事儿。幸运的是这个问题通过互联网可以完成。知识不对称怎么解决？中小企业贷款的时候对自己的需求认识得比较清楚，会告诉我一些数据。我们会把这些数据结构化标准化，针对不同的数据，推荐不同的产品。

第三是解决服务不对称。很多中小企业融资的时候找银行比较难，实际上在互联网平台上可以把大部分的服务标准化，涉及面签、风控就需要在线下配合，不过可以把流程、数据、服务都标准化。这个标准化是具体到细节的，举例来说，在风控流程上资料如何归档，在数据上如何备份，在服务上实现 7×24 小时，一个最简单的打电话，也分为售前服务、售中服务、售后服务、其他理财服务推荐等几个环节。

每一步都有可能是鸿门宴

互联网圈里永远是鸡汤多于干货的，在金融市场领域，复制小米模式的“专注，口碑，快”并不一定讨好。在金融产品设计逻辑上，专注与“鸡蛋不要放在一个篮子里”，用户的口碑与“传统金融风控流程”，快与“安全”，都有着一定的冲突。因此，离开风险分散谈专注，离开传统风控谈口碑，离开安全谈快，都是做“无头苍蝇”。

所以，互联网金融企业，每走一步都有可能是鸿门宴。在赴宴的过程中，需要谨记：在拓展业务以及完善生态的过程中不求快，只求稳；不片面追求规模，只求对生态有益；不偏执于渠道和方式，只求用户的质量。在一切只看结果的方法论下，兼顾“节制”和“聚焦”，摆正心态，艰难前行。

我们需要正确处理监管与用户体验的关系，有时候用户体验好，但不一定符合监管的要求。比如，某些平台对资金池做创新，主打随时提现功能，让经营风险的金融行业持续规模增长，以拆东墙补西墙的方式来确保低风险，这无异于玩火自焚。还有一种就是非法集资，某些平台将原本门槛为 5 万元、10 万元的银行理财产品进行“分拆零售”，降为 1 元起售，甚至允许跨行购买银行理财产品，严重违背了风险匹配的监管要求。

我们需要正确处理牌照与业务的关系。有些业务的开展，是需要牌照作为门槛的；有些创新，是不需要牌照的。以 91 资管和 91 股神两个产品为例，一个需要牌照，另一个就不需要牌照。91 资管需要的私募基金牌照，而且发行私募基金除了到中国证券投资基金业协会备案外，还得满足 100 万元起售等要求。

在新业务的程序上，底线思维支撑着金融通道业务向自营业务拓展，决定经济发展好坏的标准不是这个业务的体量，而是运行的效率。

我认为，生态模式是提高效率，降低成本，而产业链模式则使得成本越来越高。只有生态模式才能解决农村互联网金融以及中小企业融资问题。企业在服务用户的时候，用户可以通过企业直接找到银行贷款，所以银行对企业的融资成本就下降了。企业直接把用户的资金需求匹配到银行，银行的效率提升了，所以成本也下降了。原来的高成本被互联网模式给分解了，因此整个体系的融资成本降低了。

这是生态模式的一个优点，在生态模式下平台接入更多的金融机构，让机构之间直接进行交易，从而降低成本，加快效率的提升。

6.4　返本还元：建设基础设施，发展核心竞争力

“能行”，更侧重于能。生态系统意味着创业不再是一个点，也不会是一个面，而是一个立方体。创业者的一个基本素质是，要能用一个价值链条的理念来思考未来的方向，能基于现有的价值链条更好地满足人们现实的需求。

生态基础设施建设

金融行业的运营标准多是在工业化思维下建立起来的，如需要抵押品和漫长的审核流程等，而在信息化时代，金融创新动力使得金融资产完全脱媒化以及证券化，每个个体和企业都应能通过互联网购买最适合自身的金融产品，这就需要进行互联网金融行业基础设施的建设。生态的基础设施建设包括四个方面。

第一，需要建设能够容纳上万亿元金融资产的交易系统，匹配给互联网金融机构的参与者。第二，需要建设依赖互联网技术所产生的数据征信系统，这些数据能进行交易并安全转移，同时能有效反哺金融机构进行产品设计和风控建设。第三，需要建设庞大的有效率的支付结算系统，完全依附在现有互联网端口上，基于结算服务创造更多的数据以及附加价值。第四，需要建设互联网端和数据端 IT 系统的安全体系，帮助交易更安全地运行。

这种生态的核心相当于一个互联网金融网站的大脑。支付系统是“手

臂”，负责连接世界。数据建设是“躯干”，支撑起整个生态的底层。风控建设是“双脚”，只有风控扎实了才能让互联网金融走得更稳、更快。安全体系相当于“血液”，通过循环把所有的系统联系在一起，每一个部分都承担了生态的一部分职责。

一个生态系统里，每一个产品只有优化组合才能达到满意的效果。这些都是创业者还没有解决的问题。这种基于生态的基础设施建设，基于金融实体进行的创新与运用，基于数据而产生的金融资产交易方式和法则，基于数据进行的资产风险定价，还有更符合场景的金融交易模式和线上资产转移证券化的模式，都是未来的蓝海。

总之，互联网逻辑就是用高效率打败低效率。通过基础设施的建设，让一个个产品在一个生态系统里面“活”起来了。

如何打通生态的“任督二脉”

有了生态基础设施，对一个企业来说还远远不够：一是因为市场足够大；二是每个人对金融产品都有定制化的需求，每个人都是一个市场；三是金融产品不存在很强的一个品牌效应，只要收益率高，足够安全，用户就会选择。对于一个求生欲很强的互联网金融企业，如何打通生态的“任督二脉”？

第一，企业要关心的是每一个还款周期而不是规模。优质的资产有标准吗？确保把钱还给投资者，这是 P2P 在中国顺利发展的一个前提。判断一个平台是否安全最简单的就要看它是否完成了一个还款周期。你借给 1 万个人，最后这 1 万个人把钱都还了，说明你的平台是安全的。从 2014 年 3 月 19 日上线，91 旺财每个月都完成了一个还款周期，这对整个行业来说具备标杆意义。

第二，企业的融资成本是与投资者的收益挂钩的，两者其实是一个此消彼长的关系。我们做了一个安全资产，给用户的利息较低，9%~12%，这样的利息叠加到企业经营的成本上也很低，这是一种多赢的局面。

天下武功，唯快不破，但当“专注”“口碑”“极致”都落后于“快”时，互联网就出现了泡沫。而互联网金融领域，就不存在“快”字，只有一个“信”字。“信”有两种做法：第一种是让银行和用户都信任，用技术去换时间，过去需要一个小时才能服务，现在几分钟就搞定了；第二种是在网站安全上做好功课，技术是一个网站的最后一道防线，尤其在金融领域，技术的好坏直接影响用户对一个企业的信任程度。

如何用做生态的心去做产品

我们始终相信，产品和产品之间，是存在万有引力的。一个产品，在生态里绝不是孤立的存在。任何一个产品，无论是资金、效率，还是安全，都与生态有关系。

产品的资金来源于生态系统，主要部分来自我们发起的资管计划，通过我们发行的一些资管产品。生态系统里每一个产品各自独立，又相互配合，这提高了我们的资金运转效率，不断有新鲜血液进来，实现一个自循环，把所有的资产、投资者、金融产品都连接到了一起。

产品的效率来源于生态系统。效率有两层含义：一是利用钱的效率。金融的实质是找到高质量的资产，实现高效的融通。你应该把钱借给效益比较高的人，而不是借了不能还的人。它只不过是利用互联网的通道，把钱更有效地利用起来。二是找人的效率。互联网抵达用户的距离更近了，用户获取产品的距离也更近了。

产品的安全来源于生态系统。在长达 2 个月的时间里，我和负责技术的宋传胜探讨问题解决方法时，他特意打造了“天网”和“地网”两个系统。

在天网系统里面，我们研发了一套数据库的安全防护系统，更好地保护投资者的资金安全。首先，这是一套只读的系统，就是为了防止修改，可以有效防止内部有人去篡改它。包括偷密都有留痕，我们知道在什么场景下是谁偷了密。其次，这个数据是在离线状态下以只读的形式存储的。这样可以保证即使数据被破坏，我们也可以在线下恢复出来，保证投资者的信息不会丢失。

在地网系统里，从技术框架上我们做了两大创新：第一，做了一套反欺诈模型，针对用户各种动作，比如访问频度、访问场景是否有异常行为，包括用户的一些商业规则是否符合常理，都可以做出检测；第二，有了这个模型，一部分异常是我们的人监测出来的，还有一部分是可以根据数据去推测出来的。

生态的竞争力究竟在哪里

第一个竞争力在于平台。生态系统的建设，一定是在不同阶段都做好核心的支撑点的建设，才会支撑起整个生态。我们的策略是在某一个阶段比如说这半年集中所有的精力去做一件事情，而不是盲目扩张。另外，策略的重心在于平台建设而不是单一业务的建设。企业的竞争力在于，在传统金融体系里面我们是最互联网化的一个，而我们在互联网金融企业里又是金融基因最重的一家。

第二个竞争力在于用户。我们做生态型业务能使得用户不断地被遴选出来，然后对他们进行一个定制化产品的设计和营销。一边设计产品，一边源源不断地输送用户群进来，在服务的过程中也沉淀了用户，形成了自己的金融产品设计能力和风险控制能力。这是我们跟其他互联网金融企业的区别。

第三个竞争力在于模式。我们的服务会围绕一个主线进行，这个主线决定了模式的特殊性。我们始终在为传统金融机构服务，而不是同小贷公司、典当行、担保公司合作，并把传统金融市场的“蛋糕”分成三种。

一是德国“黑森林”蛋糕。它们继承了德国的严谨作风，是一个独立的银行体系。一方面，它们有大量的资金，人们把不用的钱借给银行，银行支付利息；另一方面，它们有政府做信用背书，允许有资金池，并受到最严格的监管。

二是法国“慕斯”蛋糕。它们不那么严谨，有浪漫的情怀，主要是基金公司、券商、保险、信托等非银行金融机构。这块是在为银行做服务的，它们是银行的下游，是银行资金一个重要的流水口。

三是一般的奶油蛋糕。因为最常见，所以就地取材，遍地生根。以民间金融为主，包括各种小贷公司、担保公司。它们在服务很独特的人群，这些服务有局限性，一般只在一个地区，而且体量不会很大。

面对这三种蛋糕的诱惑，我们选择跟银行和非银行金融机构合作：一是为了用户的安全，必须满足用户对“美味”的要求；二是在生态系统下，我们在为用户提供下游的服务。

“能行”更侧重于能

传统金融机构是一种重资产模式，而互联网金融是一种轻资产模式。未来在金融市场里面只有两条路可以走得很远。

第一条路是做基础设施的公司。主要是做非风险性业务：一是软件类业务。二是征信业务。目前，个人征信机构还在摸着石头过河，没有成型的产品和用户规模。三是支付整个结算系统的业务。这样的公司能够走得很远，因为无风险的业务可以走规模。

第二条路是做平台型的公司。企业向市场提供多元化的用户和金融产品，随着用户的沉淀，可以持续创新。银行就是这样的机构，这叫混业经营，银行未来可以做券商的事，券商也可以做银行的事。

我们选择的是第二条路，只有这条路在我们看来是能走得很远的。我们选择平台性的业务，事实证明我们有这个基因，符合这个基因的要求，我们不会随便改变这个基因。

一个公司在发展中会选择什么路径，本质上取决于高利润业务对低利润业务的蚕食。风险业务一定要放在一个大平台里做。用物理学的概念来说，就是高维可以进入低维，但低维不能进入高维。因此，想要在一个维度上做到极致，就必须去更高的维度。一维世界是零维的投影，二维世界是一维的投影，三维世界是二维的投影。在一个更高的生态下发展业务，不是活在当下，而是活在未来。

一个完整生态系统的真相是什么？互联网的基因是开放、共享、用户和交互；金融的基因是安全、可持续、足够的创新能力和数据累积。互联网金融的基因一定同时拥有这两方面的逻辑，这两种基因都是不可或缺的。

我希望在2016年，整个生态业务在这个链条上实现几个基本跨越。

第一个跨越是我们的用户量要突破500万人。当年交易量突破1000亿元的时候，我们的数据系统和IT系统清算系统非常稳健，目前我们还处在不断完善、不断进化的过程中。

第二个跨越是我们要具备一个大额资本的管理能力。我们能募集大量的钱，不单是说我们公司通过公众去募资，也包含我们通过IPO的方式，通过债券的方式去募资，使得我们在未来有能力收购或者入股一些传统金融机构。

企业做生态业务一定要稳健、逐步去做。未来的跨越一定是基于现在的储备。现阶段只是在现有的基础上不断做一些亮点，然后铺成线，最后连成面，这个过程需要很多结点去支撑。我们不会把自己的市场资源完全押宝到一个地方，这对公司来讲很激进，因为单一业务做突破时一定不是破坏式的。

6.5 去故就新：开拓创新时应恪守哪些方法论

生态的创新是一次迁移，跟动物的迁徙一样，需要寻找新的路线，适应新的环境，然后淘汰自己的同伴，最后去往一个新的地方。

在创新的路上，一个小需求，乘以13亿也是一个极大的市场。一个微创新，乘以13亿也会改变人们的生活。一个小瑕疵，乘以13亿也会让自己面临市场的清洗。开机时间比别人慢了10秒，乘以13亿那就浪费了数以千计的生命。

创新是什么？这个世界是有氧的

世界没有氧气5秒钟将会变成什么样子？在纪录片里或许是一个地球末日。

因为没有臭氧层，紫外线分分钟跑到地表上，沙滩上所有的人都会瞬间被灼伤；可以折射光线的粒子减少，甚至没有白天和黑夜之分；地壳中45%的成分由氧元素构成，地表瞬间塌陷下去；地球上会减少21%的气压，所有生物的内耳将会破裂，你会发现周围的一切都在坍塌，混凝土化为尘土；所有的活细胞都会瞬间爆炸，化成一团氢气，海洋会蒸发弥散到外太空去，而氢气买了直达宇宙的门票……

即使5秒钟后氧气回来了，地球这个生态也不存在了。看完这一幕我们庆幸地说一句，还好，这个世界是有氧的。

无论是天空、大地还是海底，获得氧气的途径不一样导致了个体的差别。我们已经生活在互联网金融时代，有两个问题需要所有从业者思考：这个时代也需要氧气吗？如何创造一个有氧的生态？

我认为，互联网金融呼吸氧气的方法是创新，通过不断创新，才能走出传统金融人为制造的沙漠。但需要明白的是，所谓的创新就是，哪怕你天马行空，也得遵循在右侧驾驶的交通规则（少数国家除外）；哪怕你鱼翔浅底，也得坚守鳃从水中获取氧气的规律。

在金融方面，鼓励创新不是鼓励“玩火自焚”。在创新的方式上，有三种不可取：一种是游走在红线的边缘，把民间借贷这一套搬到网上；一种是在资金池上做创新，在没有监管的情况下把风险完全交给用户；还有一种是担保，一旦还不上，用新钱还旧钱。真正的创新，应该先划定红线，在底线之上做创新。我们提高的只是金融的效率，而且是在严格按照银行的风控与监管理念之下。未来，互联网金融一定会遵循“柔性监管，刚性创新”的大框架。

这个世界是有氧的，但创新的一小步，就意味着生态的一大步。

重新定义氧气？生态创新的三点认识

如何做创新？可以简单理解成这么一句话：产品上的创新是做减法，平台上的创新是做加法，生态上的创新是做乘法。

我们需要认识的第一点，就是在生态创新下，最终只会走向两极分化。

好的更好，坏的更坏，没有中间的形态。就好像只分有氧和无氧状态，没有介于两者之间的情况。怎么区分好坏？绝不是做一个排行榜看名次。排行榜是典型的媒体人思路，现在的思路是用户产生内容的 UGC，而不是媒体控制用户的语言。

我们需要认识的第二个点，就是要正确区分创新和常识。在创新的生态里，有些常识是打破人的思维惯性的。比如，同样一个业务，在一个公司里只是一个产品，在另一个公司里就是生态的一部分。原因在什么地方？本质上，创新也是常识，是不被人发现的常识，例如物理现象里面的姆潘巴现象。

我们需要认识的第三点，就是一个创新是有自己的周期的，要在它变成常识之后快速迭代。最典型的案例是 3M 公司，1902 年成立至今，在持续创新中，从 20 世纪 20 年代的防水研磨砂纸、思高胶带等，20 世纪 40 年代的录音磁带、反光膜等，20 世纪 50 年代的录像带、拷贝工艺等，20 世纪 60 年代的投影系统、大量医疗保健品等，20 世纪 70 年代在放射学、能源、制药等领域的突破，一直到 20 世纪 90 年代的柔性电路、电子显示器等。如今，3M 仍然是持续性创新的一个代名词。

总之，传统金融拥抱互联网，不是把渠道端和制作端的优势否定，而是去扭转“被动获客”的思维。在互联网下，到达用户的最后一公里不是社区银行的思路，而是一种“主动获客”的精神。

创新的公式与方法论

在对待创新与发展上，有四种路径，包括速度第一、流量第一、感受第一和创新第一。在互联网金融领域，我们认为只有最后一种假说是有氧的，那就是创新第一。速度、流量、感受不能成为一个有氧的生态。在一个有氧的生态里，自增长是衡量一个互联网金融企业发展好坏的重要标准，速度、流量、感受都不能带来一个可持续的增长以及实现自我更新。

为了实现这种自增长，我们提出一个公式：生态创新的好坏 =（战略×执行×创新）/风险。

怎么理解这个公式？一个健康的生态，肯定是战略、执行、创新齐头并进的。有的企业只有战略，而没有执行，所以很多中国互联网企业的海外扩张都失败了。有的企业只有执行和没有战略，导致这个市场覆盖完之后，就没什么增长，典型的行业如团购。在互联网金融领域，风控是最核心的，有战略、执行和创新之后，如果这个模式风险太高，那么实际的增长就越低；风险越低，那么实际的增长就越快。这是 P2P 发展的一个困难点。

怎么执行这个公式？这就涉及创新的二分法。在一个创新生态里，有两种方法论：一种是建构论，一种是拓展论。建构论相信，存在一个全知的生态设计师，能够掌握人类社会的所有知识，一下子就是一个完美的方案，其他人只管执行就可以良性运转了。而拓展论认为创新生态很复杂，需要一点一点去修复 BUG，把这些修复好的汇聚在一起，才慢慢构成了生态的全貌。

一个建构论的信徒，相信一个生态没有门槛，只要有足够多优秀的执行者，只要有足够前沿的"点子"，剩下的就只是时间问题。而一个拓展论的信徒，认为这个生态是有门槛的，这个门槛得靠用户一点点去完善，想完成这个生态，就需要快速迭代升级，快速敏捷开发。目前，在传统金融机构里，更多的是建构论；而在互联网金融领域，更多的是拓展论。

未来或是消费者驱动的 C2B 模式

一个生态最健康的效果就是达到自增长，而不是借助外力。这就要求肯定是内需驱动，而不是外需驱动。在消费需求导向方面，分两种产品：一种是高频次产品，比如衣食住行；另一种是低频次产品，比如金融产品。

针对高频次的产品，未来的模式可以参考供应链设计里面的备货预测管理。备货预测一般是以本次进货周期的商品消耗为重要参考项，同时加入对新品的考量。备货预测直接关系到商品管理和库存管理。以目前的销售为前提，根据时间、气候、热点等参考模型决定新品上架的数量。一个好的备货系统就是消费者推着走的，把这个系统单独放到电商页面上就变成了商品的众筹。

针对低频次的产品，很多人觉得黏性不够，比如一个人可能天天去超市，但是不可能天天去银行，这就导致一个社区银行的柜台数量和服务人群数量呈现负相关的关系。银行开柜台的成本很高，而互联网成为这种低频次服务的一种载体，尤其是房产中介、搬家、家电、清洁等。一个好的 C2B 模式，重点是打造个性化定制以及挖掘用户的能力。互联网金融想要内需驱动，就必须参考 C2B 模式。

许泽玮对我说，金融产品的消费频次低，之前交易扩大的方法是卖更多的品类，但实际效果上，传统的流量思维没有促进增长反而成了绊脚石。在互联网金融领域，风控第一，在做到这一点后，再考虑如何让一个现象级的“爆款”变成日常消费的日用品。这就要求企业在低频次产品的消费中，加上各种各样日常的场景，变得更定制化，比如可以针对员工理财推出员工宝等。

请允许我对传统金融说：大哥，别杀我

我们讲了创新如何从内部驱动，这次讲的是一个创新生态的落脚点。

在创客精神的指导下，互联网金融可以在以下四个方面做“鲶鱼”：第一是在传统金融机构，第二是在互联网金融行业，第三是在国家层面，第四是在人与人的服务方面。在传统金融机构方面，侧重获客和服务效率方面；在互联网金融行业方面，侧重方向引导和拥抱监管；在国家层面，在于解决中小企业融资难、融资贵问题；在人与人服务方面，集中表现在“连接”“链接”“联接”方式上，俗称三种“连接”。

未来互联网金融的竞争，集中体现在人与人服务方面的竞争，所有竞争都围绕三种“连接”展开。我们在人与人之间的连接上，通过互联网的方式消除银行与人之间的冷漠感；在页面与页面之间的链接上，单纯的点击与交换不能带来新用户的增长；在硬件与硬件之间的联接上，目前，互联网金融通过技术，从声波、指纹等支付方式到“扫脸”等风控方式都发生改变。可以肯定的是，未来的有氧生态是建立在这三种“连接”之上的。

目前，国内的信用体系建设还不完善，线上的电商消费习惯虽已慢慢成

熟，但是线上开展征信以及以此为依据进行借款、放贷的流程还远未成熟。在创新生态下，物理转化的是流量，化学转化的是信任。传统的物理连接方式将会被化学连接方式所取代。围绕粉丝，打亲情牌以及感情牌更容易获得信任。在信任与信任的传递过程中，口碑会成为这种化学反应的“催化剂”。

我们相信，一个有氧的环境肯定能促进这个行业的发展，央行鼓励互联网金融发展创新的理念、方向以及政策始终没有改变。未来，在这个有氧的生态下，一是创新不再是靠收益而是在想如何保值，高收益率在向低收益率转移；二是央行降准区分国有银行与城市银行，创新或将向县域、农村市场和中小企业倾斜；三是在创新模式同质化面前，为自己网上的存量资金找出口，找新的投资路径成为创新的驱动力。

最后，我们应该感谢传统金融的不杀之恩，让互联网金融能幸存在传统金融的市场里。没有创新，也就没有互联网金融。

在创新的生态下，自增长是一个自循环的有氧生态系统。这种生态的核心是更早、更多地获得投资回报，降低投资风险。在互联网金融领域，这种生态还适用于需求变化不可预测的场景。总之，自增长的两大核心是价值驱动和快速迭代。这种自增长是一种理性行为，它的理性体现在通过生态链的方式提高传统金融效率，服务实体经济。

如今，互联网金融进入一个有氧的时代。随着物理世界的效率不断提高，如今的社会就像当年农业社会向工业社会演进前，90%的人都从事和种地直接相关的工作，而工业革命后只需要10%的人种地，其他90%则转至现代服务业、工业制造业一样。移动金融正在快速发展，以前我们从事证券、基金、保险和银行的人，现在只需要20%、30%的人去做就可以了。

剩下的人做什么？一个答案就是，等第一件事效率提高之后，就会引发第二件事和第三件事，那时候虚拟社会与现实社会的界限不再分明，虚拟社会里面的金融产品会在现实社会大量出现。

6.6 普惠金融：互联网金融生态和社会主义价值观

互联网金融的发展是需要借“势”的，而势没有正确与错误的属性之分。只要拥有了这个势能，就能迈过目前的困境，走在阳光下。现实里，我们总是看多了一个业务带来的“势利”，而忽视了影响生态的“势力”到底是什么。

我认为，只有互联网金融生态系统，才是真正全方位、多角度符合社会效益的，才是有创新性、安全性、成长性，有盈利可能的一个模式。

是蚊子的基因，还是老虎的基因

互联网金融是一片红海，但你想做老虎，还是想做蚊子？不同的人有不同的看法。一个企业想进入互联网金融生态，就得读懂以下几个词汇的真正含义。

“风口”，是互联网金融通过人流、资金流、信息流造成的水平运动。一方面，受监管辐射强度的影响，另一方面，受产品维度高低的影响。2010 年，团购大战；2011 年，移动互联网的入口大战；2012 年，微信破亿引发移动互联网热潮；2013 年，互联网金融兴起。风口在不断变化，对各个行业进行优胜劣汰。

“泡沫”，是互联网金融附着在传统金融表面的活性剂。如果是清水，分子间拉力很大，很快就把创新的“泡沫”拉破了；如果清水里面加了一些移动互联网的概念，分子间张力下降，泡沫形成后，水膜的拉力小，就可以维持泡沫不被张力所拉破。

“互联网思维”，是一种降维打击，让互联网产业低姿态主动去融合实体产业，它的本质是“借船出海”：第一层含义是传统行业造船，互联网做帆，相互借力才能在大海上航行；第二层含义是互联网行业离不开传统行业，表面是“借船”，本质上“借人”。

“互联网金融”，是一个集合了“风口”“泡沫”“互联网思维”的统一体。目前，传统金融受到挑战，市场化程度高的这一块融资成本高。一个原因在供给方面，融资成本高导致中小企业的金融供给不足，要降低准入门槛，加快小银行、小微金融机构的发展甚至发展互联网金融、民营银行；另一个原因在需求方面，目前，行业里存在着一些不公平的现象，一些没有效益的企业占用大量资源，资源没有得到有效再分配。

在这种供需矛盾上，互联网金融逐渐走向两极分化。这就回到了开头所说的那个问题：你想做老虎的基因，还是蚊子的基因？我一直提倡，未来的互联网金融，要做就做老虎的基因，而不是蚊子的基因。我们希望通过金融生态系统去练就“老虎的基因”：稳重，有战斗力，速度快，能够抵御各种风险。这是我对这个行业的看法。企业会一直这样走，坚定地走下去。

做打工型国家，还是创业型国家

目前，全国都在讲万众创业，这是一个历史机遇，5000 年来，中国正在从打工型国家向创业型国家发展。

什么是打工型国家？所谓打工就是代加工，挣的是打工的钱。在什么都没有的情况下，自己的经济严重依赖外贸。如果外贸受到别国的压制，就很被动。因此，国家一定要朝创业型国家进化。第一个带领我们走向创业之路的是毛主席，带领我们建立新中国，从延安窑洞，到新疆兵团，再到北大荒，都是创业开拓出来的。

如今，带领我们走向创业之路的是习近平主席。他带领我们走向国际，不仅自己国家讲创业，也帮着其他国家一起创业。通过“一带一路”和“亚投行”两个战略把我们的先进技术引到发展中国家。我们讲普惠金融，不仅仅是在对国内讲，我们对发展中国家也讲普惠金融，给予它们低息或者无息贷款，帮它们建设基础设施。这是一个千载难逢的机会，我相信，历史会证明这一点。

从过去到现在，我们的国家经历了诸多大起大落。现在，万众创业已经成为国家战略。我们青年一代创业者更要对国家饱含深情。因此，我们要旗帜鲜明地走创业型国家路线，把真正的核心技术、知识产权、优秀人才等都留到国内，这样实现民族复兴才有希望。在创业型国家发展的路上，会遇到很多困难，需要很多创新型的企业来做支撑，这跟提倡老虎的基因是一脉相承的。

怎么把创业做成一个引人入胜的游戏

假如你是一个玩家，正在玩一个叫作互联网金融的游戏，该如何让自己在游戏里面战无不胜？

首先，互联网金融到底是一个什么类型的游戏？是角色扮演，是即时战略，是第一人称射击，还是养成类游戏？我个人更偏好它是一个 RPG 游戏。一个正规的互联网金融企业，进可以冲锋陷阵，退可以固若金汤。既要坚守底线，又要进行大刀阔斧的创新。所以，当你指挥着一个主角驰骋沙场的时候，你会面对以下几个问题。

Boss。在互联网金融里面，有两种 Boss：一种是大 Boss，比如触犯了监管部门的红线，就可以分分钟秒杀你，另外，当自己级别很低时就别去打高级怪，用鸡蛋去碰石头自然掉血就会很多；还有一种是小 Boss，比如传统金融机构，与其说是你的敌人，不如说是你成长的伙伴，陪你练级用的。

规则。没有规矩，不成方圆，如果你要赚 15 万元，但要基于法律和规则，不能偷，不能抢，不能开外挂，还不能开作弊器，你会怎么玩？互联网金融企业需要懂两种规则：一种是传统金融机构必须遵守的，比如面签；另一种是企业发展的客观规律，比如从信息撮合走向交易撮合，风险性的业务不能走规模等。

技能。如果敌人打不死，那就让自己变得更强大。一个互联网金融企业，一是给自己加血，从单一业务向平台业务拓展，这样可以有效地化解单一业务的风险。二是给自己加技能。当自己有了定制产品之后，就要从平台业务向生态业务去升级，只有如此才能让自己有核心竞争力，和巨头掰手腕，靠的是自营产品。

装备。一个互联网金融企业想要更快地升级，没有一副好装备是不行的，比如一个程序员在买了一身苹果笔记本的装备后，工作速度+9，气场+3，打代码效率+10，“逼格”指数+40……因此，对互联网金融来说，一个好装备是必不可少的，比如，央视连续七次报道，公信力+100，比尔·盖茨唯一到访的互联网金融企业，高大上指数+200……

看到这里，一个互联网金融的成长历史就说完了。鼓励创业，鼓励创新，很简单，从玩一个叫作互联网金融的游戏开始。

互联网金融是一种普惠金融

我们做生态，有了老虎的基因，有了创业型国家的背景，有了互联网金融这个热门的行业，还缺什么？我们学习互联网思维，有人说是小米的七字口诀，有人说是免费共享经济，有人说是社群和粉丝，有人说用户思维、大数据思维、跨界思维等，那么互联网思维到底是什么？

我想对创业者说，一方面，互联网思维传递的是一种社会主义价值观。价值观就是在一定的基础上，让每一个个体的价值最大化，去享受财富。这种价值观是什么？就是政府尽最大可能让每个公民更美好地享受生活，更公平地享有财富，更有激情地去创新创业。在用定制化的产品满足每个用户的需求时，就变成了社会主义价值观，人民当家做主。

社会主义价值观是无处不在的，我们在发展的同时会遇到这个问题：现在一个金融产品不仅与一个人有关，还跟很多人有关系，比如说像余额宝这样的产品，积累了大量用户，会产生集群效应，打破了人与人之间的“孤岛”。因此，所有金融机构都要触网，都要推自己的APP，都要去搞这些基于用户需求的金融产品，本质上都是在用社会主义价值观去服务用户。

另一方面，互联网金融也是一种普惠金融。普惠的真谛是什么？就是让你真正满足需求，让你在享受服务时得到更大的尊重。从本质上，我们发展互联网金融就是发展普惠金融。企业要融资，机构要投资，个人要理财，互联网把所有的需求都满足了。在牛市下，股票市场也是每个人的股票市场，每个人都有机会去获得财富。

普惠金融也是无处不在的。目前，互联网已经深入人心，产品变成入口，人跟人通过这个入口来进行信息的交换。最开始的时候，金融就是银行给你提供存款，然后去贷款，或者你去买一个基金，通过柜台开，上网去买，整个完成交易的过程是单通道的。如今成了双向选择，你的产品没有优势，那就换一家，变得更加符合个人的需求，更符合个性。

只有生态才能实现社会主义价值观

我们知道了互联网思维是一种社会主义价值观，也知道了互联网金融是一种普惠金融。那么，普惠金融怎么实现？

第一步，看你是怎么设计金融产品的。你是以少数人的需求为主导建立交易体系，建立交易机制，然后让这种利差占据利润的绝大部分，还是以大部分人的需求去设计产品，建立一套规则，进行合规金融，让整个金融惠及整个社会？想要传扬这种价值，就需要依靠后者。

第二步，看你是靠什么让人共享金融的。因为互联网平台是公平的，每个人都可以通过互联网提出需求去获取产品，用脚去投票。随着互联网化的程度越来越高，品牌的影响力越来越大，逐步从市场开放之后，越来越人能共享金融产品。只有互联网才有可能让社会主义价值观发挥得更好。

第三步，看共享金融与生态是什么关系。P2P 的思路是这样的：我做个产品，赚信息不对称的钱，一边吸收用户的存款，一边给中小企业放贷，放得越多，自己挣得越多。这其实是一种对生态不友好的模式。真正友好的模式是相互借力，社会主义价值观一定是金融生态系统的一个产品，只有金融生态系统才可能做到让每个人受益。

我们在追求社会主义价值观的同时，一定要清醒地认识到，价值观不能“一刀切”。一个企业向银行贷款，银行往往会把它们分为两类：一类是“有钱”的企业，一类是“没钱”的企业。对有钱的企业才好好地服务，这是银行本身一个机制的定位，达到了帕累托最优。但互联网不这么想，我们还可以服务“没钱”的企业，为它们定制不同收益的产品。只有互联网才能做到这样，同样也达到了帕累托最优。

两个帕累托最优都是市场调节的结果，也都符合社会主义价值观的逻辑。因为这个市场足够大，这个市场可以更加细分。

总之，互联网金融发展到了普惠金融阶段，是一个伟大的跨越。

在普惠金融时代，服务是无处不在的。未来手机就是一个平台，不要思考是 PC 端，还是移动端，只要有屏的地方都可以是平台。因为屏幕是无处不在的，所以信息到达用户的方式也无处不在，这就导致了“无处不在的屏、无处不在的连接、无处不在的用户需求以及你要给用户提供无处不在的服务”。未来普惠金融会通过什么方式实现？其实，方式不重要，重要的是你把服务推送到用户身边。

在普惠金融时代，生产力也是无处不在的。这个生态还在不断迭代创新之中，就像 IOS 系统、Windows 系统及 Android 系统，都在满足用户更高的需求。金融产品的迭代和互联网产品的迭代不完全一样，金融产品的迭代思维一定是有所为有所不为，比如基金合同不能随便改，但产品线是可以迭代的，包括金融产品的产品功能、呈现方式、营销方式上都体现了迭代思维，这促使我们可以快速应变，不断完善。

第七章　新媒体时代的互联网金融：极致营销

7.1　互联网金融企业的新媒体运营技巧

新媒体这个词可以拆分一下：一个是新，另外一个就是媒体。那么弄懂什么是媒体，就可以理解什么是新媒体了。

对媒体简单的理解，它就是一个快递，只负责把“信息”运到这个人手里而不需要解释过程。古代时候是用马递信息、货物，现在直接用货车、飞机，甚至是无人飞机。那么相对于马来说，货车和飞机就是“新媒体”，因为它们创造了新的快递方式。

从0到1，新媒体的运营技巧

从公众号的开设到运营，这是一场旷日持久的战争，新媒体对旧媒体的覆盖伴随着无数人的无奈。之前是四大门户、搜索引擎、论坛、网站……现在是微博、微信、今日头条……那么相对于PC时代，移动互联网时代的微信、微博、头条新闻这类平台都可以视为新媒体。未来信息传递的方式还会发生质的改变，这种迁移会暴露人动物性的一面。

现在新媒体很热，未来新媒体可能就变冷了。我经常对互动营销总监叶丽萍说，新媒体是一个不断变化的媒体，可以分解成三种形态：第一种是注意力，第二种是思考力，第三种是执行力。这三种都有着一个共同的方向，三者之间互补：没有执行力，那就需要依靠眼球；没有注意力，那就去拼执行；没有思考力，那就只能靠标题党和人海战术。

注意力和思考力是一对矛盾，在追求注意力的时候往往把思考力丧失了。人们在注视所谓的“深度好文”“长文勿点”的时刻，总习惯把眼前的东西当作进脑的东西，把进脑的东西当作传播的东西，一目十行的阅读带来囫囵吞枣的快感，如果用语言给别人洗脑的力度还不够，那就用一张张图片去给读者挖一些陷阱。这种增加思考力和注意力的结果，把新媒体的本质给忘记了，点赞多少并不代表一个新媒体的成功。

什么样的内容是新媒体？有人说鸡汤，我领教过不少把一本书里的内容拆开揉散写下几十篇注水干货的“流水线”。有人说人性，我也见过不少试图把生理需求当作补脑食粮的“炮灰”。其实，以战术上的勤奋来掩盖战略上的懒惰，是一种旧瓶装新酒的做法；以自己的快乐去代替别人的痛苦，那不是慈悲，而是可悲。

真正的新媒体运营，需要学的是一种宗教的仪式感。这种宗教情怀一定高过你的职业理想，面对一群还在新媒体运营之外的行者，你不下地狱，谁下地狱？

新媒体运营的 24 小时

作为一个新媒体，运营的不是账号，而是人生；销售的不是阅读量，而是一种价值观。我想，通过新媒体聚集 20 万用户，300 万单篇最高阅读量，1000 万+阅读总量，5 万+日平均访问量，365 天无间断推送……这些数字，是新媒体团队每一位人背后的一个个标签。这些标签背后，是军功章，是一种骄傲。

在我印象里比较深刻的有三件事情，每一个事情都代表一种态度。

记得有一次中午吃饭，“你们先坐，我要抢时机编辑一篇相关的文章。”刚在饭桌旁坐下的叶丽萍还没有坐热，就起身出去，在 2G 网的环境下勉强打开微信公众账号后台，敲出一行标题：“歌手姚贝娜病逝 | 为了家人的健康，都要看看乳腺癌该怎么预防！”。此时，距离新闻发出去刚过 1 小时，让一个刚注册成功没有多少粉丝的账号，通过跟踪热点挖掘到第一批种子用户。

这一条“10万+”的取得，有一定偶然性。新媒体既然继承了“媒体”两个字，就一定带着新闻人的视觉。当两个人的视觉一致的时候，共鸣就出来了。打动读者的，不是标题，而是文章的热度。这件事告诉我，随着时间的推移，热度会渐渐衰退，但要做一个恒温的新媒体运营人员，而不是变温的新媒体运营。

怎么做一个恒温的新媒体运营？在我看来，一方面，需要抓住时间点，要在没有形成热度的情况下制造热度，在模仿里面有创新；另一方面，需要抓住人性的弱点，分清楚知名度与识别度。一个优秀的编辑需要足够的敏感性，而这种敏感性既包括时机的敏感性，也包括事实价值的敏感性。这种敏感性的获得需要长期有意识地培养，需要不断地学习，要有悲天悯人的情怀，而不仅仅是关注风花雪月。

因此，“恒温”是我要说的第一个态度。

超越肉体的创业精神

每一个新媒体运营都是一个产品经理。衡量产品经理的，包括阅读量、粉丝、转发量以及活跃度等。每一个新媒体运营人都有强烈的时间意识，尤其到了晚上接近24：00的时候，如果群发一条的“承诺”还没有兑现，就会整宿睡不着觉。

人生的每一点历练看似平凡和不经意，却都为下一次绚烂绽放积蓄能量。以叶丽萍为例，她在做新媒体之前是一名教师，平时积累的阅读量，转化为知识在文章中出现。为了从象牙塔里走出来，她经常带着团队的成员去课外写生，真刀真枪的社会实践避免了纸上谈兵的尴尬。

当问及一个人不间断地更新公众号是否感到疲惫时，叶丽萍说，每天都有一种动力鼓励着自己去做一些事情。有一天晚上快到24：00，疲惫不堪地回到宿舍，当天的内容还没来得及编辑，“当时就有一股劲，无论如何也要完成当天更新。脑海里面闪出的那一瞬间，让我切身地体会到这不是运营，而是一个事业。唯有热爱，才会坚持。”

我一直提倡一种精神，那就是用创业者的心态去运营一个账号。这种创业者精神，出现了一个个感人的事情：在别人张灯结彩过除夕的时候，会有那么一个人在背后编辑微信后台；在别人生病吃药难过的时候，会有那么一个人打着点滴继续去找第二天的内容；在别人做美梦的时候，会有那么一个人从梦中惊醒，追着第二天的热点。

这种超越肉体的精神，凌驾于肉体之上的快乐，是一种创业的味道。一个账号从0开始，经历无数次的挫折、别人的冷眼以及取消关注的考验，顽强地活了下去。如果不能比别人努力一点点，就完不成最终的跨越。随着新媒体的表现类型不断进化，人们看待运营的角度也发生改变，一切都是在摸索过程中，这也是一个不断试错和纠错的过程。

因此，“创业”是我要说的第二个态度。

是什么动力让你坚持下去

新媒体是一个快速淘汰的行业，如果不能适应最新的变化，那么运营到最后可能没有结果。我经常会思考，每天绷紧钢丝一样的神经。是什么动力让自己坚持下去的呢？

第一个动力是对极致的追求。在我们的营销手册里面，每犯一个错误就会更新一条。这种错误的积累是新媒体对历史的一种敬畏，每一个团队都应该有一部纪年史。一定意义上，就像一个家谱，里面记载着每一个成员的成长足迹。比如所有图片，宽度不要超过500像素，大小不要超过100KB，最好50KB以内。

第二个动力是对粉丝的责任感。我们可以“露大腿，但不能露底裤”。对待粉丝，要有一种用户思维。在后台，有无数个热心的粉丝，他们默默地帮助一个新媒体运营快速成长。有一位用户在后台留言，给一个互联网金融产品提出了1000字的改进意见．我们看到之后迅速反馈到技术部门那里，经过1个月的加班加点，终于完成了这个产品的修正。

在这背后，有一种超越亲情的感动。没有血缘关系，却能在背后默默付出，一定意义上，这才是一个企业的真正竞争力。因此，新媒体是一片沃土，只要你怀揣一颗理想的种子，这里就能提供种子发芽的养分。新媒体还是一个“牛棚”，棚子里的牛人们，总是在不经意间给你惊喜，或激励或启示。

我给大家讲一个故事，我的新媒体同事们曾帮一名顾客成功追到了现在的女朋友。这是怎么回事？在一个投资者见面会上，一位男用户对一位女客户情有独钟，但是因为交流甚少，又苦于没有联系方式，只记得相貌以及名字，只能默默地在微信后台里一点点地倾诉。这让我们的运营人员上了心，下一周的投资者见面会上，这名男用户与女客户再次相遇了。在数位投资者的见证下，一场精心安排的表白开始了。

当相亲成功后，两个人手拿着旺财的玩偶。这是一个新媒体运营里最发自内心的人情味，这也是一段充满浪漫和理想的奇缘。只有新媒体运营才会懂得：只要你肯等，天上的云彩终究会变成向前流淌的河水。

“人情味”是我要说的第三个态度。

一位新媒体人的运营心得

也许你的工作别人看不见，但终有一天你会影响一批人；也许声音微乎其微，但发声就是一种努力。新媒体运营的人，都有一个痛处。当新闻理想变成现实，变成鸡汤的时候，所有的人心里都过意不去。

让我感受最深的，就是一个新媒体运营对细节的苛刻。在打开朋友圈的一刻，面对粗制滥造的微信圈，形式随意，排版随意，标题浮夸，没有灵魂的内容，就会觉得有一种恐惧感和烦躁感。

一个数字，一个标点，都是做人的态度。在模板改革和更新的频率上，首先对比 1 万家对标账号，发现 1 万个问题。一开始，新来的运营人员是抵触的，他们觉得以前的很好，不用改。后来通过 1 万个事实的检验，他们意识到了自己的问题，大到排版格式，小到字间距，图片的选用等，都要拥有一种“工匠精神”。

看到两者之间的不足，关于“拿来主义”，不只是拿来，还要融入体现自己的东西。有了1万个不足，接下来就需要1万个小时的调整。我们是以一个团队的心态去做1万个小时，把它分解成10个人1000小时。研究对标账号，看到可以为我所用的图片、格式等，但这并不是照搬照抄，还需要结合自己账号的特点加以改进。

只做到上面的这些还不够，新媒体30%的时间是做内容，剩余70%的时间是做推广。当一条微信发出去后，如何覆盖更多的人？我们走的是全网推广的路线，包括PC端、移动端，还有一些APP，比如搜狐、网易、今日头条、百家等。通过端对端的传播可以产生很强的马太效应。

既然是全网推广，还包括线上与线下的互动。比如，微博虽然增粉较难，但是可以作为今日头条的导流工具，提高头条文章的阅读量，形成微博-今日头条-微信的导流链。网页版的文章可能别人看不到二维码，但可以通过推广微信ID，形成“关键字-微信号-微信”的导流链。当然还有“社群-微信-销售”的社交关系链。

对于新媒体而言，决定成败的有可能只是一个小数点。在认识新媒体之前，不要“讳疾忌医”；在了解新媒体之后，不要“三人成虎”。为了提高成功的可能性，包括陌陌、喜马拉雅FM、短视频、邮件……所有常规和非常规的手段都用来做新媒体的推广，从视觉到听觉，全方位地制造一场感官盛宴。

新媒体是企业的一个化妆盒。过去的媒体是以素颜示人，新媒体则是以美颜示人，一新一旧之间，新媒体有了生态价值。以创业的心态去运营一个账号，以融资的心态去做好每一个图文，以资本的模式去打造一个产品，以一个账号可以上市为一个理想，这就是新媒体的运营之道。

最后，我想说的是：哪怕你的账号再小，至少也要有一个IPO的“中国梦”。

7.2　互联网金融市场推广策略

金融市场仍然是一个封闭式的市场，这种保守的性格与市场推广的张扬形成鲜明的反差。世界上没有“以弱胜强”这回事，所有的胜利，都是“以强胜弱”，而所有的计策，本质都是在“制造局部比对方强的形势，一点点地累积，最后要形成整体优势”。

市场推广也是同样的道理，从点到面，如何用最快的时间覆盖一个地区，进而覆盖全中国，背后的策略以及瞬间覆盖的能力，都是一门学问。

公信力推广的难题在哪里

市场是个名词，能交易的地方就是市场。营销是个动词，营销是为了销售。市场推广的本质上是转化率的问题，营销费用不是越多效果越好，而是对用户越有利越好。

在传统企业处理市场推广问题时，有几个头疼的地方：首先，价格体系难以处理，浪费现象严重；其次，不了解网络推广与网络宣传模式，不知道分阶段、分重点；另外，产品宣传不会做（包括照片、简介，别看这些简单，但是对传统企业来说有难度）；还有物料的管理、摆放，以及在市场推广中忽略了客服，出现问题没有联系方式和处理方法等。

传统企业在市场推广过程中分为多种形式：一种以电商为主，用流量思维来看待问题；一种是高频次的 O2O 企业，以运营商家为主，侧重地推；还有一种属于互联网金融企业，在流量和用户消费频次都很低的情况下，以公信力为营销重点。创业者在进行公信力推广的过程中，单纯靠电商思维和地推思维都有劣势。因此，市场推广团队需要配合，从后台到前端，有一套可执行的程序。

公信力推广的难题在哪里？首先要明确一个概念——衡量一次市场推广活动的成败，不是以“第一次约会”为标准，而是以“第二次约会”为指标。市场推广分为两个步骤：第一个步骤是如何给绝大多数人留下“第一印象”；第二个步骤，“第一印象”有了，决定两人之间关系最重要的约会，其实是“第二次约会”。市场推广的一个作用，就是“能不能争取到第二次约会的机会”。

因此，公信力推广的出发点是制造“第二次约会”的机会。

互联网金融公信力推广的方法

市场本质上是一群人在那交换资源，你有钱，我有平台。当大家都想要一个结果时，双方达成合作的协议。市场跟供求有关，当供给不足时，交易成本就会上涨；反过来，交易成本就会下跌。在这种供求中，市场推广处于一个过渡状态。当交易成本上涨时，市场推广的次数就变得频繁，目的是把价格降下去。

在公信力推广的过程中，除了传统市场认同的供求关系，还有一个重要的点，那就是价值观。价值观是购买他人认同的货币。换言之，价值观是一种代价，想要别人认同。公信力推广，就是用更低的钱去换来更多人的价值观。从这个角度来看，生活中那些不讲价值观的人，一定不是产品的核心粉丝。有了相同的价值观，就有了企业更大的成长空间。

所以说，用户不在乎你是谁，你有多厉害，你多有钱，学历有多高，有多聪明，他只要觉得你和他有相同的价值观，就会无条件地支持你。从逻辑上来说，公信力推广与费用没关系，钱和信任是两码事，不花钱也能换来公信力。因此，公信力是一种仪式感，本质上是一种信仰，在原始社会是图腾崇拜，在现代社会是一种产品崇拜。

如何制造一种产品崇拜的仪式感？比如在宗教里面需要有一些戒律、仪式，还有一些象征的符号。这些在公信力推广中，就需要有一个统一的视觉、标识和语言。任何一种推广语言都是一条戒律，推广产品就像是在推广慈善，需要做到从心底里认同。而推广视觉是一种入教仪式，产品就是这个仪式的最后一道程序，要使用并传播这个产品。

除了仪式感，还要敬畏规律。比如客流量多的地方曝光量就多，什么地方客流量多？一个城市，分火车站和公交站牌两种地方，火车站杀“生”、公交站杀“熟”。从小的方向考虑，相同一个地铁口，也有上下班时间和人群集中地点等区别；相同的一个写字楼，有电梯入口和楼梯入口的区别；相同一类人群流动，也有向阳和向阴两种位置的区别。

诸葛亮做地推会出现什么状况

我曾经想，假如派诸葛亮去地推，效果会怎样？这个问题说的是“谋士”思维，本质上说，一次公信力推广活动就三件事：“信息量”“策略”“可执行性”。有人会说，让诸葛亮当地推人员是不是大材小用呢？

首先看“信息量”。当新手还停留在语言层面，想用专业的语言去拼凑出一个东西时，谋士就已经对语言本身和这个分支里所有底层的东西做到了如指掌，十几年项目经验积累出来的策略方案，知道你闻所未闻的各种算法，当用户把问题抛过来的时候，知道如何见招拆招。

其次看“策略”。以诸葛亮的信息量，他会自然而然地得出各种解决方案，当然如果产品够大、系统够复杂的话，会逐步设计出一套语言系统，这套语言系统用在不同的人身上。但如果没有信息量的积累，根本就无从下手。

最后看“可执行性”。当地推人员不够用的时候，诸葛亮为什么用空城计？因为面对竞品竞争，你的地推策略要跟你的人员能力相匹配，小到一个物料的设计，大到区域的覆盖，还要考虑市场推广的时效性、这个团队对产品的理解能力、用户转化率是多少等。

每一个地推人员直接面对消费者的需求，哪怕让一个设计去做地推也是有价值的，因为当你设计传单的时候，用户看不懂，那么用多少语言去修饰也是苍白无力的。当你是个地推的新手，说了一大段冠冕堂皇的话，用户听得如坠云里雾里，这时候你看到一个跳广场舞的大妈，可能三言两语就把问题解决了。

“谋士”思维也有三六九等：第一种是谋战略，当年辽沈战役的时候，对于锦州的地位判断，就有先后之分，最后攻打锦州的决策就是以战略眼光看待的；第二种是谋生活，有人说地推是为了养家糊口，这种思维只能用来做执行者。

俗语说，“三个臭皮匠，顶个诸葛亮”，如果一个人把“信息量”“策略”

“可执行性”做了，那就不需要臭皮匠。如果一个人不能胜任，那就选择三个人分别做这三件事吧。

公信力推广时如何吸引种子用户

男女关系中，当你们感情已经好到可以“进入下一个阶段”的时候，是最危险的，也最需要谨慎，因为一旦一方拉升关系的要求被拒绝，那么你们的关系不会维持现状，断绝关系和分手的可能是很大的。

公信力推广的时候，第一阶段的工作做了，下一阶段要做什么？一个产品吸引第一批种子用户是异常艰难的。常远说，一开始对用户的推广指导是最透彻的，也是最艰辛的。最原始的用户不了解互联网理财的优势，不明白互联网理财和传统理财的区别，也怀疑理财收益的真实性和安全性。

对于第一批用户的积累，我们的策略是攻心为上，给用户体验金，通过短期标的带来的收益让他们相信安全。

对于没有手机的用户，甚至专门放了一款手机让用户体验用，包括现场的网络以及现场注册时所需要的必需品。这种一站式服务的优势是极强的。为了增加可信度，我们采用了口碑传播的方法，每一个人都是传播的一个节点，每一个人也是解决问题的一个节点，通过这种人与人的接触提高信任感。

传统地推用得最多的是人海战术，如今用人海战术的成本就显得异常高了。我们做了一个市场调查，结果大吃一惊。当一个陌生人向你推荐产品时，80%的人是半信半疑的状态，70%的人会选择直接离开。能从你手里接过传单并阅读的人只占10%，因此，人海战术是一个低效率的方法。

如何用高效率去取代低效率？那就依靠熟人，当然这种方式也有两面性：一面是免费的东西真的很“贵”。如果你想得到一件商品却又不想付出金钱，那么你一定会付出其他代价。另一面是口碑是有门槛的，不是所有的产品都要依靠口碑，也不是所有的推广都能用口碑。口碑能使一个产品两极分化，好的越好，同样坏的越坏。

做好公信力推广的三个表格

我和负责地推的常远谈到如何改变转化率低的问题，他的建议是，在日常管理上，每一个人员都应该做到极致，需要做三个表格。

第一个表格叫作“工作计划表”，让每一位地推人员清楚何时做何事。计划表的横轴是以小时为单位划分的 24 小时时段，纵轴填写的是姓名和地点。工作计划用直方图的形式在表中体现出来，直方图的起点和终点分别表示工作的起始时间和结束时间，工作内容填写在直方图的中央。工作项目有地推物料、吸引注册人数、现场购买人数、时间地点、天气状况、消费者反馈、奖品数量、传单消耗数量、订阅微信人数、转化率等。

第二个表格叫作“待客行为效果表”，主要目的是为了规范地推的待客行为。要求每一位地推人员做到：用户询问时，主动上前说一声“您好”；给用户讲解时，同事之间不能随便聊天；要清楚地说明产品的收益、优势，以及注册时遇到的问题；用户注册时，不要询问客户的隐私；用户注册时间过长，一定要说“对不起，给您添麻烦了，谢谢您的使用”；送给用户奖品时，要考虑环境，比如当气温超过 39 摄氏度时，送给用户的水要保证是凉的。

第三个表格叫作“事后检查与评估表”。每一次市场推广活动都会有结案报告，列出所有作业项目，每个地推人员对照各个项目的要求检查自己的执行情况。这种检查一般以每一周、一个月、一个季度为单位进行。“事后检查与评估表”由本人和其他相关人员分别填写，采用“0”和“X”标度实行两段式评估，或者用 1~3 标度实行三段式评估，也有的用 1~5 标度实行五段式评估，所有的表格都会确保历史延续性。

最让我感动的是，常远还根据自己的经验升级了方法论。第一套方法是假设用户需求，地推人员在每一次活动前会分成两拨人，第一拨人假扮成用户，剩下的人当地推人员，彼此进行攻防演练。第二套方法是实地检验客户需求，充分假设之后，实际情况还会生出很多变数，这就要求具备随机应变的能力。

科技发展到现在，有可以超过光速的吗？没有。有超人一样的能力吗？没有。当企业的资源准备不充分时不要害怕，积小胜为大胜，放长线才能钓大鱼。一个互联网金融企业，要学会在法律和政策允许的范围内做任何事，在不能控制的领域内少做事，在禁止的领域内不做事。公信力推广一定要敬畏市场，敬畏监管。

用户的思维习惯一旦形成就不会消失，如果想培养新的用户行为，那你只能用新习惯去“替代”它。当用户习惯去银行时候，必须花大力气教他们如何使用手机。如果是一个没有手机的环境，那就需要制造一个有手机的场景。一个公信力推广的常胜将军，必定亲临前线各个场景，将每一个细节执行透彻，那么用户的信任就水到渠成。

7.3　互联网金融如何锁定目标用户

互联网本身是一个用户的孵化器，里面有种子用户和天使用户。什么是种子用户？长期在你的产品的土壤上扎根、发芽、成长，能和外界发生一系列化学反应。什么是天使用户？从你的产品呱呱坠地开始，它就在身边，有可能随着你长大。

那些飞不走的天使用户，变成种子用户；那些和你一起成长的种子用户，最后会开花，结果，变成一个个粉丝。在互联网金融领域，你的目标用户就是这些粉丝：粉丝饿了，给了一些面包，完成一次用户需求；粉丝又饿了，推荐了一些蛋糕，超出用户的预期；粉丝还没有吃饱，你给粉丝一些可乐，创造了新的用户需求。

互联网金融如何锁定粉丝

整个锁定目标用户的过程，本质上就是不断创造用户需求的过程。用户需求不同，运营的方式也不同，我总结为三个词：“共鸣”“共患”“共命”。

第一个词指的是产品运营。很多产品运营的事情，大家一起做了，在服务过程中会提出对产品的改进意见和产品成长需求。但当公司比较大的时候，后期产品比较稳定，产品经理就需要区分计划和规划，更多的是探讨未来如何和用户产生共鸣，让产品变得更好用，只有这样才能留住用户以及让用户自发传播。

第二个词指的是用户运营。它为产品拉来更多的用户，并把用户留下来。用户运营偏市场运营、渠道运营、用户社群运营、活动运营、数据分析等。实际上，用户遇到的所有问题都是产品经理的切肤之痛，如何找到可以“共患难”的用户？那就需要分析用户的难处并解决问题，方法只有一个，把任何一个用户都当作自己的亲人。

第三个词指的是内容运营，是在产品定位后对信息内容的一个填充。对于信息型的产品，内容大于产品；对于服务型的产品，内容先于用户。只有内容才能营造出一种“共命感”。对一款产品来说，影响用户活跃度的是产品运营、用户运营、内容运营。这三者的完美结合，成就了一个相对成功的产品。从共鸣到共命，不仅仅是一个字的差别。

在互联网金融领域，还有一种运营，就是合作伙伴运营。你想要做一个开放的平台，需要传统金融的入住才能让整个体系更加完整。传统金融和互联网金融的合作不是简单的商务拓展，而是打造一种利益共同体。除了上面的工作外，还需要帮助合作伙伴更好地互联网化，诊断问题以及为未来出谋划策。

互联网金融企业想要锁定粉丝，就得做到“共鸣”“共患”“共命”。这考虑的不是一个产品的得失，而是一个战略的损益。

用户运营怎么从初级到高级

互联网金融企业的用户运营，是一个漫长的过程，也是一个痛苦的路途，没人会关注你为了把产品推送到用户面前做了多少努力，你只需要为结果负责。

初级运营每天做什么？对一个初涉运营的人来讲，肯定从临时工做起。从编辑几篇微信图文，到去网上转几条刷存在感的微博，每天收集固定类的公众号，遇到公司哪个部门出了稿件，还要注册一堆ID发稿子。当一个活动没人参加了，那就运营顶上，每天加100个群，发完之后退100个群。每天加100个关注，然后发私信，最后再取消关注。

什么是中级运营？其实搞运营就和武侠小说中的走江湖一样，到了一定级别之后就要分门派了。简单来说，运营团队可以分成三大门派：武当、峨眉和少林。

武当派：内容运营。

内容运营最重要的就是打太极，以柔克刚。论坛回帖，公众号写文章，微博写段子，有时候去发百度知道的问答，有时候还要去知乎回答问题。太极拳最厉害的是以静制动，以其人之道还治其人之身。内容运营负责人会对结果负责，你不但要制造内容，还要让别人帮你扩散并且传播内容。

少林派：产品运营。

不同于武当，产品运营首先要过的是十八铜人阵。不但要充当在线客服，一马当先地整理一线需求，还要到社区反馈论坛、QQ群内与用户建立互动，了解长尾用户的需求。需求就是KPI，面对易经经、罗汉拳、大力金刚指等，十八般武艺必须样样精通。分析数据，用户增长值，制造传播事件，哪怕从0开始，也要打开一片天。

峨眉派：市场运营。

为什么市场运营是峨眉？因为女孩做市场有先天优势。一个好的市场，要么做个销售，优雅地靠近客户；要么就优雅地从合作共赢、品牌曝光出发，与合作伙伴互换资源、与边缘产品建立合作，进行用户共享。从最简单的交换友链，到涉及部门利益的联合推广，你的招数敌不过内容、产品，但你的口才一定是“青胜于蓝”。

市场运营最关键的是建立自己的渠道关系，包括广告联盟、行业会议、商业圈子等，这些都是我们将来发展的舞台。

你真的分析过用户吗

我对负责运营的张育宁说过，互联网金融企业已走入一个误区，每天后台看到上百万的用户，但这只是数量上的，有的用户已经消失了。因此，从用户角度出发，把它们分为发声用户、沉默用户及流失用户。

什么是发声用户？发声用户首先是愿意使用你的产品的人，因为你的产品满足了他们的需求，所以大部分发声的用户是目标用户。发声的渠道必须保证 24 小时畅通，这就要求电话客服、微信后台、QQ 等能广泛搜集到那些发声用户。

什么是静默用户？静默用户也属于愿意使用你产品的人，因为这个产品对自己有价值。他们可能对产品有自己的看法，但表达的欲望并不是很强烈。这些静默用户占大多数，如何刺激他们发出自己的声音，单纯线上的沟通渠道可能走不通，那就需要开辟新的沟通渠道，比如线下渠道，让他们参与进来。

什么是流失用户？流失用户有三种：一种是非目标用户，只是活动带来的羊毛客；一种是忍受不了产品糟糕体验的用户，需要注意的是，不同的用户对于体验的容忍程度是不同的，这种类型的用户我们需要重点关注及维护；最后一种是使用频次不高的用户，这时候我们就要想产品的合理使用频次是多少。

总之，所有用户都有发声的意愿，只不过现实有时候扼杀了这种积极性。当用户成为产品的主人之后，这种发声的频次越多，意味着产品的希望越大。

如何做到为每一位用户写日志

张育宁对我说，运营可以说是企业盈利的一个关键，每一个运营人员的书包里，都有四个笔记本。第一个笔记本是分析用户行为日志。用户流失一定有很多原因，只不过用户少了一个反馈的渠道，因此，1 个用户反馈的背后会藏着 1000 个相同问题的人。

互联网金融作为一个低频次的领域，流失标准与高频次的产品不能同日而语，比如把多久不登陆的用户算作流失用户，然后将他们在产品中的行为日志打出来，一行行浏览，并将自己带入到用户的情绪中。所以，第二个笔记本侧重记录的是用户的反馈信息，通过详细记载流失用户的反馈信息，总能找到一些让用户不满和郁闷的场景。

另外，从宣传到一个产品，要经过很多部门，从市场到技术，每一位运营人员背后都会有十多个人参与。对一个产品来说，用户流失主要集中在哪个应用场景中，在哪些操作后流失，与未流失用户的操作频次对比，选择对比差异较大的应用操作场景，是体验障碍，是沟通障碍，还是服务交流障碍等。这些意见都会记录在各个部门沟通例会笔记里面，这是第三个笔记本。

互联网的高效是以时间为敌人的，使用产品的目的在于如何节约用户时间，提高效率。在网上调研方面，去百度知道、知乎或者微信后台，如果你的产品已经积累了一批种子用户，一定有人在上面吐槽。

最后一个笔记本记载的不是流失用户，而是留存用户的经验。关于留存用户，先有量，然后再细化。留存率分析，这个指标可以用来分析用户流失的原因。具体来看这个指标，分为次日留存、周留存、月留存和渠道留存四种，每一种用户对应不同的阶段，比如新用户侧重考察次日留存和周留存，老用户侧重考察月留存和渠道留存。

一个产品的好坏还体现在迭代频次上。每周一次的周例会上，每一个运营人员都会把四个笔记本带上，和其他部门针对上周出现的反馈进行收集，针对不同的反馈设定不同的完成节点，修改进度以及升级时间。一次升级的背后，意味着这个流程转了一圈。流程化的管理对产品而言，是产品不断进化的生命线。

高级运营需要做什么

如果把上面的工作都做完了，就是一个高级运营吗？我不这么认为。虽然这让做运营的人感到有些委屈，但随着行业对运营的重视，即便对运营一知半解，也要摸着石头过河。到底什么才是运营？运营每天又在干些什么？

运营有三种：初级运营做的是拓展新用户；运营到了中级阶段，就要从加需求转变到减需求，让出口多于入口；而高级运营做的是扫尾工作。做产品的人把事情想出来，搞开发的把产品功能实现，最后把产品送到用户面前，让用户用起来，全都是运营的事儿。如果招募不到靠谱的运营，坑的就是产品。

运营的本质是为了让用户知道并且使用你的产品，所以围绕产品走向对用户的一切人工干预，都可以算得上是运营。不同的运营有不同的策略，两者有本质的区别。

对于互联网金融来说，做好运营需要做三件事：第一件事从少到多，如何让新用户多次点击，变成活跃用户。第二件事是从浅到深，如何让一些沉默用户变成重度用户。第三件事从企业到用户，企业定位是明白自己是谁，到底要为什么而做，这件事对于企业内部而言有什么用。用户定位是对用户在哪、年龄层次、行为习惯、阅读习惯、偏好、价格敏感度、理财习惯、收入等因素进行综合考虑，根据这些因素来判断运营如何做。

高级运营属于运营总监级别，主要的工作是调配公司整体资源，制订全盘布局规划，建立完整的运营方案、规划，引入资源，最终交到初级、中级运营人手里，同时，在监督他们把事情落地的时候，控制产品的进度以及费用。所做的一切只为了一件事——对品牌的结果负责。什么是品牌？运营理解的品牌和其他部门不同，公关理解的品牌侧重到达，运营理解的品牌侧重渠道。

对于互联网金融来说，用户运营的本质在于细分，重点是如何设计产品矩阵并覆盖不同用户。以 91 金融 APP 为例，产品共有 6 款，投资周期 1～12 个月，年化收益率 7%～10%，包括：期限 30 天、年化收益率 7%的单月盈；期限 60 天、年化收益率 7.8%的双月盈；期限 90 天、年化收益率 8%的季季盈；期限 180 天、年化收益率 9.3%的双季盈；期限 360 天、年化收益率 10%的年富盈；按月付息、年化收益率 8%的月月盈。

因此，首先你要清楚运营的薄弱环节，包括如何把一件小事做到极致。地基打多深以及框架怎么搭，运营策略有很多，线下推广的时候要遵循从农村到城市，线上推广的时候要从长尾用户向短尾用户迁移。总之，都离不开一个从人数多的地方向人数少的地方覆盖的规律，区别只不过是有的促销基因比较重，有的内容基因重，有的互动基因重而已。

7.4 互联网金融如何进行公关传播

互联网金融企业在公关传播中是不断进化的。传统媒体思维主导下的互联网生态，正在因新媒体的崛起而重新解构，新媒体和公关已经“不分彼此”。

传统公关行业正在转型，有四个发展趋势：第一个趋势是去媒体化，如果还想回归媒体就会受到伤害；第二个趋势是情感人格化，在产品赋予了人性之后，就满足了自发传播的条件；第三个趋势是公关传播不是做排行榜、会议，而是在做公益；第四个趋势是《指导意见》出台之后，公关传播围绕公信力进行。

新媒体思维下的公关传播

传统媒体是单人单面的，从“第一手消息”传播方式的变迁就可以看出。最早在平面媒体、电视媒体，传统媒体的权利被推得很高。随着新媒体的出现，自媒体逐渐活跃，“第一手消息”经过自媒体发出的频次越来越高，意见领袖的权利被挖掘出来。到了后期，公关的重心已经从公司回归用户手中。

门户时代是千人一面，由编辑和运营主导；搜索时代也是千人一面，所搜即所得，由企业的关键字主导；而在智能推荐时代是千人十面，推荐的都是热门猎奇、八卦、娱乐等消遣资讯，导致用户的信息获取范围越来越窄；随着移动技术的发展，新闻客户端变成了千人百面，订阅和个性化栏目成为主流；随着未来移动技术的发展，看信息的方式向千人千面发展，阅读从生活方式变成生活伴侣。

在千人千面的时代，对于一个企业公关人员提出了更高的要求：必须要学会控制环境。你的环境是通过平面元素和文案创造出来的，尤其是文案，你措辞的方式、你对词语的选择，以及你表达的完整性很重要。文字和传播途径要随着环境的变化而变化，这就要求公关传播中保持一种“变色龙”心态。

第一，要调动种子用户购买或关注的欲望，环境至关重要。创造了良好的环境（标题、导语、图片、平面元素等），就能吸引读者的注意力，让读者情不自禁地去享受阅读。

第二，文案中的每一句话，都有其存在的意义。不管是标题、副标题还是图片，都是为了抛砖引玉，让用户看到第一句话或者最后一句话。

第三，用户环境就像是游乐场的滑梯，从滑梯上滑下来，顺应规律也顺其自然。这种滑梯效应是一种变色龙心态。总之，标题要适应环境，文案要模仿环境，设计要制造环境，用户才会在这个环境下生长。

摆脱公关传播的路径依赖

有句话是这么说的：节约一个人的时间，就等于延长一个团队的生命。公关传播是没有时间概念的，24 小时是任何一个公司开拓市场的第一步。在公关传播中，传统的路径依赖是“眉毛胡子一把抓”，被动公关的结果就是浪费生命。我和公关总监孔洁珉谈论工作时说，主动公关，就是找亮点与抓重点：亮点是滴水穿石，重点是功法自然。

所谓亮点，指每个人员的业务总结。每天、每周、每月都需要把自认为处理得最好的东西写成文字，在日例会、周例会和月总结会上做述职报告。公关要尊重历史，从 91 金融成立那天起，若干条业务线每天记录，风雨无阻。

所谓重点，指对重大突发事件的处理必须掷地有声。任何一次重要的事情都是对人全方位的考核，互联网金融在处理事情的时候，先要做功，这个功是一种力量，一种习惯，一种意识，也是一种本能。

想要做好亮点和重点，还需要加强四件事，分别是信息与事实、调查验证、引用与匿名、新闻的生命力。

其中，在信息与事实方面，包括引用各种有出处的访谈、法律文件、专家研究、学术期刊、数据库及专业新闻机构发表的文章。

在调查验证方面，永远不要从新闻稿中直接提取信息，而要向作者要原始数据。不要相信公关稿能科学地反映真实情况，数据搜集团队能够为新闻稿件提供一些辅助作用。

在引用与匿名方面，所有的引证都要注明出处，匿名要讲清楚为何隐匿它们的来源。要联系来源并描述它在文中如何引用。在公关稿里面，要无时无刻不把公司的地址、电话、网址等信息一并放入，这是提高公信力的一种思维。

在新闻生命力方面，一件新闻稿是有生命力的，要尊重它的生命权，在新闻发出去之后，不时把旧的内容补充进去。每一个新闻都要不断更新，延长它的生命力。

总之，公关传播要摆脱路径上的依赖和思维惯性，唯有如此，才能把最简单的事情做得很伟大。对待文章里面的任何一个字，都要有掏空你大脑的觉悟，为这个字牺牲掉你的创意，你的脑细胞。

公关传播的时空观

自然界有时空观，公关方面也有与“天圆地方”类似的概念。

企业在公关传播时，需要打破原有的时空观念。之前，公关里的“时间”是和现实里的“时间”一致的，人们在报道一件事情的时候，总是会用“现在进行时”去报道。如今，公关里的“时间”比现实里的“时间”要快，在事情未发生的时候占得先机，在事情未扩大的时候，用“快时间”去覆盖“慢时间”。

之前公关里的“空间”的坐标系有三个：一是公司品牌，二是创始人，三是产品。围绕这三个坐标系做横轴和纵轴的推广策略，以时间为标尺向前推进。未来公关里的“空间”的坐标系就只有一个——以用户为中心，向空间的三个维度填充内容，分别是公司品牌层、创始人层面和产品层面。

在这种时空观的指导下，传统公司的一些错误做法需要避免。例如社交网络传播呈现“野火燎原”的形态，一旦引爆很难收尾，于是很多企业在遇到问题时无奈地采取了躺地装死的方式。另外，网络上很多事情基本上找不到真相，谣言比辟谣的传播功效要大很多，对待没有真相的事情最好不表达自己明确的态度。

在这种时空观下，公关传播需要围绕人性做事情，本质传播的是公司的价值观。做事之前一定要深入地明确目的，洞察受众人性，如果用户与企业的价值观背离很远，公关传播的最终结果只能是决裂。这种价值观的传播一定要遵循用户接受价值观的方式，传播不等于传销，需要认同感而不是挤压感。

总之，在时空观的指导下，互联网金融企业和用户都是投资者，只有共同从彼此那里获取价值才能达到双赢，否则两者都是投资失败者。

公关传播的两个公式

我一直主张，公关传播的本质在于“播传”：播下一颗“种子”，让消费者口口相传。对传播的效果来说，用户为王的实质，是种子用户为王。

公关传播不要相信忠诚度，也不要迷恋渠道，品牌传播是没有家的，消费者在哪里，品牌就在哪里。消费者在微博微信上，品牌就在微博微信上。我们对每一篇传播稿件都会贴上情感的标签，用美誉度来形容一次稿件的传播效果，而不仅仅是以传播渠道。每一篇稿件全渠道覆盖之后，都会用好评率、互动量、曝光次数等量化指标来衡量。

第一个公式，稿件质量 = 好评率。这对背后的推广人员提出了很高的要求，这种要求是对稿件极端负责的态度。不仅是简单的媒体转发次数和链接，还要包括网页的位置。对待曝光度来说，除了点击量等初级指标，还包括随着时间变化的结果分析。有评论之后，还会看评论的好坏。这种评论的搜集在微博、微信、论坛等用户人群集中地区进行。

第二个公式，稿件质量=覆盖用户×转化率。对大部分互联网金融企业而言，一篇稿件能吸引多少用户是一个不能量化的指标，但是在新媒体时代，传统公关传播需要变革，衡量一篇稿件的好坏要靠用户量来证明。这就需要对现有的数据做加工处理，通过已知的网页的访问数量、用户的互动数量等，加上预估的转化率，可以得出一个比较接近事实的数字。

转化率如何做到极致？第一，用电商的思维去看待平面媒体的投放效果，包括访问哪些页面，跳出哪些页面，哪些页面给了好评等。第二，用视觉去代替文字，包括图片的质量和大小，要控制用户在不同环境下加载图片需要花费的时间及流量。第三，传统的一篇稿件发出去看不到效果，要计算专题页面的流量来源，多少来自网站，多少来自新媒体，多少来自论坛，通过数据来决定分发渠道的比重。

因此，公关传播需要用数据说话，而不是靠经验去衡量。这种方法论适用于传播的每一个阶段，有头无尾、发出去没有数据留存的传播是没有意义的。

公关传播的五个策略

公关传播中，有五点经验需要推广：第一，切忌陷入自我的误区。这个世界变化得很快，除非是天才，否则不管以为想出多么惊天动地的洞见，都别太过得意，先去查看一下，绝大多数情况下已经有人想过了。你也不要认为自己写出一篇稿件就可以改变世界。

第二，在日常的公关传播中，不要小看任何一个失误。所有的失误都意味着一种必然，所以，如果你判定这是个失误，一定要恐惧它；如果你自己有了失误，那么请重视它。另外，公关会遇到很多突发状况，如果不知道怎么去做，说明你内心对这件事是抵制的，因为你做的时候不知道结果是什么，所以就认定“没有必要去做”。

第三，在传播策略的选择上，多个好消息，就像高潮，越多次越好，要分成几次给用户才能让所有人快乐的时间变长；多个坏消息，就像剧痛，要一次性抛出才能将伤害降到最低。公关传播的节奏感很重要，没有节奏的传播就像无头苍蝇，永远不知道出口在哪里。因此，一次优秀的公关传播一定有节奏、有温度、有变化。

第四，随着主角的变化，公关传播也在发生改变。互联网金融领域，与传统机构在一起，在公关传播中要符合时代的主题。过去是传统机构发声，媒体旁听，用户接受；现在是用户发声，媒体传声，互联网金融去改变。因此，我们在制定公关传播策略的时候，从字典上万个词汇里选择了几个代表性的词汇，比如中国梦、公信力、拥抱监管等。

第五，传播词汇是一个阶段性的传播重点，每一周都会定出几个核心词汇。然后根据这几个词汇，定出这个词汇的重要程度。再根据词汇的重要性定出每一个小组的响应程度。在响应程度的划分上，分为五个等级，分别是特级、一级、二级、三级、一般。每一个级别调动的资源和传播的人数都不一样。

例如，特级响应和一级响应的区别，特级响应是全公司所有人参与，而一级响应是市场部和相关部门一起参与。另外，在调动的资源、覆盖的渠道、线上线下推广的预算、执行的人数等方面都有区别。

总之，互联网金融企业的公关部门，要通过重点和亮点传播，在时空观的指导下，熟记“两个公式”和“五个策略”，才能在行业乱象之中保持上进心、公德心和敬畏心。

在一个企业里面，最先冲锋以及最后阵亡的一定是这个企业的公关部门。想要一个企业不断地创造价值，不仅考验你挣的每一元钱，还要考虑你在公关部门花出去的每一分钱。前者是有形资产，后者是无形资产，直接决定了前者的质量和效率，两者辅车相依，唇亡齿寒。

7.5 互联网金融传递的核心价值观是什么

作为我们伟大国家努力奋斗的一个侧影，面临经济的转型、结构的调整、时代的冲击、社会的变化，创业者应该以什么样的感情去面对当前的形势？互联网金融的核心价值观是什么？

怎么维护价值观安全

互联网金融的核心价值是维护传统金融的安全，在传统金融出现波动的情况下，更应保护传统金融价值观的安全。当前，互联网已然撬动了金融这块最坚实的堡垒，在我看来，没有哪个品牌强大到无法被打败，也没有哪个品牌弱小到无法去竞争。

值得注意的是，随着金融的深化发展，参与主体在追求利益的同时也对金融产生反馈效应，使金融形成极富个性的价值取向，并呈现层级、阶段、程度等方面的不同。这种情况下，互联网金融的作用是把个性化的价值观统一起来，盘活传统金融，帮助它们提高效率，在国家需要的时候，传统金融走在前面，互联网金融跟在后面。

中外经济交流的频繁，维护价值观安全的形势变得日益严峻。在发展经济的过程中需要统一思想。在互联网金融监管细则还没有出台的情况下，如何推广互联网金融的核心价值观变得日益重要。互联网金融的核心价值观和国家的核心价值观是一脉相承的，一定要遵循爱国、诚信、平等、公正、法治等要求。

维护价值观安全需明确体现底线思维，尤其在近年来意识形态较量从高政治领域向低政治领域深化的背景下，应将“普惠金融”的治国理念，并针对性地贯彻到意识形态与企业文化战略中去，通过金融手段坚守国家利益的底线，发展农村金融，解决中小企业融资难、融资贵的问题。互联网金融争取做金融价值观的“安全卫士”。

维护价值观安全需拥抱监管，作为新生事物，互联网金融既需要市场驱动，鼓励创新，也需要政策助力，促进健康发展。

维护核心价值要坚持党建

非公企业设立党支部是维护价值观的一种信号，分为两个阶段：第一个阶段，在互联网的“黄金十年”，以成立党支部为主。2000~2010 年，众多互联网企业成立党支部，甚至成立集团党委。例如，阿里巴巴于 1999 年创建，2008 年公司党支部升格为集团党委。百度公司 2005 年成立党总支。2011 年，百度开始筹建党委，并于建党 90 周年前夕正式获准成立。腾讯公司 2005 年建立党组织，于 2011 年成立党委。

第二阶段，随着互联网时代的到来，党宣和党建同等重要。比如新浪党委成立于 2010 年 10 月，按事业部的划分组建了 7 个党支部。2013 年 1 月 10 日，新浪党委开通微博，成为第一家走向前台的互联网党组织。2014 年 9 月 30 日，91 金融在互联网金融领域第一个成立党支部，并开通“九一金融党支部”微信公众账号，成为全体员工领会党的各项政策方针的学习平台，以及党员活动阵地。

有一天，副总裁施健找到我，问我是党员吗？我骄傲地回答，是的。然后他就把公司所有党员聚集在一起，我、施健和许泽玮开了第一次会议。所有人都很兴奋，因为 91 金融是互联网金融行业第一家成立党支部的企业，成立党支部有利于团队建设，让党建工作深植企业文化。党的建设与企业文化建设，着力点都是在思想层面，互联网金融企业要对党绝对忠诚。

新时期，在互联网金融领域发展党建工作，有其必要性。党建工作是一个价值观统一的过程。互联网金融一定也会遵循一个从“多点开花”到“一枝独秀”的规律。互联网貌似是分裂的，但是从历史来看，一定会经历一个融合的过程。正如“做一个行业里面的最后一个”是所有企业追寻的，“最后一个”企业的成功经验成为行业参考的价值观。

维护核心价值需要提高公信力

对于互联网金融来说，品牌和公信力是制约其发展的决定性影响因素。因为用户选择进行金融消费，需要一个安全可靠的感受和保障，这是传统金融机构的优势所在，也是金融服务最关键的一环。

在过去几十年里，传统金融机构处在一个高度封闭的发展环境之中，面对巨大的金融消费需求，传统金融机构体量庞大且相对垄断，彼此之间不存在很强的竞争关系，相应地，各自的品牌属性也不是特别清晰和明显。

互联网金融的茁壮成长，需要价值观提供一个支点。这个支点一部分是传统金融机构提供的，互联网金融和传统金融可以合作开发一系列金融产品。随着《指导意见》出台，存管制度的确定，一方面限制了小平台的准入，另一方面加速了传统金融的互联网进程。另一部分支点是媒体掌握的，无论电视媒体还是平面媒体，企业可以联合有影响力的财经媒体和金融机构，开展沙龙等论坛活动。

在过去 30 年里，不少人的价值理念是缺失的，然而有“让祖国繁荣富强”这一点，是所有中国人的共同心愿，能凝聚起国人的力量。随着互联网金融和传统金融加速融合，传递的价值从追求生存转向追求“中国梦”。无论是 90 后还是 80 后，抑或是 70 后，“中国梦”是共同认可和追求。只有把个体的目标与国家的发展凝聚在一起，互联网金融才能保护人民利益，人们才会相信你。

互联网金融的核心价值是爱国

什么是爱国？对互联网金融企业来说，发展普惠金融就是爱国。

首先，党和政府高度重视中小企业的发展。早在 2002 年，我国颁布《中华人民共和国中小企业促进法》；2011 年 10 月国务院常务会议研究确定了 9 项支持小微企业发展的金融财税政策；2015 年政府工作报告，把“大众创业、万众创新”作为经济发展的“双引擎”之一。2015 年 7 月 18 日，《指导意见》正式出台，互联网金融一步步发展起来。

其次，在有法可依时代，普惠金融有四方面的变化：第一，工业 4.0 阶段，互联网和工业高度融合；第二，各个区域结构协同发展，尤其是农村问题、大众创业、中小企业发展等多个问题集中到一起；第三，金融结构新常态应该是打破垄断，让利于实体经济，对普惠金融的需求日益增长；第四，发展普惠金融还应该让民营资本可以进入金融业，不但可以享受金融的服务，还可以进入金融领域。

再次，发展普惠金融，对创业者来说更需要增强自己的爱国意识。对企业来说，爱国就是纳税，要完善财务制度，特别重视每年要有财务报告的年审。对于创业者来说，爱国也是诚信经营，一定要有诚信记录，中小企业更要把诚信放在第一位。在融资需求上，企业尽量选择人民币资本，为回归 A 股做准备。

最后，发展互联网金融，既需要找政府，又应该主动找金融机构，让它们了解你的想法和抱负，这样你有难处的时候才能够更好地得到帮助。中小企业更要多参加党建活动，通过在团体的表现增加自己的信用，同时能树立正面的形象。中小企业要增信，传统担保的增信服务不能解决问题，又被明令禁止，而通过党群关系带来的无形增信是成本最低、作用最大的一种。

传递核心价值的方式是什么

目前，用户需求的变化成为核心价值传递的向导。我认为，互联网金融在宣传价值观的时候，应在行业树立积极的形象，成为传统金融的“诤友”。

用户群体的变化改变了核心价值的接受主体。随着 90 后、00 后的崛起，在物质层面上，由于 90 后生长在中国经济快速发展的年代，几乎没有经历物资匮乏的年代，很多东西从小是能够得到的，因此，90 后对物质的诉求虽然也比较明显，但更多的是基于物质之上的需求，因此他们更愿意选择代表他们意见、情绪、表达和特征的事物。总之，因为 90 后不再侧重对基础物质需求，而更侧重个性化的表达。

传递核心价值观绝对不能简单理解为营销。过度营销不仅耗费了企业大量的营销成本，降低了企业的盈利能力，而且增加了产品价格或降低产品品质，对消费者造成伤害。最严重的是过度营销会损害整个行业的形象，使行业蛋糕变小，甚至变质。

在企业建设方面，要把企业的梦想和个人的梦想结合在一起。在人的价值观的形成过程中，技术的发展永远无法取代传统的人与人之间的沟通、交流。对于意识形态的培养是互联网金融核心价值观的重要任务。企业通过建立一支意识形态一致，同时能够熟练、灵活运用各种新媒体手段的员工，以保证核心价值观的主流地位。

在倡导多元化的互联网行业倡导核心价值观，在非公企业大力践行党建，目的是寻找千里马，让千里马得到应有的实物，让它真正地长成千里马，而不是“骈死于槽枥之间”。一个没有价值观支撑的行业，注定会与这个时代脱节。

在公信力建设上，2015 年 5 月 4 日，许泽玮荣获了第二十九届“北京青年五四奖章”。2015 年 9 月 3 日，他作为新常态下首个被邀阅兵观礼的互联网公司 CEO，参加天安门广场大阅兵。9 月 20 日，许泽玮受邀出席“香港在国家发展战略中的地位和作用”论坛，并对话香港特首梁振英。9 月 30 日，习近平等党和国家领导人来到北京天安门广场，公祭先烈，许泽玮又参加了此次仪式，向人民英雄献上了崇高的敬意。

在公信力建设上，我们还需要学习更多的东西，“三人行，必有我师”。古人的智慧在当代仍旧熠熠生辉。

7.6　企业员工应该怎么做极致营销

在我看来，工作能力强的员工有五个特征：主动、敏锐、心态、计划、归纳与整理。企业员工应从这个五个特征着手，提升自己的工作能力和职业素质。负责人员招聘的施健对我说，企业的竞争本质上是人才的竞争。那么，企业该怎么做？

像许三多一样的程序员

张腾是一名程序员，喜欢看《士兵突击》，他说，许三多身上有一种气质，可以理解成一种“程序思维”，就是接收指令和完成输出。对程序员来说，有时候上线的时间特别紧张，为了完成任务，凌晨4：00起来写代码是家常便饭……这些琐碎的点滴带给了这些年轻生力军工作、生活截然不同的印象与影响。

张腾说：“在生活中完成任务，是我最大的乐趣。”对于这种乐趣，他描述成了三句话：在没有任务的时候能主动寻找任务；在有任务的时候能主动补充细节；在力所能及的情况下主动帮助他人。

当他还是实习生的时候，那是一个周末，完成日常的更新之后，张腾帮助其他部门做过一件事：挨个打电话做打款认证。从下午一直到晚上12：00，张腾打了近400个电话，通过率达到85%，而其他同事的平均通过率为60%。他打每个电话都尽量尊重对方，把用户当成自己的亲人。

这种主动精神在别人眼里近乎疯狂。有一次张腾负伤住院了，同事们都很着急，但他却学《士兵突击》里的伍六一开起了玩笑：“伍六一受伤了，他的腿可以装一条钢筋进去，拿它当韧带使。我伤的只是一只手，用另外一只敲起代码来一样比你快。”就这样，硬生生地在病床上练就了一个左手打代码的绝技。

这是像许三多一样的程序员，对编程充满激情和热血。他身边的朋友有的变成某个领域的技术大牛；有的在做产品的同时忙着布道演讲写书；有的设计出了千万人使用的软件产品；有的变成了创业者。一千个程序员有一千种活法，他都不在意，他的活法只有一个，像许三多一样活着。

把世界画在纸上的设计师

画画怎么分难易？设计师陈志说：“画魂，看似很容易。魂是无形的，没有固定的形状，但画起来很难，需要笔笔形到。生活，需要处处实写，却有处处实写不出的意。为了让用户感受到企业的魂，既不离存在的真实意，也不离真实的存在意。”

91金融的吉祥物是一只中华田园犬，名字叫作“旺财”。我们从这只狗身上，能挖掘出很多人性美好的一面。比如说忠诚，像《忠犬八公》一样，无论是风雨交加，还是烈日炎炎，又或者世事变迁，我们对用户始终如一，只为了自己内心的那份浓郁的感情。一定程度上，用户是企业的魂。

安全也是互联网金融企业的魂。对设计师来说，为了找到打动用户的灵感，陈志每到夜里就会拿着画笔，去仰望星空。有的时候，为了体验用户，还会客串一下地推人员，头顶着烈日，在线下去发传单。1000份传单可能不代表什么，但是在跟用户的1000次对话中，让他有了1000次画画的素材。只要保持对数据、问题、风险及机会有足够的敏锐度，就能经常找到关键所在。

同事们时常会问陈志：一个吉祥物会有风格吗？陈志认为，风格就是一个人所有的阅历结合自身的特质成长而成的那棵独一无二的大树。这棵大树伴随着企业一点点成长，需要企业的土壤以及用户的阳光。一个设计师，如何形成自己那简洁而美丽又有一点理想主义的风格和独特的画面语言？只能靠积累，有时候他一边吃着饭一边琢磨修改线条。

用户思维改变了我们看待世界的方式，虽然周游不了世界，但是只要世界还在，就可以出去看看。无论是压力和压抑，还是所有人的“误解”，依然乐观地面对用户。认真做事，真诚待人，这就是用户所需要的设计师。

每年都要当一天客服的创始人

创业者作为企业的一员，什么是创业心态？许泽玮对我说，时间就像海绵里的水，需要不断地从海绵里面挤出来。上一个钟头可能在会上演讲，下一个钟头就已经在飞机上。第二天，可能在另一个会场上侃侃而谈。自己就像一个飞人，从早上7：00，到晚上一二点，日程安排得非常紧凑，仍像一个与时间去赛跑的创业者。

无论许泽玮多么忙碌，一年里面都会抽出一天时间，在石景山旗舰店当一天客服。我记得非常清楚，那一阵91旺财APP刚刚开通快捷支付，一个用户晚上七八点钟的时候打电话进来。用户使用的是一张中国工商银行的卡，但是注册的时候提示手机号码不符。有可能是用户银行卡预留的号码跟注册的号码不一致。

许泽玮直接联系负责快捷支付的员工，得知账户预留手机号属于重要客户信息，目前中国工商银行仅提供柜面渠道对预留手机号进行修改，用户本人需要持有效身份证件到本、异地任意网点办理。许泽玮先问了用户的地址是在哪里，然后用手机查找离用户最近的银行网点，并告诉他乘车路线，最后还提醒他要告诉银行工作人员是快捷支付出了问题。

对用户而言，客服是一对一的交流平台，所有直接面向用户的部门都属于公司的核心部门。为了让用户和客服之间沟通起来没有距离，我们保证每一个反馈信息在客服那里都有记录和跟进，哪怕再小的问题也会编辑在册，让其他客服知道。我们要求客服快速回复，7×24小时只是对客服工作的一个最低要求，更高的要求在于获得用户的信任感，让用户无时无刻不感受到我们就在身边。

时间精确到分钟的日程表

对于“互联网+”来说，最重要的是跑赢时间。传统金融机构，到处存在浪费时间的现象。互联网金融的一个重要作用，就是用技术换取时间，提高实体经济的效率。

我一直强调一种工作方法：想要让每一分钟过得有意义，必须善于制订计划并能保障执行的效率和质量度。在对待工作上，一个成功的企业必须重视个人的发展。包括在职场中你的发展，你的学习能力，你的基础知识，还有个人的情商和待人接物，如果你不具备这种能力，那么你很可能会被淘汰。

我希望每一个同事在这个团队上能够不断学习和成长，否则就是虚度光阴。公司在每星期四都会组织一次叫作学习型组织的集体活动，每个人都能分享自己的成长经历，分析做事的各种经验和心得。现在，学习型组织多了新的内容，会从外界邀请优秀的专业人员进行专门讲解，开拓员工的视野。

每一个同事，每一个季度会有一次集体性的拓展训练。把全国的员工聚集在一起，统一思想和意识。事后，每一位员工也会按照要求写心得体会，总结自己的所得所失。有的时候，最忽视的问题有可能转化成关键问题。我们有一个工作执行表，对于关键节点上的传播，更是要求做细到每一分钟。为什么是分钟？把工作做到极致是为了让用户放心。

每个人入职之后有一个直接领导，我们要求直接领导管人胜过管事。一个员工如果受到奖励，他当年的直接领导、入职引导人、推荐人、督导员，五个员工都会得奖；一个员工受到处罚，这五个员工也会同时受到处罚。

10万次点击的运营人员

2015年5月，91金融超市全新改版上线。新版网站在用户体验功能上进行了全面升级，目的是让用户享受到更简单、快捷的金融服务。作为此次改版的重要环节，添加了91金融手机移动端，用户可以直接从官网扫码或点击下载，实现掌上理财。另外，通过“一键式”评测可以让用户知道风险偏好是什么。

关于这次改版，运营人员都付出了巨大的努力。无论是技术层面、UI设计阶段，还是在后期测试阶段，短短1个月期间，新版网站前前后后测试了上百万次。张育宁作为其中一员，为了查找死链测试响应速度，在1个月期间对网站的所有链接共点击了10万次左右。在整个测试期间以及试运营阶段，运营人员都亲力亲为。在没有经验、没有足够人员支持下的情况，用最传统的方式，保证网站的正常上线。

身在运营部门，张育宁会接收到来自各部门提的需求。在部门协作的过程中，运营属于后者，它既要方便技术的开发习惯，还要尽量做成一个需求文档。不仅品牌部看得懂，技术部也能看得懂。张育宁说："这是团结协作的态度。正是有这种态度，91 金融超市网站才能在很短的时间内，在那样一个技术架构的基础上和人员缺乏的情况下，让网站一点一点揭开面纱，和每一个用户见面。"

张育宁分享了她感触最深的一件事。有一次，91 金融超市有一个紧急的升级任务，时间只有半个月左右。

"时间不等人，一定要保证按时上线！"张育宁说，如果不能按照正常的时间点，那就把时间挤出来。那段时期，整个运营部门和技术开发部门每天都加班加点，在 7×12 小时工作制度下，用最短的时间把网站的用户体验提升了上来。这是归纳整理的过程，也是一个转换思维的过程，对难做的事情，要有条理地进行归纳、整理，才能把困难当作动力。在知识储备不足的情况下，就通过经验的积累让每一天过得像别人过两天一样。

我曾经在传统的金融机构的大会上发言，我说为什么互联网行业能够在金融领域取得这么大的发展？本质上来讲是因为人才的流动，当然最核心的因素也是所有制造成的，不同的所有制会产生不同的人才。

一些人很少使用理想、梦这样的词语，也肯定不会觉得自己有"中国梦"。面对同一个梦想，有的人永远只会在嘴上侃侃而谈，有的人却会因为努力而终于成为螺丝钉。有抱负，有理想，对自己和国家的未来有信心，脚踏实地，有为了目标吃苦努力的毅力。什么是"极致营销"？传统金融机构做的是"营销"，超越它们就叫作"极致营销"。

第八章　互联网金融激活未来：思维制胜

8.1　投行思维：破解互联网证券的密码

投资的本质就是成本和时间。如果成本足够低且可承受，熬过时间，就可以了。投行思维就是跟时间赛跑，未来，只有用投行思维改造互联网证券行业，才能有效解决中小企业融资难问题，才能促进中国经济的可持续发展。

投行的三种服务类型

投行就像资本在玩的一个从 A 走到 B 的“走格子”的游戏，这个游戏可以分为五个要素，分别是贝壳、大海、船、投行家和服务的客户。其中，贝壳代表取得丰厚资本回报的价值洼地，大海代表取得丰厚回报的操作方法，船代表金融技术、牵线搭桥等中介服务。

第一，投行是一个纯中介服务。投行家知道哪里有贝壳，也知道到大海该怎么走，为了让客户找到贝壳这种资产，卖给客户航海图和必要的出行工具——船。这是一种纯中介服务，投行家会为客户描绘产业整合后的美好蓝图，鼓动客户实施并购战略，并为其设计交易结构，提供私募融资服务。

第二，投行是一种分享的服务。投行家知道哪里有贝壳，也知道大海里面哪里贝壳多，当客户买了船之后，投行家和客户一起捞，根据实际所得一起分成。整个过程像创业者融资，设计了一个宏伟的商业模型和实施路径，便开始寻找能提供局部资源的各种合作伙伴，并说服其加入自己的队伍，项目成功后，给其分成。

第三，投行是达到交易撮合的服务。当两个人辛辛苦苦找到贝壳之后，只会有两种结果：一种打开之后是珍珠，另一种打开之后是沙粒。在贝壳打开之前，对于其结果到底是沙粒还是珍珠，客户是没有办法从中选择的。所以，投行思维不是让客户自己去承担这些未知的风险，而是主动去伪存真，然后取得客户的信任。

我国目前从事投行业务的主体主要有专业的证券公司、兼营的信托公司和一些财务公司等。这些公司数量多、规模小、资本不足，抗风险能力和竞争能力差。国际投行业的发展历程表明：为数不多的现代化大型投行占主导地位，成为行业龙头与支柱，是投行成熟的重要标志。

未来，全能型、综合化的银行发展模式将得到加强，由商业银行主导的混业经营将成为金融业发展的主流模式。

投行和资管的区别

投行思维的精髓是结构重组。结构重组即对资源的种类、数量等时空分布进行调整，产生由“石墨”到“金刚石”的增值效果。一种资源到底是“石墨”还是“金刚石”，背后的关键就是投行的并购重组等。

造成中国投行业务发展不平衡的原因有两个：第一，在分业监管下，以前资管的作用是被低估的。过去，银行吃进去国企股改的大量坏账。现在，吃进银行大量坏账的资管公司正在改革。目前，资管公司和处理坏账之间“剪不断理还乱”的关系正在分崩离析。作为银行坏账的“接盘侠”，在旧资管时代，资管企业只是帮着做账，给上市做数据而已。随着坏账成为“肥肉”，竞争变得不可避免。在坏账的争夺上，冲动战胜了理性，四大资管公司离资管越来越远。在现行市场经济条件下，如何处理坏账是一门“生意经”，但不是一门“事业经”。坏账是一个灰色的产业链，从银行打折出售还是打包让资管竞价，资管方式混乱，只是监管部门心照不宣而已。

第二，在混业监管成为趋势下，投行还需要进一步发展。各国的法律和财务监管体系也并不是能够很快量化的系统，从初创企业到拟上市企业，都需要中介机构为其提供专业的服务。上市公司的资本市场大动作也需要专业中介机构的介入。而如果由企业自身来完成这样的任务，在现时点来说既不现实也无法承受。

投行的必要性还体现在可以解决信息的不对称性。即使从长远来看，信息不对称也不可能完全消失。投行作为信息汇集的平台，一方面要了解买方需求，另一方面要了解卖方信息，并把两者撮合起来，但如何撮合成交是难以量化的。

证券触网的最后一公里

用投行思维发展互联网证券，企业首先要改变的是自己的传统观念。传统券商的思维是守株待兔，而互联网券商的思维是抛砖引玉。在两种思维的碰撞下，中小企业的资源与传统券商的资源正在发生一系列化学反应。

传统证券公司的核心能力在于金融产品的设计能力、产品营销能力、客户服务能力和风险管理能力，而这正是互联网企业所缺失的。而互联网企业里的用户思维和获客能力，是传统券商所欠缺的。91 金融和海通证券合作，对传统券商进行改造，将在“目标+路径+时点”上进行布局。

证券融网的整个过程有两个层次：第一个层次，也是最浅的层次，在于信息撮合，目前的趋势是从信息撮合到交易撮合。这种服务实体经济的交易撮合方式，正从银行拓展到证券、保险、基金等传统金融市场。第二个层次，传统资管计划正受到互联网思维的影响，互联网下的资管产品正在发生个性变革。91 金融的首批专项资产管理计划总规模为 5000 万元，期限分为 6 个月和 12 个月，100 万元起投，投资者可获得 12%左右的预期年化收益。许泽玮表示，该资管项目也是北京市政府、北京银行和 91 金融共同合作的“中小微企业成长基金”的重要组成部分，将为北京市的中小微企业提供新的融资渠道。

在这两个层次下，互联网证券企业将主要是通过知识而不是金融资本或自然资源等来获取新的竞争优势，比如人才的培养、团队的培养及创新体系的培养。

投行思维下的未来发展

投行业务从本质上是一种资本经营，但资本经营不能仅看作是一种经营方式的变革，而是一种产业革命，它要求在现有产业的基础上，提高资金的使用效率，带动本产业和其他产业的迅速发展。

在这种经营观念的改变下，传统券商时代的两种人发生了改变：一种是“基金经理”正在向“产品经理”转型，另一种是“高净值”客户的匮乏和主流获客渠道的转移。这就好比风口上有两种动物，一个是猪，另一个是鸟，台风来临之后，谁会被吹得更远？答案不一定是猪，也不一定是鸟，而在于风速。互联网时代，谁背后的风速快，就意味着谁被吹得远。当互联网证券这股风来了之后，企业该做什么？

首先要做的是认清自己，放下身段。传统券商躺着也能挣钱的时代已经变成过去。传统信托类产品期限长、收益低，在一定意义上，用户只能被动选择。长期信托在短期信托的压力面前渐渐失去竞争力。在互联网面前，一部分券商步伐缓慢，在互联网面前更多只是投石问路；另一部分券商的互联网业务与门店业务同质化，由于相互竞争而导致后劲不足。

其次，互联网证券走向平民时代，简单来说，就是靠得住、看得见、买得起。在“靠得住”上，互联网券商是依靠传统券商的，而且主体还是传统券商，也需要去中国证券投资基金业协会备案；在“看得见”上，互联网券商的发展一定会从线下转移到线上，有的企业开发适合移动场景的APP，把迁移的通道铺好之后，会在全国推进O2O战略；在“买得起”上，互联网思维下的资管计划在收益和门槛上做了倾斜，更偏向用户。

最后，互联网证券在投行思维下，未来将集中体现在三个方向上：其一，从过去服务银行到服务中小企业的经济转型；其二，从过去监管套利到消除监管套利，降低融资成本（在大资管格局下，监管逐步放开、投融资市场的充分竞争以及实体经济的客观要求会形成融资成本降低的效果）；其三，从被动管理到主动管理，包括主动投资管理和主动融资管理，从躺着数钱到寻找机会。

为什么要重视资本经营

互联网证券时代，资本经营的好坏与一个企业的能力有关。当一个企业考虑未来的发展时，会面临六个选择题，分别是如何选择扩张方式、如何选择资本收缩方式、如何制订资产重组计划、如何管理好无形资本、如何选择租赁经营和托管经营方式以及如何迎接知识资本的时代。资本经营方式的选择，决定着战略转型的成败。

必须明确一点，那就是企业资本扩张经营的根本目的是实现股东价值的最大化，并且使现有管理者的收益更大。这既是现代经营的管理目标所决定的，也是企业代理理论所决定的。如果你的股东是中国人，那就选择人民币资本；如果你的股东是外国人，那不妨选择美元资本。企业资本扩张的价值来源主要体现在获取战略机会、产生协同效应、提高管理效率、从目标企业的价值低估中获益、降低交易成本、在联盟中实现共赢等方面。

另外，与战略扩张对应的就是战略收缩。企业的发展并不是一帆风顺的，有可能遇到监管、市场等诸多问题。资本收缩方式主要有股份回购、资产剥离、企业分立、股权出售、企业清算等。资本收缩经营并不一定是企业经营失败的标志，经常与资本扩张方式相配合，通过资本扩张方式进入有发展前途的经营领域，同时从前景不佳的原有经营领域中撤退出来。扩张和收缩都是为了保证企业资本的利用效率和效益。

资本的重组只是表面现象，真正的原因是保证企业的现金流。很多企业的现金流入与高负债的资本结构所要求的法定现金流出要求严重不匹配，陷入严重的债务支付危机状态。目前，中小企业的贷款不能解决这个问题，未来只能借助资本的力量，包括股份制改造、资产置换、债务重组、债转股和破产重组等。判定一个企业的好坏不能看现金的总量，而需要看现金流状况，这就是“流水不腐，户枢不蠹”的道理。

投行思维的产生一定伴随着投行互联网化，互联网证券未来也会是“强者越强，弱者越弱”的态势。在混业经营的趋势下，金融机构间将会迎来一股重组热潮。投行最终会形成一个大平台，未来很有可能会出现新的 BAT 平台，这个平台拥有资金的优势、项目的优势及客户的优势，到时候国内应该不会像现在这样有这么多中小券商。

值得注意的是，有资本进入也就意味着有资本退出，交易所和投行是相互依存的，投行制造产品并且在交易所这个市场上卖给投资者，但是如果没有交易所，投行也能直接找到客户把产品卖掉（私募）。不同阶段的企业有不同的需求。在这种思维下，未来有两个板块有可能成为互联网企业的聚集区：一个是上海证券交易所的战略新兴板，另一个就是新三板。新三板的价值会重新塑造，能为小企业提供较高的流动性。

8.2 营销思维：如何解决用户理财中的痛点

如果利润有 1000 万元，那么营销可能占 1/5；如果利润有 100 万元，那么营销就有可能占 1/3；如果利润只有一元钱，那就把这一元钱都投到营销里面。为了获取用户，企业应该是一个“永动机”。

不要被创业者欺骗了

今后 20 年，基于用户需求产生的技术变革和模式创新，会产生二次需求叠加，不断叠加的需求和模式将会启发新的思维和产品，新的思维和产品将远远超越现阶段对互联网金融的理解、对股票市场的理解、对债权融资和股权融资的理解。未来，在用户驱动的模式下所产生的叠加效应，会形成非常大的势能，让互联网金融呈现千姿百态的业务发展态势。

很多人在很小的时候，都听过一个小白兔和大灰狼的故事；这个故事的主角，现在变成了投资人和创业者：创业者在房子外面，投资人在里面。

创业者说："我们做的互联网金融搜索，有几亿 PV 用户，有时候搜索一个关键字就会出来 100 多个页面。"投资人听了，感觉既然他们的用户量这么大，其收入至少和微信差不多了，就会问他们靠什么盈利，但创业者说没有盈利。打开他们的网页一看，投资人傻眼了，面对众多页面不知道选择哪一个，PV 很多，但成交很少……然后就没有然后了。

创业者又说："我们的 APP 下载量达到 500 万了，你给我们开个价吧。"投资人问："什么叫作下载量？用户可能不小心点击了一下就被计为下载了，其实用户并没有下载；或者用户下载了，中途中断了，可能也会被计为下载；还有就是用户下载了，因为各种各样的原因并没有安装；或者安装了，却安装失败了。"……然后就没有然后了。

创业者接着说："我们搞了很多活动，比如送代金券、抽奖、地面推广送礼品、发红包等，目的都是为了拉用户。"但投资人最后分析数据怀疑，创业者拉的真的是用户吗？当有一天准备变现的时候就会发现，烧了好几千万甚至上亿元所带来的所谓的用户，一天只能带来上万元的收入，那时候是创业者最该反省自己的时候。

每一天，投资人和创业者的故事都在发生，"小兔子乖乖，把门儿开开"的儿歌警醒着所有的创业者。

互联网金融不能走电商模式

在互联网时代，传统意义上所理解的电商就是烧钱，把电商推向舆论风口浪尖的，是用户和流量。在这两个"兵家必争之地"，所有追求用户的最后都骚扰了用户，所有追求流量的最后却被百度等入口绑架。因此，用户和流量的入口不等于营销的入口。在互联网金融领域，如果营销套用电商营销模式，将会走向歧路，演变成三种"恶之花"：抱大腿、曝假货、分蛋糕。商业价值和用户价值本末倒置。

什么是"抱大腿"？所有的营销本质上都是弱肉强食，流量的"大腿"是所有电商的香饽饽。很多互联网金融企业竞价买关键字，没有把钱用在公信力这个刀刃上，反而花在营销上，导致费力不讨巧。什么是“曝假货”？互联网金融最忌讳的就是跑路，从这个宣传方向来看，有两种逻辑：一种是拥抱监管，引导行业不正之风；第二种是强盗思维，炒作对手损人利己。什么是“分蛋糕”？互联网金融的获客成本越来越高，对网贷投资人群的争夺越来越激烈。

互联网金融发展至今，已经不能靠这三种粗糙的方式来获取用户。只有两种用户才是你的用户：一是肯为你买单的用户，比如你有100万用户，当你需要变现时，有50万的用户肯为你买单，那么你的真实用户就是50万；二是忠诚度高的用户，对产品有一定的忠诚度，不会因为外界环境的改变而改变自己的选择，这种用户才会自发传播你的产品，只有获得这种用户才会提高用户的转化率。

总之，互联网金融如果走电商营销模式，流量转移是相当迟缓而低效的，而且用户中以打新族和羊毛客居多，两边都是窄路。即便做到千万用户级，在成本面前也会陷入盈利的陷阱。获取用户的成本在互联网金融企业竞争中水涨船高，甚至顶着“人傻”“钱多”的帽子，把营销当作一种指标，刻意去达标。因此，电商营销模式的病根在于KPI，病理在于“放弃治疗”，病因在于恶性竞争。如果套用电商模式，互联网金融只有死路一条。

经营用户就像经营朋友圈

互联网可以暂时改变用户的获取方式。互联网银行的出现改变了传统柜台的获客能力，但是，政策宽容的背后，意味着监督更严、挑战更大。

用户就这么多，你是分别人的蛋糕，还是帮别人做蛋糕？从监管的角度来说，是希望传统金融机构拥有在线的直销银行体系，赋予它们强大的互联网的能力，来让它获取用户。微众银行想要发展，无非也是跟银行分蛋糕。蛋糕就那么大，你切一块，它切一块，但是你的速度能比它更快吗？你的风控能比他更严格吗？如果风控不行，借助互联网，你跑的速度越快，死亡速度就越快。所以，未来的核心竞争，一定不是获取用户的能力。

什么才是未来的核心竞争力呢？经营用户的能力才是互联网金融企业的核心价值所在。怎么理解呢？首先要从三个维度上去认识如何去经营用户。

第一个维度是信任。举例来说，某大型银行客户很多，所以办业务总是要排队。客户为什么宁愿排队也不去其他银行呢？从理财的利率来讲，该银行的收益在所有银行当中偏低，但是它的销售量却比所有股份制银行的总和还要高，这种反差是为什么呢？原因在于信任。在金融市场里面，用户的信任是最重要的。

第二个维度是产品。利息低的贷款产品不一定就是好产品，理财产品也不一定收益高就好。产品一定要有竞争力，要不断满足用户需求，但这种产品在朋友圈里，一定不能像微商那样一味轰炸，而应是一种口碑的传播。

第三个维度是体验，客服一定要给力。91金融不仅在线上打造了“7×24小时”服务的客服团队，2014年，更把这种线上的客服体验延伸到了线下，建了线下体验店和旗舰店，都是为了让客户时刻感受到就在身边。互联网让信任的成本增加了，但是这种“朋友圈”的关系一旦建立，十倍、百倍的增长几乎就能一步到位。

在这三个维度下，用户和企业之间的关系成了一种互利互惠的关系。这样做的好处就是，这个企业的每一点进步都跟每一个用户息息相关。

如何获取理财用户

时代在变，用户也在变。在如何获客上，我和许泽玮有一次谈到凌晨三点多。我们认为，在新时期企业与用户是零距离的。如果只讲安全，不接地气，互联网金融同样不能成功。只有两者充分结合，才能让用户在自己的资产配置里留给你一块蛋糕。

如何做到零距离？相比之下，金融消费者更喜欢大平台，因为他们感到更安全。但互联网金融的中小平台仍有机会，那就是在不断建立安全感的基础上，不断拉近与用户的距离。所谓拉近距离就是通过产品创新以及定制化的产品，充分满足用户个性化的金融消费需求，通过多元化金融业务的平台覆盖率，强化用户黏性。

互联网用户和互联网金融用户是不同的。在金融市场里面，你强调的是高净值用户，有核心用户群体；第二，强调足够安全的业务体系、风控和足够稳健的增速。这与互联网完全是个悖论，互联网只需要高速的增长、庞大的用户群体、可以复制的业务模式。因为金融服务是本地化的，线上可以做一部分，线下再做另外一部分。现在金融服务搬到网上之后，互联网金融做线上这部分，线下这部分就要跟传统金融机构合作一起来做。

这就是“不颠覆，只改进”这个口号的来历，互联网金融只有这么做才能在巨人堆里生存。其中有三个原因：第一个原因是为了形成交易闭环，让消费者无论是线上还是线下都通过自己搭建的这个平台完成服务；第二个原因是互联网金融可以为传统金融机构提供更多服务，原来由传统金融机构的人跑腿完成的事儿，现在互联网金融把这事儿做了。传统金融机构线下的部分省钱了，愿意为你的服务买单。

互联网金融行业正在重塑传统金融秩序。金融创新动力将使得金融资产完全脱媒化以及证券化，每个个体通过互联网享受最适合自己的金融产品。

如何解决用户理财的痛点

一边是用户，一边是金融机构，互联网金融企业夹在中间：为传统金融机构做了跑腿的事，用收费来寻找自己的盈利模式；为用户做了跑腿的事，用免费来换口碑和数量。因为平台的作用，中国人的金融消费需求会被细分化，平台将用户的需求细分化、定制化，使得金融资产或者金融配置更加有效率。

互联网金融怎么发展用户？第一，要靠最精准的风险定价，把用户进行分层，对不同的用户进行风险定价，使越来越多的人享受到普惠金融服务，这是“互联网+金融”的核心要素。互联网金融已经形成新的格局，市场级用户的需求会推动技术与产品的创新。在过去的时代，技术的引导可以推动市场的变革，在新的“互联网+金融”时代，一定是用户的需求促发了企业的产生，促进了模式的创新，这完全是两个不同的思维和理念。

第二，在互联网端，每个用户是被尊重的，每个用户的需求也应该被满足，基于这样的需求创新产品和服务。如果违背了这个原则，抛弃了用户去创造产品，妄图用技术驱动市场的企业，将可能死得非常快。在工业时代，用这样的思维做得非常成功的企业，已经凋零了，像柯达和诺基亚等企业已经没落了。在压力面前，很多传统的家电企业、地产公司已经开始用互联网思维去驱动产品，根据用户的需求改变没有效率的市场营销行为。

第三，算法改变一切，可以让互联网金融企业充分挖掘个人金融的场景，给予行业参与者足够多的机会。这种场景背后靠的是算法：它正在改变人们看新闻的方式，比如“今日头条”；正在改变人们的搜索方式，比如手机百度；正在改变人们的出行方式，比如 Uber；如今，它也正在改变人们的理财方式，通过智能匹配帮助用户找到最适合自己的理财方式，在安全和收益上找到一个平衡点。

这种变革引发互联网金融格局的变化，每个用户将会排到最高的程度。在传统金融市场里面，金融机构是强势的，每个个体都是弱势的，是不可以被服务好的。如今，每个个体都有可能被尊重，有可能被充分地满足需求。面对这种可能性，很多用户和互联网金融企业愿意为此尝试。

有用户不难，难的是做到极致。许泽玮表示，金融创新一定伴随着用户体验的突破，“厦门银行-91 金融”联名银行卡为什么被定义为“互联网理财特色卡”？因为这是第一张真正意义上的互联网金融银行卡，拥有厦门银行借记卡的所有功能和服务，包括自助兑换新台币、通存通兑以及中国内地、中国香港、中国台湾自由取款、转账免费等响应国家“一带一路”战略的特色功能。

目前，互联网金融企业不是太少了，而是太多了。未来，一定是企业与企业之间的相互融合，传统金融与互联网金融的相互融合。从用户角度来说，不需要两个差不多一样的平台。未来，如果平台自己没有竞争力，那么一个小的互联网金融企业要么在竞争中消失，要么是一个大的互联网金融企业的子集。

为什么会消失？回到最朴素的数学原理，空集是任何集合的子集。没有竞争力的互联网金融企业发展到最后会是一个空集，将一点点失去赖以生存的用户。

8.3 极致思维：跟着风控总监学习如何做风控

一个创业者如果有极致思维，或许就能做出具有极致体验的产品。如果企业能坚持做到极致，创业者一定具有这么一个特征——他是有信仰的创业者。互联网思维，就是在追求一种极致思维。

极致思维的反义词是什么？可以是懒惰，可以是简陋，也可以是恐惧。而用户为服务而感到恐惧，正是目前传统金融机构面临的最紧迫的问题。

仅仅5分钟就能让一个用户感到恐惧

2015年中的一天，我花了一上午时间去了趟医院：9:00到了医院，挂号花了30多分钟，只享受了1分钟的服务，交钱；后来找医生，排了40分钟队，医生服务了我2分钟，又要去交钱；在收费口，我又排了十几分钟，交钱花了不到1分钟；然后又去排队拿药，排了15分钟，最后被服务了不到1分钟。在医院花了一个半小时，仅仅被服务了5分钟。

这也是传统金融机构所遇到的问题，在服务的过程中能让用户感到“恐惧”。问题到底出在哪里？极致思维难道在传统金融行业消失了吗？

其实，整个银行体系决定了它的特殊性，央行监管考核等因素决定了它很难在金融产品、金融服务上做创新。它需要兼顾整个银行体系，哪怕有所创新，也要遵循监管的要求，因此要期望一个在金字塔尖上垄断很多金融资源的机构去做创新是不现实的。互联网金融企业的出现才可以让它们做出一些改变，但是这个变化仍然很缓慢。

从整个银行体系来讲，决策者想要让互联网金融企业做出新的探索。对传统金融机构来说，它们只是为了完成任务，所以不要对它们寄予太多的创新期望。随着互联网金融的发展让越来越多的人从线上获得服务，互联网颠覆了旧的用户生活习惯，也对传统金融、传统柜台式的营销以及简单的网上银行营销方式带来了革命性的颠覆。

随着线上业务的发展，互联网金融企业对线下风控的要求提高了。在风控能力成为企业的核心竞争力的情况下，极致的风控对一个企业至关重要。要做到极致，就需要尊重传统银行的风控逻辑。对于风控的结果，只认 100 分，达不到 100 分，所有的成绩就是 0。

非黑即白是风控的一个显著特点，没有过渡。至于那些贷前控制、贷中控制、贷后控制，都是做事情的方法，改变不了“要么成功，要么失败”这个结果。

风控授信前须问企业 100 个问题

为了在创新和风控上做到平衡，风控总监毛琦枝和我一起吃饭时说，对风控人员来说，最常去的地点有四个：银行、房产、公证处和企业的经营场所。去银行是为了验证征信情况以及过桥贷款情况，看抵押率是多少；去房产是为了验证房产的实际情况，确定影响估值的因素有哪些；去公证处是为了和借款人做公证；去企业的经营场所是为了了解其经营状况和企业文化。其中，所有的地方都需要提前预约，每天走在路上的时间比睡觉的时间还多。

风控需要极致思维。在这种思维下，对于风控人员，压力不是降低了而是增强了。每天大清早就出去，忙完这个事情之后继续下一个事情。实地审核的时候，更是不放过任何蛛丝马迹，对任何影响信用的结果，哪怕是借款人染发了、系错扣子了、穿什么服装等细节，都要一一记录。在外面的时候，无论是挤公交还是挤地铁，尽量远离人多的地方，时刻要保护手里的资料，脑袋里想着的永远是一个老风控人对借款人想问的 100 多个问题。

面对企业的经营者，他总会问：你从事的是什么行业？行业所处社么阶段（新兴、成熟、衰退）？是否受经济周期影响？行业的整体盈利情况？企业规模及市场占有率状况如何？是否为龙头企业？行业产能是否过剩？行业经营资质是否需有关部门审批？是否受法律政策限制或影响？

怎么判定一个企业的还款能力比较好？毛琦枝在自己笔记本上列了40多页的问题，对每一个问题都会做详细的笔记，比如企业的3年销售收入、利润总额、销售利润率、企业的3年资产以及负债情况、经营性现金净流量、现金净流量小于利润总额的原因、货币资金中保证金存款和已冻结的定期存单存款、应收账款客户是否集中，甚至还会查存货明细、原材料采购成本是否计提存货跌价损失等。

一个风控员就像一名资深的会计，不要怕麻烦，要去审核借款人及其公司的所有账目，包括预付款、固定资产明细、存货周转、存货增长额等，还包括借款用途、借款金额、借款期限、还款来源、经营收入等都要有记录。在考察房产的时候，房屋的朝向、是出租还是自住、建成年代多久、借款人身体状况如何、有无犯罪记录，甚至借款人的配偶情况、交谈之中是否礼貌文雅等，都要用文字备案。

只要有一个事故，就会更新一条问题，进而需要无数相关从业者付出时间、精力，以保证风控从开始到结束，直至顺利完成一个还款周期。2015年3月19日是91旺财完整履行完12个到期还款周期的日子，在这一年期间，没有一笔坏账产生，日投资额从20万元增长到最高1830万元，共计抵押房屋912套，实地察看3045套，收到借款申请10,732条。从某种角度来理解，这是信任的成本。

关于风控的三个故事：要对用户极端负责

我翻开毛琦枝的笔记本，就会看到密密麻麻的文字，这是另一种极致思维。经验的积累对于风控人员来说是一笔宝贵的财富，这种财富也会成为所有风控人员共同的标准。在他的笔记本上，着重记载了三个故事，每一个故事都代表一类人。

第一个故事是这样的。有一天，毛琦枝去医院看望住院的朋友的时候遇到了一次教学大查房，主持查房的是一位鬓角微霜的老教授，病房里挤进来很多医生。看到一位保洁阿姨正在拖地，老教授忽然停了查房，朝医生们说："拖地了，来，你们朝墙边靠一靠。"所有人都给拖地的阿姨让了路。看到这，毛琦枝在笔记本上写了这么一句话：对生命最大的尊重，是尊重自己，更是尊重别人。

另外，同事李绍庆给毛琦枝说了一个故事，他听后非常感动。每一次去实地验房的时候，何满家手里总是带着两样东西：一把米尺，一个相机。何满家对李绍庆说，一个房屋质量的好坏，关键是看它对细节处理得怎么样，比如插座的位置、间距。另外，每一次验房，何满家一定会拍摄几百张照片，把所有的细节都考虑进去。

李绍庆说他印象最深的一次，是何满家在对房屋结构的实地勘察中，在内部仔细察看之后，还借来安全绳，站在空调板上，去看楼房的外墙。结果发现外墙上外保温层部分已经脱落，保温板空鼓严重，甚至部分地方已经开裂。何满家把这些细节都记录在笔记本里，从而对这处房产有了更深的认识，使房产的评估获得了第一手资料。

毛琦枝说，作为风控总监，要尊重每一位风控人员的劳动成果，要对他们的工作产生敬畏之心。我们也要尊重客户托付的每一样资料，无论是借款公证、委托公证，还是去房产实地考察的文字和照片资料，都要由专门的人管理。随着资料的归档，我们对每一个回款都要实时监控，等到确认结清欠款了，还要及时解除抵押。

第三个故事，对风控团队新来的每一个成员，毛琦枝都会让他写一篇《寿司之神》的读后感。毛琦枝认为，风控人员要向这种职业精神致敬：首先，对待工作要追求极致，维持最高水准；其次，要一心只想提升自己的技术和经验；再次，风控人员必须要有严格的保密意识和高度的责任意识；最后，风控人员要求好心切，每一个人都是领导者而非合作者，面对大数据征信，要用固执、坚持传统的方式，付出最大的热情。

这三个故事说明，一名风控人员肩上要承担的是无数人的信任。一旦决定要做这一职业，就必须全心投入到工作之中，必须爱自己的工作，千万不要有怨言，必须穷尽一生磨炼技能。

极致思维下的风控是人的一种信仰

对风控总监这个职位来说，很多人都存在疑问，他们靠什么坚持下去？毛琦枝对我说，作为一名有 20 多年从业经验的老风控人，多年的工作磨砺了他的性格，让他对风控的理解更深了一层：风控不仅是金融的核心，还是人生的一种信仰。

一个错误，乘以 1 万人，也会变成一个严重的事件。大到一座房产，小到一个小数点，出现一丁点的错误都会引发灾难性的后果。极致思维是对风控人员的最高要求。要保证对工作的无限热情。在信仰的指导下，要对用户好过对你自己。从业务到生活，都要保持一个极致的心态。

在业务上，为了胜任这个职位，毛琦枝在业余时间自学了 20 多门课程，获得了律师资格证、心理咨询师资格证、资产评估师资格证、会计从业资格证等证书。每一门课程都代表一种素质，比如学习会计学，可以培养人对数字的敏感度以及对企业运营状况的把握；学习法律，可以培养法律意识以及在与法院的沟通中更加游刃有余；学习心理学，可以揣摩借款人的心理；学习资产评估，能对房产有一个全新的认识。这都构成了一个风控人员的专业度。

在生活上，作为一个有 20 年棋龄的“棋迷”，毛琦枝经常给团队成员们说，通过下棋可以培养自己严谨的生活态度。获得过全国业余组冠军的经历，让他对风控有了更深一层理解：风控就像水一样，只有全身心地投入才能把水杯的空隙填满。如果有些地方考虑不周，就有可能还有气泡，就意味着风控这杯水里还有空隙。如果发现这杯水漏了，就要跪身下去，一滴一滴地用双手去摩挲，用拇指和食指去琢磨，一定要纤屑不遗，吸取教训。

总之，人与人能聚在一起是由很多必要条件造成的。投资者和借款人通过互联网金融结缘，细想一下，差一个条件，都会走到不同的路上。所以，每一天，都是为自己而活，付出足够的汗水，就能构筑足够多让自己惊喜的必要条件。风控团队，从一个人到40多个人，每个人都在挥洒着热血，风控的精神已深深植根于生活的点滴。自己累一点没有关系，要对得起这份信仰，对得起从事这份职业的荣耀。

因此，做互联网金融风控绝不是一蹴而就的，风控也是互联网金融企业的一门手艺，你的手艺越好，你越会得到市场的认可。这种极致思维也是一种职业精神。

毛琦枝说，和做寿司一样，风控人员需要N个10年才会做好。他用“寿司之神”小野二郎的一句话警醒自己：“我一直重复同样的事情以求精进，总是向往能够有所进步，我继续向上，努力达到巅峰，但没人知道巅峰在哪。我依然不认为自己已臻完善，爱自己的工作，一生投身其中。”只有理解了这一点，才能拿到一名风控人员真正的从业资格证书。

8.4　情感思维：从节日营销谈产品如何走心

“文案”和“销售”是一个同行的关系，“设计”和“运营”也不是没有交集。互联网打破了行业与行业的限制，这种融合的趋势是主流。

因此，“消费”和“产业”这两个概念也是一种合作的关系，因为消费者是产业有机的、重要的组成部分，消费者需求定义了产业边界。产品的营销是为了到达消费者，传统行业正在重新审视加盟商制度，从工厂直达消费者的模式正在从小众走向流行。

互联网金融的节日营销怎么做

互联网金融的节日营销不能走电商的老路，造节和造势推得PV再高，如果最终转化的用户不能变现，也是问题。互动营销总监叶丽萍找到我，汇报

2015 年春节的时候“抢红包”的总结。其中，有几句话深深打动了我。

在高效率打败低效率的竞争环境里，节日营销要具备一定的碾压效应。这种碾压效应在很多场景都会出现，比如高频应用对低频应用的碾压，微信又当法官又当炮手的原因在于掌握高频应用的话语权；免费对收费会形成碾压效应，我们在最开始的时候，所有服务就对用户免费，对金融机构收手续费；在互联网金融领域，这种碾压效应则表现在信任和口碑。

数据统计，91 金融 2015 年春节“抢红包”活动回馈的红包数额在 10～100 元不等，H5 页面的打开率在 170 万人左右，用户带来的总投资额高达 3.5 亿元。从用户角度来说，转发意味着三种心理得到满足：一种是获利心理，所有玩游戏的人都有真实的红包；一种是娱乐心理，在消费领域，游戏是一种用户语言；还有一种是节日心理，红包是春节的新民俗，所以在借势营销上，站在用户的角度上思考比指挥用户要强有力得多。

因此，节日营销是走口、走手还是走心，代表了三种模式。为什么一个 H5 页面就能吸金数亿元？原因在于走心了。走口营销多用于线下促销，从各方面去激发用户的“占便宜”心理。走手营销多用于电商，“秒杀”天天有，比的就是手快。互联网金融火爆，逃离走手和走口的俗套，是对用户的一种的尊敬。在以人为本的互联网时代，这种走心的获客模式体现在用真诚打动用户，用真实带来转化，用真心去创造价值。

可悲！用户价值正在向商业价值屈服

在节日营销里，团购模式的死亡，原因在于人海战术已经不合时宜了。传统营销思维有两种：一种是造节思维，配合事件做病毒式的推广；另一种是公关思维，就是用媒体思维去理解用户思维。在“用户为王”的时代，传统大鱼吃小鱼的方法用起来就是生搬硬套了。

为了重新发现用户价值，烧钱这条路就得让位于口碑。在新媒体时代，一个节日营销想要有一个好的效果，在走心的过程中，至少需要三个人：一个灵魂人物做好内容，一个人专门研究营销渠道，还有一个人负责内容营销策划。这样一个专业化的三人组合才能够保证在行业中脱颖而出。节日营销靠的不是“诸葛亮”，而需要“三个臭皮匠”。

什么是新媒体的思维？节日思维，说俗一点就是眼球经济，说雅一点就是粉丝经济，总的来说是一种商业价值的行为。在线上线下的营销战中想要生存，基本是靠钱砸出来的。互联网金融更需要新媒体的思维，做到内容为王，就不会发愁指点江山。而且在传播方式上，视频推广和 H5 推广的效果就露出冰山一角了。

总之，在思维导向上，不要照搬电商营销模式，流量和用户很重要，但是口碑更重要。不要因为盲目追求商业价值，而损害用户价值，用户的仪式感和满足感很重要。不要走口、走手，而要走心。在互联网金融大行其道的今天，利用碾压效应在声浪上做到先声夺人，在用户使用场景中植入品牌信仰，在最后的交互里将心比心是最重要的，所有互联网金融企业都要学会“躬行不言，默而成事”。

可敬！每一个人都是产品经理

在产品营销上，互联网金融企业要懂得追求一种极致的体验。在每一次营销活动中，每一个环节都要对用户转化产生影响。我一直强调，无论是一个新媒体运营人员，还是一个文案创作人员，只有对用户负责，输出的每一段文字才有可能转化来一个用户。

从大环境讲，互联网金融跟新媒体是同一个时代的产物。传统方法是把钱投给门户网站或搜索引擎，而现在的方法是利用微博、微信可以直接连接到购买产品的个人。互联网金融正通过新媒体直接到达无数的个人。

从微观讲，互联网金融在新媒体里扎堆，我觉得是由两方面的原因造成的：一方面是传统的搜索流量没有办法被量化，很难统计。在我做用户数据分析时，发现很难统计到某家媒体的流量，不知道应该给广告主多少钱。这个跟门户网站面临的问题一样，过去很长时间里，门户网站的用户量并不比搜索引擎少，但门户网站拿的收入只是搜索引擎的 1%、2%。我们不知道用户的转化率是多少，就很难精准地制订投放计划。

另一方面，营销追求的是一种“爆品”思维，在选择的角度上有两方面：从路径上如何保证独一无二，从到达上如何保证四两拨千斤。在新媒体时代，自媒体让口碑和渠道成为一个面，而不是孤立的点。营销的变化上有两个趋势：一个是新媒体要尽可能把内容量化，一篇内容可以带来什么样的结果，带来多少用户；另一个是口碑和内容，一定要跟广告主的诉求挂钩。这不妨碍你指点江山，因为指点江山和赚钱是不矛盾的。

在营销的字典里，没有委曲求全，只有尽善尽美。在产品营销方式上，91 金融开创了互联网金融企业的一个先河，即实行全员营销制度。每一个人都是产品经理，每一个人都对产品的内容、渠道、下载量等负责。

可爱！我为营销疯狂，为运营疯狂

互联网金融企业“找人”的成本很高，很多活动都会遇到没人参加的窘境。从静态的环境里找人是容易的，但是从动态的环境里找人则是困难的。对待一个事情，风控人眼里看到的和营销人眼里看到的是不一样的。

营销最终比拼的不是创意，而是背后所有的运营行为。用户营销的终极追求可以总结为一点：转化率。商业产品的终极追求可以总结为一点：效率。在互联网金融领域，即使内容做得再牛，也无非是想把访客转化成用户留存；活动做得再好玩，本质上还是通过做一个事情把目标人群转化成粉丝。总之，转化率决定了营销活动的成败。

仅仅在对待转化率这个问题上，我们就专门做了方案，里面有 20 多种对策，涵盖线上、线下、网络、平面等。其中，有两个概念让我至今记忆深刻。

第一个概念是“做功”。在物理上，做功是指能量由一种形式转化为另一种形式的过程。虽然这只是一个 H5 游戏，游戏形式很简单，随着爆竹落下出现一个分数，根据你的分数对应不同数额的红包。为了增强声势，我们专门在线下做了 20 多场送烟花的活动。熟悉运营的都清楚，线下的转化率并不高，但这样是为了提高线上的参与度。因此，最终线上的转化率变高了。线下引来的曝光量在线上奏效了。可以这么说：我们对用户做了一个功。

第二个概念是“压强”。在物理上物体所受的压力与受力面积之比叫作压强。我们在线上选择了100个城市做实验，对人群进行精准分析。在推广前期，游戏还没有到达临界点，参与度并不高。在推广后期，随着品牌曝光量提升，一定覆盖面积下的人数增多，转化率提升了。这个现象很正常，但背后的红包发放数量却减少了。最后的效果就是，用最少的红包获得了最大的曝光量。

“做功”和“压强”背后，就是营销的终极目标——效率。一个运营负责人，应该有眼光、有战略地规划好整个活动成长的节奏：大概在什么节点，实行什么策略。可以烧掉的钱和可以省掉的钱怎么分配才能实现更大的价值？这才是互联网金融企业竞争的核心。

金融产品的营销误区

金融资产和电商不一样，它的产品是货币，流通的是货币，产品是金融资产，其实也是货币，是借贷关系。钱从A到B的一个流动过程，其实就是一个借贷关系。

电商的产品是一种契约，你购买产品之后和快递到达之前，都可以反悔，不会影响利益。但是金融产品不一样，用户完成购买之后，就会在意资产是增值、保值还是贬值。互联网金融企业的产品轨迹一定会经历“起始期”“成长期”“成熟期”“衰败期”的生命周期。起始期是第一曲线，往往靠的是营销；成长期是第二曲线，靠的是产品和收益；成熟期是产品的第三曲线，靠的是背后的公信力和金融牌照；衰败期是第四曲线，这时候应当考虑更新产品了。

不同的成长曲线对应的产品营销策略是不一样的，不同曲线下的用户忠诚度也不尽相同。之所以要把用户放到曲线上去分析，主要为了更科学地指导获取用户的方式和效率。在起始期，企业容易犯的错误是烧钱策略，盲目地借助资本的力量；在成长期，企业容易犯的错误是重营销、轻产品；在成熟期，企业容易犯的错误是忽视公信力的作用，只靠单一的业务去变现。如果一个企业一连错了三次，那么等待它的就是衰退期。

单一产品的营销和多元化产品的营销也有区别。“单一爆款”在互联网这个极容易复制的环境里，变成“多点开花”。反映在产品收入上，就是应合理规划自己的收入结构，风险业务占总收入的比重一定属于次要地位。例如，如果有 50 亿元风险很高、坏账在 10%以上的业务，绝大多数企业很难用利润去覆盖掉它；但如果把业务规模控制在 5 亿元左右，用多余的钱去发展其他相对稳健的业务，就会对冲掉这部分风险。

总之，金融产品是有风险的，风险决定了营销要趋于保守；风险也决定了你想要生存必须走监管这条路，走牌照这条路。

从“文案”到“销售”，只隔着一个营销；从“设计”到“运营”，只隔着一个产品。营销对应的概念应该是生产。营销的方向在于提升消费体验和丰富用户场景，生产的方向在于提升生产效率，在互联网金融想要实现数字化战略时，两者通常会结合起来考虑。营销方式必须建立在生产方式之上，生产为营销服务；生产方式必须建立在用户身上，真正做到为用户服务。

未来，节日营销单一活动已经跟不上时代了，由多个活动组成的活动矩阵逐渐成为主流：一是时间跨度，比如 2015 年 9 月 1 日，“91 金融节”正式开始，持续至 11 月 30 日，为期 3 个月；二是活动跨度，比如我们围绕“越理财 · 越精彩”的主题，以普惠金融理念为指导，致力为投资者带来一场集金融知识普及、金融人才招聘、趣味金融活动等为一体的互联网金融盛宴，线上线下活动共计 200 多场。

8.5 迭代思维：让听到炮声的人做决策

同样频率的东西会共振，同样性质的东西会因互相吸引而走到一起。共振会产生同质性，同质性会产生吸引力，吸引力会把这两个共振体牵扯一起。

两个人从没有交集到有交集，一定会经历这种“共振”现象。

对所有互联网金融企业来说，都会遇到从小到大的发展过程：一方面是员工数量激增，另一方面是上下级决策的混乱。管理扁平化是一个趋势，对一个上阵的指挥官来说，最重要的不是自己做决策，而是让听到炮声的人做决策。

灵与肉：把握产品创新的三个条件

平台的服务到底应该给用户创造什么样的价值？一定是企业基于用户的需求，从个人金融消费到中小微企业融资，实现极致服务。产品的这种创新一定是一个动态的过程，一个产品推出市场之后，也会随着市场环境的变化而变化。听到炮声的人及对炮声做出反应的人，都应该学会迭代产品。如何加速这种创造的过程？这就需要三个条件：人与人之间的信任度、企业的主观能动性和互联网信息的交换。

首先，信任有两个含义。如果双方的实物交易是在同一时间、同一地点完成的，或者说实物的所有权交换可以抽象为“一手交钱、一手交货”，那么在这种交易中不存在购买者对实物信息、实物质量以及实物拥有权不信任的顾虑。有了互联网之后，“一手交钱，一手交货”就变成了“一手给互联网，互联网再转手给你”。互联网信任的过程，是一个趋于零的过程，不断地拉近距离，从“有隔阂”到“零隔阂”。

其次，传统金融机构的主观能动性需要依靠互联网金融企业来实现。银行是货币的“第三方生产平台”。从企业之间的货币结算来看，其典型代表形式是“银行转账”，银行转账制度的设置在本质上属于“货币支付的第三方平台”。这个时候，别人懒惰的时候就是你应该努力的时候，传统金融的懒惰一定会滋生新的创业机会。

最后，一旦互联网加入了人们的交易活动，就产生了信息和实物、线上和线下的“杯水车薪”的现象，在沟通中信息不同步，导致“灵”与“肉”分离。互联网金融企业在管理的过程中，要保证两条路畅通：一条路是与交易信息相关的“信息高速公路”这个“线上网络”，另一条路是直接面对用户的“线下网络”。在这两条路中间，“第三方平台”最大的历史意义在于做一个增信平台。

线下店策略：从经济发展薄弱的地方开始

现在，农村发展互联网金融成为一个趋势。互联网金融企业在拓展农村业务的时候，会有两个选择：一是“城市包围农村”，二是“农村包围城市”。在推进线下店这个战略时，我们选择了土生土长的延庆人韩冰天负责。韩冰天说，要做到普惠金融，就必须要从经济发展薄弱的地方开始。

从金融需求来看，农村和城市的需求是不一样的。在农村或县城里，要注意三件事：第一要准确了解农民的需求，包括农民的日常生活消费、临时性和应急性消费，以及婚丧嫁娶、子女教育等；第二要提高农民的积极性；第三要加大农村基础设施建设，包括乡村道路、医疗保健、义务教育、社会保障等。

跟农民打交道，就要在农村或县城扎根。一方面，互联网金融可以提高农民的生产效率，增加农民收入；另一方面，还能改善农村的生活水平，提高农民的生活质量。在政府财力有限的前提下，需要互联网金融企业发挥效率上的优势，让农村自己造血，通过市场的方式获得发展的杠杆。未来，以补贴为主的农村政策将会转移到以普惠金融为主导的农村金融发展方向。在合法合规的基础上，实现农村信贷资金回流和导入的顺利性、及时性。

2014 年下半年，我们在北京市延庆县扎根，让没有在县城开设网点的金融机构有了一个新的渠道。对县城人来说，则可以在线上享受到其他金融机构的产品。另外，重要的是培养了农村以及县城人民的理财意识，让他们有了一个新的增收途径。

安全为王：给金融生态插上云梯

随着互联网金融企业从单一业务走向生态型业务，高速的发展要求必须拥有一个强有力的技术团队。因此，在人员的选择上，互联网金融企业要培养尊重技术、尊重产品的意识。未来的竞争，肯定是靠技术驱动、创新驱动的。

宋传胜跟我谈到技术架构时说，为了确保网站的安全性和稳定性，在最初对整体数据存储规划时就设置了云部署和传统的 IDC 方式。其中，在公有云部分，主要考虑的点包括数据安全性、公有云 SDN 技术的成熟度，以及是否有 API 可以实现自动化运维。在公有云的云商备份上，青云、UCloud、微软 Azure、AWS 和阿里云都是备选，主要的评判标准包括 API 的易用度、网络速度、稳定性和性价比等。

值得强调的是，除了公有云，整个网站在数据安全的保障措施上采用的是混合云的模式。公有云上的敏感数据全部都加密存储，脱密环节全部都进行审计留痕。数据安全上实时进行快照备份，并且在 IDC 建立从库和 IDC 的备份中心。

整个技术团队的技术研发以及技术运维都很重要。面对云时代的冲击以及公有云、私有云、混合云 IT 人员的工作调整，企业在公有云环境下对传统的网络运维和硬件运维人员的需求大量减少。由于公有云 API 的成熟和 devops 的兴起，更多的运维工作转变为对运维工具的开发和维护。全自动化的运维对于运维人员的人数需求量大大减少，但是同时也提升了对运维人员的要求，越来越需要运维人员有开发能力。

互联网金融的云应用相对于其他企业的云应用有很强的特殊性。从公信力角度来看，互联网金融云应用最注重的是安全问题，对互联网金融行业来说，安全比任何问题都要重要。对整体行业而言，互联网金融企业要加强对黑客的防范，敏感数据的加密存储和隔离、脱密环节的严格审批都是行业共同面临的挑战。

理财师大赛：成为都市白领新风尚

在线下店的推进过程中，发现有很多理财需求是没有被满足的。比如，很多都市白领把一些闲散的资金投入到股市，但高风险并没有带来高收益。因此，都市理财还有很大的发展空间，有可能成为未来营收的重要组成部分。因此，在员工的建议下，理财师大赛成为企业线下推广、社交推广的新兴方式。

作为长期工作在大都市的一线白领，91旺财金融运营部弓状状发现在快节奏的生活和高压力下，理财方式是比较单一的，很多同事都是把钱存在银行。随着央行多次降准降息，房贷压力是降低了，但是在理财上就“四顾茫然”了。因此，参加理财师大赛，通过引导身边的人一起理财，好友注册投资后自己也有佣金收益，成为一种新方法。

在理财师大赛期间，系统可自动统计理财师有效邀请的好友数量和总投资额，向理财师发放奖励佣金。理财师大赛作为一种获客方式，有三点创新：一是技术更加安全，收益和佣金都一清二楚；二是让利空间巨大，有丰富的奖品可以供用户选择；三是全民参与，没有任何门槛。

我们不想把巨额的广告费贡献给各大流量平台，通过理财师大赛计划把这部分费用直接回馈给用户。理财师大赛与其他比赛最不一样的地方在于，它可以为朋友带来财富，属于锦上添花，而不是雪中送炭。

让听见炮声的人做决策

过去打仗的时候，前方的连长是没有权力调动后方炮队的，必须向师部请示。从炮声联想到公司的运营，很多职能部门提出的需求是否能得到快速反馈，这取决于他们距离市场有多远：如果没有听到前方炮声，不仅影响做事的效率，还影响策略的执行。

互联网金融想要发展壮大，就必须依靠一部分基层的人，让听见炮声的人做决策。把权力下放给这些价值观一样的人，让他们有能力在允许的范围内做决策，并为决策的效果负责。不仅在用人上，在发展农村业务上，也应该采取这种策略。让懂农村的去正确挖掘农村的需求，包括对银行机构的需求、对非银行金融机构的需求、对保险的需求。

农民对银行的需求远远没有满足，农民的生产生活与实际经营情况有一定的差异性，农户对信贷资金的需求也表现出了很强的多样性。另外，农民对非银行金融机构的需求也没有得到满足。由于农村储蓄利率水平低，投资渠道单一，不能满足资金增值及财产性投资的需求，结果就是普通农民还没有条件从事股票、期货、债券和基金等的投资并获得理想收益，只得将闲散资金转化为储蓄。

除了直接理财的需求，农村生产对保险业的需求逐年增加。从世界的经验来看，通过实行农业保险制度来规避农业风险非常必要。农业风险防范机制的建立与完善有助于减少农民突遇自然灾害的损失，这是在市场经济条件下加强对农业支持保护的一项重要措施。随着互联网电商以及农村金融市场的发展，物流下沉到农村，"土地"已经变成电商的一个"加工厂"，农民在互联网化的过程中，不单纯是一个生产者，而是一个参与者。

总之，了解需求只能解决问题的上半场，下半场还得靠针对需求的反馈。对管理者来说，更应该深入前线，听一听炮声，而且要看前线的人面临什么问题，要听听客户的声音。如果你不了解客户的话，失去一个客户就等于失去一个市场。

互联网金融企业要推行一种制度，就是让位居二、三线的员工走到一线去，去倾听用户的反馈。互联网金融企业也需要"焦裕禄"精神，必须让他们了解真实情况。当然，天天站不可能，但站在最前线一分钟，就会多一分钟看到用户的需求，多花一分钟去改进。这三个"一分钟"解决了，意味着解决了300万用户的900万分钟问题，而900万分钟可以节约用户17年的时间。

企业到了一定规模，不可能每天都在前方，必须有一个非常可靠的方式传达炮声。就是说，要确保给你报告的人送达的信息是真实而及时的，这就需要制定一些企业制度。一个企业的制度相当于这个企业的"宪法"，跟每个人的行为都有关。不管你做什么，你自己本身都应该成为制度的一个榜样。无论是全员营销制度、全员客服制度还是全员安全制度等，当上面的人给你下达命令时，你要鼓励下面的人表达自己的意见，快速地协调行动起来。

8.6 混业思维：未来将没有互联网金融

未来，互联网金融将和所有名词一样，成为历史。作为一个过渡阶段的名词，随着第三方金融服务平台的发展和壮大，在付给传统金融机构几年“租金”后，将彻底离开人们的视线，回归金融的体系。

在这个过渡阶段，互联网金融的发展正在从颠覆与融合论调，向产业融合、对接实体、混业发展和互联网金融生态系统迈进。在面对如何监管互联网金融企业的问题时，监管思维也在朝着适合互联网时代聚变的方向谨慎求变。

互联网金融的倒计时

互联网金融还在无监管的状态中，等监管出台后，互联网金融将会回归本来面目。

目前，互联网金融和传统金融是一个并存的关系。互联网金融正在探索它的模式，传统金融也在改变原来的模式。这个模式不是从自身角度而言，而是如何能够支撑起一个新的时代。传统金融不能小看模式，一定意义上，模式决定了未来金融能走多远。互联网金融的模式和互联网模式不能同日而语，金融市场一定要尊重游戏规则，模式决定了你能不能安全、稳健、可持续、创新地去发展。

这个模式如何生存？这就需要符合监管的原则。银监会的原则是崇尚安全，因为最后你要把钱还给人家，不能做高风险的业务投资，要进行区隔经营；证监会的原则是保证公平，必须要打击内幕交易和非法获利，所以会打击大户；保监会的原则是可持续经营，不能追求利润，高利润就是高风险。金融的游戏规则一定是安全的，同时又是公平的。

这个模式如何改变？这就需要一个新的秩序。传统的金融市场从顶层设计上讲，是在保监会、证监会、银监会分业监管下，做分业经营，分开很多金融机构。再后来又开始混业，开始讲牌照，但是这种模式在传统金融体系里还是封闭式的。随着时代的发展，难以满足用户的需求，或者说它满足了大企业的融资需求，却没有动力为大多数用户提供更好的服务。

互联网金融的出现给传统金融带来了震撼，这是因为它是一个相对开放的平台，人人都可以参与，打破了时间和空间的壁垒。传统金融正在尝试拥抱这个新的模式、新的秩序、新的规则。等两者融合得差不多之后，“互联网金融”这个名词将开始“倒计时”之路。

混业时代已经悄悄降临

一般来说，从分业进入混业的路径有两种，一种是“按图索骥式”，即由政府出面，直接取消原来的分业管制，建立可以经营各种业务的全能银行，实现全面混业；另一种则是“步步为营式”，金融机构间合作先行，时机成熟时政策放开，抑或采取金融控股公司的模式，以分业的形式，每向前一步，就越接近混业的实质。

目前，中国有三家试点金融控股集团，分别是中信集团、中国光大集团和中国平安集团。其中，中国平安集团是三家试点金融控股集团中混业程度最高的一家。集团内部金融机构之间通过业务融合，打造了“子公司分业，集团混业”的格局。这种混业的趋势未来将扩展到所有金融机构，这也预示着混业程度越高，金融体系越健康。

2015 年 6 月，国务院取消了银行贷款余额与存款余额比例不得超过 75% 的规定，将贷存比由法定监管指标转为流动性监测指标。我认为，此次取消贷存比仅仅是其中一步，目的是加速银行之间的竞争，资产端经营灵活性增加，负债端存款成本降低，这有利于银行中长期发展，银行的模式将从存款立行转向资产立行。而更长远的目的是加速混业的到来，银行之间的融合速度加快之后，更有活力。

在服务中小微企业上，取消存贷比的限制打破了商业银行资产规模扩张的需求和贷存比指标约束之间的对抗性。尤其是中小型银行，其负债资源可能并不充足，可以通过同业市场的调剂来补足短板，实现更加专业化和差异化的经营。在此前提下，赋予商业银行更大的自主权，由银行按照自身经营水平、风险承受能力以及市场利率来决定向谁放贷、放贷多少。

万物互联带来混业大融合

农耕时代下出现了铜钱，工业时代出现了纸币，信息时代出现了电子货币，互联网时代下的金融将是什么？现在有所谓“互联网金融”的概念，但再过 5 年将没有“互联网金融”这个名词，只有互联网时代下的金融服务。

在混业时代来临之前，互联网金融第三方平台大量出现是传统金融市场体系所决定的。金融机构的经营受监管比较严，很多产品都是要报批的。一款产品的发行要层层报备，受到的监管比较多，所以产品的多样性是不够的。另外，银行想吸储，利率市场还没有放开，它想突破利率市场化的限制，但银监会不批准，它就做不成，其创新的积极性是受到抑制的。

混业的大融合是建立在行业的金融自律之上的。从行业本身的特色来讲，它的创新性很强，对于一些规则和门槛怎么定，监管层看得更多的是整个行业发展的平均水平。至于，是由几个行业领头羊牵头，为其他企业带来行业经营的规则。这种通用性的规则最后慢慢形成一个行业的规则，在这个基础上实现所谓的门槛。一定是企业先繁荣，市场再繁荣，然后经过一轮轮淘汰，企业的标准会成为行业的规则。

现在正是碰撞的时候。对互联网金融企业来说，最重要的不是监管，而是监管的引导和行业的自律，保证自己不触犯相关的法律法规，比如《中华人民共和国宪法》《中华人民共和国民法通则》《中华人民共和国合同法》等，以及其他基本的金融法规。

互联网时代就是万物互联，在这个时代下，金融的形象和服务本身会发生革命性的变革。这种变革不是说互联网金融把传统金融颠覆了，而是一种对过去业态的完全融合。但在这个业态下，金融的服务和体验完全是颠覆性的，包括货币的交易方式、理财方式、财富管理方式、增值方式都不一样，是完全不同的一种业态。

混业经营是未来的必然趋势

随着利率市场化进程的提速，我国从供给、需求和政策层面已经实现了混业经营的“天时”“地利”“人和”，混业经营将成为必然选择。

第一，银行业遇到的问题是存款流失。随着整个利率市场化的放开，银行单一靠吸储放贷的模式肯定行不通。每个银行的营业部都有很多人在排队，这是一个买方市场。但是，互联网金融的出现打破了这个局面。未来考验银行生存能力的方式一定是财富管理和资管，以及如何用这些钱投资来赚取更高收益。

第二，牌照对金融机构的意义会重新调整，小的金融机构可能会被互联网金融企业收购，或者被更大的金融机构收购。在过去，牌照的一个问题是，国家颁发了 100 多张券商牌照，要求所有的第三方经营基金都要接入券商才能去进行相应的基金投资业务。这样一来券商背靠法规就可以挣钱，它的生存压力很小。

第三，因为政策的放开、互联网技术的出现、用户行为的改变等，金融市场将发生巨大的变化。在混业竞争的时代，券商可以贷款理财，银行也可以去做券商资管。银行做资管把属于券商的那部分客户吸走了，而券商也可以去放贷，通过股权质押放贷来截流银行的客户。混业竞争带来的结果是业务越来越同质化，竞争越来越激烈。

第四，随着“互联网+”的发展，传统金融要想继续生存下去，一定最先从内部突破。怎么理解？期货别只干期货投资的事儿，还可以尝试做资管，通过财富管理来打开新的盈利通道；银行也别靠一边发银行理财产品挣管理费，一边卖资管产品挣利差，要打破躺着挣钱的方式。未来，所有的券商都会开放互联网业务，甚至向投资银行方向发展。

这一切是整个金融政策决定的，也是经济发展必然的一个反推。因为再不这么做，大多数企业都将在货币的海洋中死掉，拿不到钱。未来所谓的繁荣实体经济，一定靠打破金融机构之间的利益格局，来激活它们的基因，让它们求新求变。

未来将没有互联网金融

互联网金融不是一个工具，而是一个时代。站在历史长河的角度去看，没有“互联网金融”的说法，只有互联网时代下的金融。

第一，互联网金融提供的服务和产品最终要回归金融的本质，要为社会提供更加安全、更加有差异化的产品。不是说开银行就能挣钱，银行其实压力很大，对于吸储成本及层层风控的监管很严，银行如果经营不好也会破产。如今，互联网金融企业虽然很多，但还没有找到一个稳健的投资通道，使得投资收益能够支撑公司的正常运转。

第二，你的安全性获得保证。你是互联网金融，但不意味着可以脱离传统金融的逻辑。高风险一定是高利润，对于风险和利润，你不可能选择一个而抛弃另一个。能否在互联网的基础上把金融业务做好，极其考验安全性和保障。

第三，你的业务模式够不够合理。像 P2P 这样的平台虽然看起来很好，但经不起推敲。比如业务逻辑，做了半年，你未来的坏账率很高，或者说你放杠杆放太大了；比如法律风险，P2P 是把民间的借贷市场阳光化，本身它不是一个可以持续的事情。高的利息带来所谓高的回报，其背后其实是中小企业的全面垮塌。

第四，“互联网+金融”的最终形态是融合，包括互联网金融企业具备金融能力，传统金融企业越来越互联网化，最后趋同——依托互联网带来更快捷、更安全的金融服务，服务中小微、服务大企业、服务个人。未来两个不同的势力最后会在一个地方汇合。

总之，“传统金融”和“互联网金融”这两种说法都会抛弃掉，5 年之后人们就会忘记这两个词，因为大家都生活在同一个环境里面。

许泽玮说，混业将互联网金融和传统金融紧密地联系到一起，“厦门银行-91金融”联名银行卡既拥有厦门银行借记卡所有功能和服务（包括自助兑换新台币、通存通兑等），又包括 91 金融的互联网金融理财服务，享受高额收益，代表一种双赢。对于厦门银行而言，通过此次合作，不仅可以引进大量“互联网+”基因，还将通过第三方平台打破地处福建的地域限制，实现全国互联。“互联网+”让金融领域迎来了一次史无前例的革命。

未来，混业是一个趋势，互联网金融一定要完全服从监管，保持与监管机构之间的良好互动。我们希望通过自己的创新让监管机构意识到，互联网金融正在掀起一股让传统金融机构互联网化的趋势。互联网金融未来将成为让传统金融进入互联网时代下的金融，而互联网金融企业也会进入互联网时代下的金融体系里面。

第九章　互联网金融巅峰时刻：IPO

9.1　怎么选第一笔钱：人民币资本还是美元资本

互联网的出现打破了信息鸿沟，使得每一个个体第一次在真正意义上都能无限接近公平地共享信息以及获取信息。它打破了过去工业化时代的集约体系，让个体与个体形成互动和滋养。这在金融领域体现得尤为明显。

Lending Club 上市的鸡血与陷阱

2014 年 12 月 12 日，Lending Club 以 15 美元/股的价格发行股票，市值达 85 亿美元。但是对比中美之后，你会发现目前我国的 P2P 要谈 IPO 只是一个海市蜃楼，看起来很美，背后是陷阱。

第一，中美监管的重点不一样，国内征信方面的缺失正阻碍互联网金融进化。

在美国，对 P2P 的监管以证券监管为主，P2P 平台必须在发行说明书中不断更新每一笔票据的信息，包括对应贷款的条款、借款人的匿名信息等。收益权凭证既是 P2P 运行框架的核心，也是对 P2P 进行监管的“抓手”。在中国，这种模式颠倒了过来。P2P 属于网络借贷，更关注和限制的却是平台运营状况，导致在追偿时拿不出有效证据、陷入长时间的诉讼等。

第二，银行存管制度对于 P2P 监管的重要性不可替代，收益合法性走入正轨。

我们在看 Lending Club 的招股书时会发现，SEC 要求 P2P 平台将发标作为证券登记，接受美国《1933证券法》的监管。为了贯彻这个法律，Lending Club不得不花很长时间去申请这个牌照，为此停止运营。我们看到，Lending Club没有跳出原来的体系，还是服务于银行的，Lending Club通过数据来证明这个人跟银行产生关系之后，这个债权是可以还回来的。

随着《指导意见》的正式出台，网络借贷有四种变化：一是从传统的担保模式走向银行存管模式，银行为P2P平台等提供资金存管、支付清算等配套服务；二是传统金融机构积极探索针对中小企业的普惠金融业务；三是实现客户资金与从业机构自身资金的分账管理，客户资金存管账户应接受独立审计并向客户公开审计结果；四是法律介入，规定了在个体网络借贷平台上发生的直接借贷行为属于民间借贷范畴，受《中华人民共和国合同法》《中华人民共和国民法通则》等法律法规以及最高人民法院相关司法解释规范。

中国P2P企业与Lending Club的问题

某种意义上，Lending Club的上市或将拉高中国企业的IPO成本。中国大部分企业成不了Lending Club：一方面，我国在审核上偏于激进，追求规模；另一方面，在执行上违约成本相当高，社会波及范围广，最后变成法律执行难的问题。作为一个风险业务，不上市才是真正保护投资者的利益。

从执行上，Lending Club至今尚存三个无法避免的缺陷：一是信用极佳的人也会出现意外，跟整个社会经济状况是相关的；二是只以损坏信用记录作为赖账惩罚，并不足以遏制坏账的发生；三是无抵押的债权流动性差，跟股票强制平仓是两个概念。在中国，最大的问题是没有还款能力的中小企业只要愿意付出高息也能从P2P平台贷到款。因此，在借款项目审核上，淘汰一批无还款能力的中小企业是P2P平台最该思考的。

从模式上，中国的P2P平台只看到了借贷业务而忽视了整个生态体系，而Lending Club的门槛主要在于它贯通了P2P上下游的生态体系。在顶层设计上，三大信用局为其提供信用服务，Lending Club的贷款由WebBank发放，其二级交易平台由Foliofn管理，Lending Club还成立了自己的基金信托公司

Lending Club Advisor。它的整个生态是一条护城河，因为单一业务不足以抵抗风险，尤其是流动性风险。

从发展上，中国的 P2P 正在走下坡路。Lending Club 之所以成功，靠的是三次调整让其死里逃生：一是在针对 Prosper 做差异化策略的时候，没有选择担保模式而是选择定价模式；二是在对待美国证券交易委员会时，Lending Club 成为美国第一家服从证券监管的企业，然后开始在全国范围内扩张，而 Prosper 却被关停，等到重新开业的时候，已失去了先发者优势；三是敢于拒绝，敢于否定 90%的贷款申请者，由此换来低于 5%的坏账率。

中国大部分的 P2P 平台在自身的发展、长期战略以及短期策略上避重就轻，没有认识到风险的重要性。在自己没有形成生态前，盲目把风险业务扩大化，给投资者和用户画了一张根本不能吃的大饼。

中国互联网金融 IPO 迎来春天了吗

从美国到中国，都发生着一个围城现象。这种现象在中国创业者面前还在不断发酵，那就是中国的创业者想出去，外面的创业者想回来。目前，大多数企业受限于 VIE 结构和政策，无论是 A 股、港股还是美股，这种“围城”现象困扰着很多创业者。姜志熹对我说，天使轮融资的时候，是选择人民币资本还是美元资本，这其中有四个维度的考量。

第一个维度：资本市场的不同偏好。A 股市场按照 PE 估值，当互联网概念被炒热之后，所有创业者都想在 A 股分一杯羹。A 股强调的是营利性限制，因此，可持续的盈利模式才是拿了人民币之后要做的；美股市场是按照成长性和规模来判断，外国投资者与中国市场是双轨制，外国人看得更多是规模，如果排到前几名，就容易得到市场的青睐。

第二个维度：行业属性。互联网正在和传统机构合作，在《外商投资产业指导目录（2015 年修订）》里面，包括鼓励外商投资产业目录、限制外商投资产业目录、禁止外商投资产业目录三部分。尤其对于外商禁止以及限制的行业，包括金融业、军事、文化教育、测绘、资信评级等涉及机密的行业，应优先选择人民币资本。

第三个维度：创业孵化平台。大部分基金都有自己的孵化平台，包括百度、腾讯、阿里、小米等都投了很多产业链周边企业，选择孵化器就得在人民币和美元里做选择。孵化器的作用可用四方面概括：第一，在创业初期，孵化器能提升企业公信力；第二，孵化器在空间上能够结合企业的发展有极大的弹性（办公用房面积可随企业规模随时调整）；第三，在初创期，孵化器能够对信息、资源做一定的过滤和指导，使企业能够集中精力做业务；第四，创业孵化器背后的资源一般都很丰富。

第四个维度：上市地点。人民币资本和美元资本代表了不同的上市地点：选择人民币资本，意味着在A股上市；选择美元资本，就意味着去香港地区或美国等海外上市。创业者思考在哪里上市，肯定是从第一步融资就要想到的。每一个地区的上市政策以及监管政策，包括上市后股票的成长性，都是应该考虑的。

IPO和中小企业融资的关系

随着中国市场化的程度加深，银行作为一个市场化的公司，需要通过资金杠杆来进行市场化的运作，而不再像过去那样带有一定的历史使命，比如说要重点扶持国有大中型企业。对于中小企业融资来说，如果有一个宽松的IPO环境，那么对中小企业成长性的好处不言而喻。在没有一个很好的绿色通道的情况下，中小企业的融资渠道还有哪些？

第一个途径，中小企业融资可以通过VC和PE来运作，就是风险投资。中国的风险投资太少，没有那么多VC和风险投资人愿意把钱给你。中国还没有建立非常好的资本投资渠道和退出通道，所以好多人不愿意把钱借给企业。因为借完之后不能退出，上市门槛很高。

第二个途径，收购、并购。怎么让一个企业有更多的机会被并购？无非就是把上市通道打开，让大企业更有钱，就是让A股活起来，公司有节制地开放上市，很多股民把钱投给上市公司，它就有钱了，就可以去收购，小企业融资的问题就解决问题了。

第三个途径，股权众筹。互联网金融要解决的问题就是股权众筹，公司出让一定比例的股份，面向普通投资者，投资者通过出资入股公司，获得未来收益。当前在中国的法律上，股权众筹有门槛限制，即投资者不能超过200人的限制，超过200人就是非法集资。另外，投资者人数太多又涉及公司治理问题，所以在当前它还是一个灰色地带。

这三种融资渠道对中小企业来说各有优缺点，无论是选择风险投资时的盲目性，甚至为了业绩签订对赌协议，还是在收购与并购之间摇摆不定，都反映了中小企业融资难的困境。在新三板市场，在股权众筹上，要对投资者设置一个合理的门槛。

互联网金融到底需要什么钱

互联网金融的第一笔钱，一定要选择人民币资本。首先，这是中国监管的原则造成的。在中国从事互联网金融业务，免不了和银监会、证监会、保监会打交道。91金融超市涉及贷款、理财、保险等，其中，贷款业务以及银行理财产品放到专区上来销售，需要接受银监会的监管；在线上根据信息撮合把保险的需求匹配给保险公司，需要符合保监会的要求；发行私募基金，需要到证监会基金业协会去备案，依法打击非法私募。

其次，只有人民币基金才能更好地被监管。银监会、证监会、保监会的监管原则分别是安全、公平和可持续经营。金融的游戏规则一定是安全的，同时是公平和可持续的。在这种高压监管原则下，融资选择人民币资本，审批起来就顺利很多。

另外，互联网金融企业做的是安全的生意，第一个要素就是不能强调速度。为什么很多互联网企业会拿美元融资？因为互联网强调的是速度、快、量，美元基金只看量，它不会看你的风险。第二个要素就是和银行合作，只有人民币资本才能深度合作。企业跟金融机构合作，需要牌照，需要资质，需要被监管，我们找到了像经纬创投、宽带资本、海通证券这样的人民币基金，银行觉得你安全，跟你合作没有任何顾虑，因为中国人的利益都是一致的。

最后，许泽玮对我说，互联网金融不仅需要人民币资本，还得需要国资背景。我们的天使轮融资是经纬创投，钱来自常州市人民政府基金；A 轮是宽带资本，本质上是中关村创投，是海淀国资委的钱；B 轮融资的领投方是海通证券旗下的海通开元，海通证券隶属于国资委。国资背景对企业未来发展来说，可以极大地提高公信力。

在万众创业时代，互联网打破了信息鸿沟，由此带来了产业的革命，带来了分布式的万众创业，带来了万物生长的可能，并有可能形成新的体系，并覆盖原有的力量。这一切在金融领域体现得尤为明显。

创业不仅是创业者实现理想的过程，更是让投资者实现资产的保值、增值的过程。创业者和投资者是一个事物的两个方面，只有通过企业这个载体发展，才能达到双赢的目标。只有能为股东创造价值的企业家，才能得到更多创业融资机会和成长机会。人民币资本和美元资本的区别只是：在 A 股，这种股东可能是所有的中国人；在海外或者中国香港，这种股东可能只是部分中国人。

9.2　如果你是创业者，你会拒绝比尔·盖茨吗

从前，有条河里面有两条鱼，一条鱼以人民币为食物，另一条鱼以美元为食物。这两条鱼在水里待久了，水里的水草和小虾都吃光了，于是都梦想着自己有一天可以去看看岸上的生活。有一天，它俩同时看见一个鱼饵，吃美元的鱼想偷懒，用了最快的方法拼命地想咬上去；吃人民币的鱼用了最笨的办法，每天在那里偷偷地练习如何上岸。

最后，这两条鱼在岸上见面了，只不过吃美元的鱼在集市上，吃人民币的鱼则顺利地上了岸。在临死的时候，吃美元的鱼后悔了：我不该吃那个鱼

饵呀!

创业者眼里的那个水岸是什么样的

现实的世界里，创业者就像那两条水里的鱼，拼命地想上岸。里面的水草、小虾就像融资，在上市的路上分成两条：一条用了 VIE 结构，在海外上岸；一条用了最笨的方法，在 A 股上岸。这两条路，从鱼出生在水里的时候就开始了。走 VIE 路线上岸就需要一条海外的船，通过这条只是一个通道的船把钓来的鱼卖给鱼贩；走 A 股路线就需要耐心，在水里通过鱼鳃获得氧气，到了岸上后需要一种新的方式从空气里获得氧气。

创业者应该选择哪一条途径？仁者见仁，智者见智。无论是人民币资本还是美元资本，都有自己的特点。但要注意的是，现在创业者对美元资本和人民币资本的理解是有误区的，尤其不能为了融资而融资。

之前，创业者不喜欢人民币资本，认为它存在以下劣势：一是存续期相对较短，一般为“5+2”年；二是投资压力较大，项目培育期和等待期较短；三是对早期项目投资理念趋于保守；四是产业链整合能力需要加强；五是区域性 PE 和 VC 基金的投资理念与北上广深的机构有相当大的差异，主要是对行业的理解不够；六是行业专家太少，参与到行业互动和资源生态中的机遇不多。

过去，创业者眼里都是美元资本，认为它存在以下优势：一是存续期较长，一般为 8~10 年；二是投资压力不太大，有足够的耐心培育项目，为了一个项目等待 10 年很常见，而这对一般人民币基金来说是不可忍受的；三是产业理解力超强，它们真正植根于目标产业、深耕目标产业，并且具备超强的产业整合能力和资本整合能力；四是行业专家和大佬当家，深度参与行业互动，有利于整合和复兴。

但我想说，这种理解错了。随着注册制的推进和实施，未来人民币基金将成为创业者的首选。随着对人民币资本和美元资本的认识变化，人民币资本和美元资本的融资结构正在发生质的变化，之前靠 VIE 结构成功上市的公司也在期待着重返A股市场。拆除VIE、借壳或者回归A股，“鱼上岸”的寓言又炒起来了。

中国创业者送给比尔·盖茨的礼物

2014年6月17日，许泽玮和他的创业小伙伴们第一次见到了比尔·盖茨，许泽玮还送给他一幅写着“旺财”的字。在我的见证下，这是一位中国创业者送给比尔·盖茨的礼物。

比尔·盖茨为什么来91金融？这是原微软全球副总裁、微软中国董事长张亚勤牵的线。比尔·盖茨说：第一，他想看来自中国的创业者；第二，这个创业者一定是通过技术解决了某些问题，改变了某些东西，而不是靠资源；第三，他希望这个东西是改变国计民生的，并且能对老百姓的生活产生影响，而不是只做了一个APP。因此，我们顺利成为比尔·盖茨第一个到访的互联网金融企业。

同样是一个创业者，比尔·盖茨会站在另外一个角度思考：在非洲，人民需要的不是电脑，而是医疗。他教会了我一种做事情的态度：做任何一件事情，要有跳开这件事情，从另一个角度做这件事情的思维。这点对我是很重要的。

因此，我在对资金的选择上，也做出了自己的判断。“当2亿美元和2亿元人民币的风险投资基金摆在面前时，我们会选择后者。”因为在中国，金融类或准金融类公司的背后，只有人民币资本，才是符合中国人民利益的，也是最符合监管的。

为了影响更多的人，许泽玮还讲了一个例子。当时曾有高资产净值的理财客户提出要求，让配备专属理财客服。经过内部多番激烈讨论，这名客户得到的答复是：我们有400名客服，客服可以告诉您怎么操作，但公司不会像第三方理财机构一样，派一个人告诉您，您的钱该怎么花。

“这也是一个很关键的决策。这决定了公司是要服务于一名拥有3000万元的用户还是要服务于3000名只有1万元的用户。”为了提升平台效率、获得网络效力，我很庆幸当时选择了3000个1万元，而不是一个3000万元；我服务了3000个用户，而不是一个用户。到现在，我们已经累积服务了300万人，都是由这种思维引起的。

只要水中有气泡，就证明水里还有空隙

再说一个寓言故事，还是说的创业者：水里有两条鱼，一条鱼永远在动，一条鱼死气沉沉。对于一个永远在动的鱼来说，只要水中有气泡，就证明水里还有空隙。一个创业的过程，就是让这种气泡越来越多，气泡越多，生存的空隙越大。对于那条没有生机的鱼来说，水里没有气泡，就只能慢慢消耗掉水里的氧气和养分。

在互联网金融领域，对创业者来说，要想做一条永远在动的鱼，需要在两个方面努力：一是安全感，二是距离感。

安全感很重要。对金融消费者来讲，安全是最重要的体验，这个体验会影响消费者所有的判断。对小企业来讲，把安全做好是最底线的东西，即内部风控、数据安全，包括能否合理利用杠杆进行操作。近年来发生的跑路事件，除了道德风险之外，所谓的坏账或者逾期的问题，都是因为肆意滥用杠杆，随后资金才出现问题的。这是需要提高警惕的，行业发展机遇来之不易，任何对这个行业造成的污点都可能让所有公司的努力化为零。

还有，对于中小微企业，是不是由于其知名度、品牌给大家的安全感不如BAT，它们就没有生意可做了？这是创业者需要考虑的第二个事情：距离感。因为互联网要提供更加丰富、多元化、多层次的产品，能够精准到达个体，能够照顾用户的心理感受。比如说，如果一家银行距离我很远，我就不会喜欢它，因为它虽然很安全，但有距离感。这个空白谁来填补？只有真正懂用户、熟悉用户，并且熟练地在安全感基础上提供自动化定制产品，才能把这个空白消化掉。

互联网金融发展至今，是可以增进安全感、减少距离感的。这样的空间不是传统金融机构和BAT所独有。中国的网民选择理财产品，并不影响距离

感的选择。我们可以在距离感的问题上做一个背书，进行基于用户的金融产品的创新。在巨头包夹之下，气泡越来越多，这条鱼还是有生存空间的。

只要你动得快，岸上的鱼也会生存得很好

在互联网金融领域，对创业者来说，这条鱼游得越来越快以后，就可以不断地增进距离感、减少安全感，等待这条鱼的就是下一个目标——跳龙门。人们很难想象过去的金融市场给予企业或者个人消费者的体验是什么。那时，上网费还是按小时收费，但现在互联网给予了中国网民新的体验，从电脑端进化到移动端，从移动端继续进化到可穿戴型硬件。

我们有一个用户，他有一笔3000万元的资金。在他的意识里，一定是首先相信银行，但是银行提供不了相应的产品，我们提供了相应的产品，就可获得这个用户。因此，我们可以通过互联网的平台挖掘用户的需求，构建一个体系，在传统金融体系里获得一个重要的位置，这是减少距离感。东方不亮西方亮，总有一款产品能够满足用户的需求，帮助用户持续地去建立安全感。

用户从买一款保险产品，到今天把上千万元的资产放在这里管理，他的安全感越来越强，距离感也会越来越近。这是未来的一个空间，这个空间银行可以做到，BAT可以做到，小微银行也可以做到，但是如果你做不到，到发生变化的时候，你的生存法则是什么？这是任何一个公司都要考虑的命题。不能因为有了大的企业，我们就只能守在一个小的区域。金融一定要做得很大，只有大才足够安全，才能让用户和你在一起。

在互联网金融领域，等用户和交易量到了一定阶段，一定会有一条鱼从竞争中脱颖而出，从龙门一跃而过，到达另外一个地方。

为什么要拒绝比尔·盖茨

这是一个创业的哲学和逻辑。别人不可能这么做，但我们走了这条路。

这里面最核心的问题有三个点：第一，你的用户量和用户在哪里，你服务了什么样的内容；第二，你能提供什么样的金融产品和服务；第三，你的平台运营效率怎么样？举个例子，我们现在服务了300万人，但员工还不到200人。把这三个问题总结成一句就是：你是用人民币的钱为人民服务吗？

互联网金融和传统金融机构上市的原因不一样。传统金融机构IPO是解决资本流通问题。因为中国的银行体系都是从过去转型来的，它要市场化，国家必须安排它们上市，上市之后就变成了公众企业，有了坚实的抗风险基础。既然是公众企业，它们就要求有很强的募资能力，能持续让自身的经营更市场化。后来之所以关闸，是因为小型银行太多了，需要控制数量。

互联网金融上市的动力是什么？银行不可能干互联网金融干的事情，但互联网金融可以做银行干不了的事情。我们在2011年就在做这样的一个事情：缩小与传统金融机构的距离，包括模式的距离、资本的距离、成长速度的距离和创业团队梦想的距离等。这是一个大方向，绝对不是短期的事情。到2014年，我们先后完成了所有金融产品的布局及融资的基本布局。比尔·盖茨也认可了这种模式。

在美元资本和人民币资本两者之间，我们选择了人民币资本，一直按计划走。2015年要干的事，一方面，使企业和金融机构的合作更全面、产品更加安全、体验更好、做到极致；另一方面，企业一边不断接近那个水岸，一边不断通过业务的创新和加速，来建立资本市场的门槛，建立基于客户关系与信任的门槛，建立战略模式的门槛，建立各项业务成熟的门槛，这种生态是很难复制的。

企业选择人民币资本，还意味着一种责任感，因为我们的利益和广大人民的利益是一致的。企业和人民之间没有距离，我们是第一家在金融信息服务业务上拿到牌照的企业。在联合运营产品的基础上，拿到了基金代销牌照、保险代销牌照；紧接着做自营产品，拿到了资管牌照；然后由于我们的业务涉及一部分给企业做贷款的业务，又拿到了小贷牌照。有了人民币资本，企业就减少了阻力，只要按照既定的审批流程去做就可以了。

未来，互联网金融的路还很长。这条“鱼”上岸之后，还必须完成这么几步：第一，怎么做一条人见人爱的鱼，即让人们愿意为这个商业模式买单；第二，在上岸之前，企业一定要想清楚这条鱼会变成什么，能为用户带来什么体验，比如把它做成美味，满足用户的味蕾，或让它成为观赏鱼，满足用户的视觉；第三，这条鱼上岸之后还是鱼，也就是说，互联网金融不会改变金融的本质；第四，这条鱼在上岸之后，仍需要不断从环境中获取氧气和食物。

最后，我想提醒所有的创业者，作为一条未来要上岸的鱼，你确实准备好了吗？

9.3　去A股上市到底为了解决什么问题

如果一个创业者烧钱的时候没有找到盈利的商业模式，在传出死讯的前几天才陡然获得满屏话题的待遇，这只能说明他存在的唯一价值就是被消费最后一次。

创业者无时无刻不在刀尖之下，上市也是所有人的梦想，当创业被当作消费一样被大众消遣，一定会背离创业者的初衷。

上市是为了什么

在互联网中小企业的融资渠道上，目前最有效的还是靠国内VC和PE的投资。创新型企业没什么东西可以抵押，它的成长一定是靠创新去驱动的。

过去，最好的通道是纳斯达克，因为纳斯达克类似于新三板这样的市场，它不要求你盈利，只要求透明，反正有人买就行。在国内，新三板和创业板并不一样，创业板是可以进行自由流通的，每个人都可以去买股票，在公开市场进行发售；新三板的投资门槛是需要拥有500万元资产，它面向机构，是一个私募渠道。

《指导意见》支持社会资本发起设立互联网金融产业投资基金，推动从业机构与创业投资机构、产业投资基金深度合作；鼓励符合条件的优质从业机构在主板、创业板等境内资本市场上市融资；鼓励银行业金融机构按照支持中小企业发展的各项金融政策，对处于初创期的从业机构予以支持。

我认为，无论在哪里上市，都要解决一个问题，那就是风险定价与风险匹配问题。互联网在这两个问题上产生什么作用，将直接影响上市的结果。因此，风险资产定价和管理能力将会成为互联网金融至关重要的能力。

上市是一种融资的工具，在这里面，对于风险资产定价及风险匹配，互联网提供了一个全新的参考模型。随着资源效率的提升，传统金融机构的效率也在提升。未来我们可以想象，在信息时代向互联网时代变迁的时候，互联网金融将成为一种手段，而不是一个工具，可以通过无形的双手去帮助传统金融实现业务的升级。

数据的“经度”和“纬度”

互联网金融成为数据内容迁移的一个载体。从贝壳到铸币，以及从纸币到电子货币，每一次货币形态的改变都意味着一个新时代的来临。历史在进化，未来提供金融体系服务最核心的就是数据金融。

市场上有很多关于数据的说法。基于大数据做企业的征信和风控有几个先决条件：第一，数据采集有没有道德风险。第二，数据采集的成本要很低，因为高成本肯定要转嫁给其他机构。第三，基于数据的样本模型的“经纬度”要更加丰富。现在，很多公司的数据都只是来自于工商局，那么怎么判断这个公司能不能获得贷款？这就要求数据的维度范围更广，样本更丰富。第四，数据采集的方向和渠道很单一。目前，很多数据都是孤岛，都没有打通，形成不了数据资产，很难说利用这些数据对企业进行风控。第五，数据的壁垒。每个公司做的数据都会跟别人共享吗？不会。所以，只要基于数据风控的壁垒没有打通，直接带来数据的资产交易其实是很难进行的。只有数据变成资产以后，才可以安全地交易，才可能使得数据变成一个普惠型的资产，由所有的机构共享。

数据有“经纬”之分。解决“经度”问题，需要满足以上几个先决条件，打破数据孤岛和数据壁垒；解决“纬度”问题，就需要靠上市，实现从高维到低维的降维打击。美国的金融服务链条相对完善，与此相比，此前国内金融机构的资金更侧重为大型国有企业服务，中小微企业的直接融资需求虽然很大，但能满足其融资的渠道并不充分，民众个人的投资欲望亦未能充分满足。金融最深刻的本质是让资本得到合理利用，同时使社会整体价值最大化。

上市是为了让数据成为资产。从宏观意义上说，资本是人类为未来发展做储备的典型符号，因此其更具有普惠意义，建立社会及国家的命运共同体都离不开数据金融。

互联网金融如何利用数据

数据的应用是为我所用，这是一个模式。什么公司才会用这样的数据呢？

相对来说，平台型的企业更需要数据，因为对它来讲，数据是优质的资产：第一，可以做用户营销；第二，进行相应的金融产品设计，因为一个平台需要知道用户的需求是什么、信用状况如何、资产状况如何、需要什么样的产品等，并在此基础上针对性地定制金融产品；第三，拥有了这些数据，就可以精准地去营销理财、保险等，好的金融产品设计能力直接决定了精准用户营销的转化率。

数据最重要的作用就是关系着金融风险的定价。如果银行对某家企业的贷款利率很高，那么这缘于银行不能判断这家企业能不能把钱还上。但如果银行一方面知道你一定能还，而且很清楚你什么时候能还，另一方面假设你还不了，也知道自己大概能承受什么样的成本，就可以利用数据来进行风险定价。未来金融资产的风险定价一定是基于数据的。

单一业务企业的数据就像蚊子，而平台型企业的数据就像老虎。随着数据的不断累积，最后就成为一个重要的数据资产。在单一业务领域，如 P2P，为了刺激规模，有些数据都是伪造的。怎么区分蚊子和老虎？数据利用的效率在于流动性的好坏。只有流动的资产才有价值，如果只是把数据存在硬盘里面，再多的数据都没有用，何况有的数据还是10年前的。现在，不少企业都倒闭了，原因就是数据看上去很美，却是竹篮打水。

只有流动性的数据才能帮助企业更好地上市。金融机构对经济周期的判断，对企业经营流动性的判断，能持续不断地提供此类有价值的信息，并以此来判断这个企业的经营状况，决定是否给它放贷，以及为其匹配相应的价格。这就是数据流动的价值。从传统银行体系来讲，没有冲动做这样的事，只有互联网金融才会有冲动去发掘它。

如何深入挖掘这些数据，让制度和业务运营的灵活性帮你很好地利用这些数据，这是非常长远的话题和命题。

互联网登陆A股应注意的几个问题

之前，中国花了十多年培养的互联网企业没有繁荣A股市场，却大大促进了西方资本市场。在“东方不亮西方亮”的背后，上市政策备受指责。目前明朗的政策预期是，只要互联网企业通过新三板挂牌满一年，被证明为合规经营、合规披露，就可以在创业板所设立的特殊板块上市。随着政策的放开，互联网登陆A股这个概念被炒热，已经在美国上市的互联网企业也正在加速私有化进程。

首先，互联网让众包模式发挥到了极致。互联网企业想要在A股上市，一个新三板远远不够，还需要一套“组合拳”。互联网上市，过户和排队不可逃避，反映在IPO上，就间接推高了上市成本。另外，实体经济正在互联网化，即使是优中选优的上市之路，对于互联网企业来说，等待的压力也会让失败的概率翻倍。因此，从政策上来说，最适合上市的是创业板，但创业板的门槛必须下调，并开辟绿色通道，让过会率和排队时间缩短等。

其次，互联网思维强调免费，机会平等，“唯盈利论”将被长期风险预期所代替。2015年的政府工作报告首次提出了注册制改革，取消市盈率限制、实现 IPO 注册制成大势所趋。通过实现注册制，可以将更多责任下放给交易所和中介机构。对互联网企业来说，从审核制到注册制，除了让超募等有法可依，还可把市盈率交给市场，提高透明度，让市场在中外投资者的竞价中更灵活，更具有抗风险性。不过，这种注册制的改革一定要遵循节奏来。

另外，注重长尾模式，让有持续增长潜力但战略性亏损的互联网企业上市，这不会冲击到 A 股股价估值体系。目前，从估值方法和定价机制来看，一级市场的新股发行都是通过路演、询价、簿记等市场化机制定价，而二级市场的价格也都是通过持续的竞价交易，由供需关系形成的。互联网企业成功上市，未来的盈利能力、清晰的商业模式比财务数据更为重要。在资本市场里，保护一个企业时要记住保护的优先级别：创业团队>商业模式>盈利模式>盈利状况。在这个优先级别下，互联网企业上市需要一个转板空间。

互联网思维正在包装 A 股，只有在这种竞争格局下，企业才会跳出“拼爹”的怪圈，拿创新去拼能力，拿市盈率去拼前景，拿资本市场去拼机遇，拿市值去回馈中国的股民。

IPO 玩的是一种心理战

一个企业的商业模式以及盈利能力才是是否能上市的关键，也是上市后投资者最为关注的东西。传统的“投资者保护”已经不受重视，未来，A 股市场不会再让一些正在亏损中的优质互联网企业吃闭门羹，也不会再成为一些没有亏损但盈利空间狭小的国有企业的挡箭牌。

上市的敲门砖是估值。互联网企业估值的方法有很多，小米的估值为什么高于其他手机制造商？这源于小米生态，包括小米网的电商基因、小米产业链的开放基因和小米的互联网基因。在这三种基因的混合下，小米生态就是一个壁垒。小米估值很高的原因在于高净值用户带来的未来现金流及变现能力。它的盈利模式是透明的，决定了小米上市之后带给投资者的利益是可见的。

腾讯的估值为什么高于中国移动？在用户数量平分秋色的情况下，用户带给企业的盈利预期会拉高估值。从中国移动的财务报表中可以看出，其主要收入还停留在通话费用及数据流量这两部分。而腾讯除了直接收费的产品服务外，PC端和移动端庞大的用户带来的广告、流量和电商以及腾讯系创业企业带来的收入是单一盈利模式所不具备的。对互联网企业来说，随着用户总数的增长，单个用户的价值也在增长。

因此，互联网金融选择IPO，是一种估值的心理战。那些高估值的互联网企业不急于上市，而估值比较低的企业却愿意选择IPO，原因在哪里？对比一下美股市场可以发现，一些高估值公司往往不急于IPO，一是不断融资等待更高的估值，二是不急于变现，不轻易把公司抛到资本市场。在“待价而沽”的情况下，投资者在高位投资，就必须等待更高估值才能抛售获利套现，利益是受损的。

无论是并购还是选择IPO，互联网的收购方可以在支付较高的溢价下仍然与被收购方取得共赢，这是互联网的魅力。

互联网的触角四通八达，与金融的融通特质有着共同之处。上市正让数据的高速通道从设想变成现实。我始终坚信，上市是为了获得更多的数据，获得更好的发展空间，也是为了拓展更多的融资渠道。值得注意的是，数据资产的获取并不容易，但更不容易的在于利用和存储。数据资产如何安全地存储和安全地使用？这个暂时没有比较好的案例。存储本来就有泄漏的风险，加上交易和数据转移，增大了泄漏的概率。

对互联网金融企业来说，对数据的投入肯定属于战略投入。2015年6月，位于北京市石景山区的91金融后台运营及数据处理中心和旗舰体验中心正式启动，标志着我们线上线下联动的O2O战略进一步扩张，加速金融生态系统建设布局。这个数据中心将承担有效利用数据资产进行数据挖掘和分析等的功能。

9.4　从暴风科技等成功案例来看拆解 VIE 结构的风险

一定意义上，上市可以说是创业者的一种本能。在这场竞争中，创业者有不同的路径选择：个性、狼性、人性。

在适者生存的自然界，最饥饿的鱼会选择非常危险的浅滩捕食，这种选择会促使个体极力表现自己，这是个性；很多动物，包括灵长类和狼，都会在群体里划分等级，个体会通过某些方式确定自己在等级系统中的优势，这是狼性；而对人来说，可知晓掠食者的信息或者找到食物充沛的觅食地，能够成为领导者的人都具备保有地位的天然优势，这是人性。

在 A 股上市热潮之下，拆解 VIE 结构成了部分创业者的首选。那么怎么区别他们的这种性格呢？

一个创业者的寓言

有一种创业者，每天端坐在投资人的面前，在递交自己简历的时候，在“出生地”这一栏写的是“开曼群岛”，在籍贯那一栏写的是“A 股创业板”，但是家庭住址却在纳斯达克和纽交所。

这是他对自己身世的最基本描述：在出生的时候，他就在开曼群岛这个海岛，他的中国邻居有很多，有以搜狐、新浪、网易为代表的门户，以盛大、巨人、第九城市为代表的网络游戏，以阿里巴巴、慧聪为代表的电子商务，以金山、亚信为代表的软件企业，以腾讯为代表的即时通企业，以分众传媒为代表的传媒企业，还有以百度为代表的搜索引擎等。

他在岛里开了一家中式餐馆，只收人民币，只做中国菜，服务的客户就是他的那些中国邻居。在他的餐馆里，只允许说中国话。这个餐馆有很多优点：不分国籍、注册股本 5 万美元、无须验资、不用在当地交税、股东资料绝对保密，还不用在开曼召开股东大会等。除此之外，他想干什么就干什么，完全没有规矩和限制。

晚上，他一个人准备配菜的材料，准备第二天的订单，以及每天清扫后厨。他很清楚，餐馆的收入越高，他在纽交所和纳斯达克的家就过得越好。他是这个餐厅唯一的老板、服务员、后厨。他整天忙忙碌碌：有时候，看桌子不顺眼了，就一天到晚搬桌子；有时候，看后厨不顺眼了，就一天到晚做清洁工；有时候，又像一个保镖一样守护在门口，生怕别人抢了他的生意。

他比餐馆里的那些中国食客更熟悉这个岛屿。他常常迷失于这个岛的政策，又常常向那些中国人打听原籍的事情。现在，他很矛盾，尤其是回家的时候，看到一个又一个邻居陆续搬走了。其中，有一个人叫暴风影音，接着，又有一个邻居离开了，叫六间房。这些离开岛的人把家庭住址搬回了原籍；之后，分众、巨人、盛大、亚信等相继搬走，世纪佳缘、人人网、学大等也正在联系搬家公司。他的餐馆有越来越冷的趋势，他感到越来越焦虑。

直到有一天，他发现搬走的邻居一夜暴富，终于坐不住了。正在原籍找工作的他每天会投出很多简历，把“出生地”这一栏写成“开曼群岛”，把籍贯那一栏写成“A 股创业板”。

这个寓言说明了什么

为什么那些创业者想回家？对于一个创业者来说，在资本面前就是一个找工作的人。一般情况下，当人们在谈论资本运作时，主要指的是可以独立于生产经营而存在的以价值化、证券化的资本或可以按价值化、证券化操作的物化资本为基础，通过流动、裂变、组合、优化配置等来提高运营效率和效益的经济行为和经营活动。

经济学界和管理学界基本上都认为生产经营和资本运作共同构成了企业的运营活动，是企业密不可分的两种经营行为。生产经营是为了把企业做强，资本运作可以把企业做大。为了让一个企业变大，很多创业者开始改变自己的股权结构。

创业者应该以哪一种方式回归 A 股？第一，证监会虽然放开了外资，但仍不支持外资独立在 A 股上市，所以拿着美元的企业只能绕道去香港、美国。

第二，外资不能在 A 股二级市场进行买卖，虽然沪港通实行后外资可曲线购入 A 股，但仍局限于 A+H 股的上市公司。第三，A 股对股权结构的限制导致外资企业只能合资上市。因此，对于创业者来说，选择美元资本还是人民币资本，直接决定了后期 A 股 IPO 的成败。

对那些想“回家”的创业者来说，A 股 IPO 是一个淘汰的过程。在这个过程中，美元资本没有任何优势，最终成功的只能是人民币资本。以六间房在深圳创业板上市为例，宋城入主的时候首先做的就是通过回购股权的方式来拆除 VIE 架构。但是这种对外资股东的过桥回购存在巨大的风险，限制因素有很多，例如境外资本只能选择现金支付、对价退出等。

六间房、暴风对创业者有什么启示

我们先看暴风影音的 VIE 结构是怎么拆除的：

（1）2010 年 12 月，酷热科技的个人股东集中进行股权转让，转让完成后，由冯鑫和蔡文胜分别持股 76.82%和 23.18%。

（2）2010 年 12 月和 2011 年 8 月，原有机构投资者 IDG、Matrix 与金石投资、和谐成长等 12 家新的机构投资者及 Kuree、互软科技、暴风网际、酷热科技分别签署《重组协议》及其修订稿，对协议控制架构的解除及公司的股权结构的调整做了安排。根据安排，由 Kuree 回购 IDG、Matrix 持有的全部股份，再将其持有的互软科技全部股权转让给金石投资及和谐成长等 12 家新的机构投资者。

（3）终止此前签署的各项 VIE 协议。对于此前转让给 Kuree 的暴风影音知识产权和互软科技的非专利技术、域名和网站版权，由互软科技、酷热科技、暴风传媒（中国子公司）约定以法律允许的最低价格，将上述知识产权转让至暴风网际。

（4）截至 2012 年 5 月，Kuree、酷热科技、暴风传媒完成注销，VIE 架构下的相关公司全部注销。

在我看来，暴风影音拆除 VIE 结构、回归 A 股也有一定偶然因素。拆除

VIE 结构有什么风险？对中国公民控股的 VIE 结构尚可这样，但是对外国人或者港澳台同胞来说，这样拆除 VIE 结构的可能性非常小。比如优酷，其经营的是在线视频领域，属于外资禁入的领域，优酷创始人古永锵是中国香港公民，在优酷上市时，他的股份超过 40%，是典型的实际控制人。如果想要上市，就意味着古永锵会丧失对优酷的控制权。

就海外而言，海外股票市场中的游戏规则是：如果有人的股权投票权比现有控股股东还多，那么投票权多的人就可以控制股东会和董事会，从而经营公司。对国内创业者控制的 VIE 架构上市公司而言，将面临一个生存问题。如果不是由中国人或者中国企业控制这家公司，公司就不可以经营中国政府禁止经营的领域；如果国外投资者控股了这家公司，将导致公司无法经营。

拆除 VIE 结构升温后的风险

在拆除 VIE 结构的互联网金融企业里面，要么停留在“口头”上，要么还等待监管部门的“松口”。对创业者来说，拆除 VIE 结构有哪些需要注意的事项？

（1）把 VIE 结构解禁不意味着你擦干净了。

首先，外国投资受限行业正在逐渐减少。在非限制或禁止投资领域，随着配套规则（如海外直接上市规则及外汇管制）均趋于宽松，很多创业者拆除了 VIE，但回归时还需要面临如何处理境外 VIE 架构的难题。

换句话来说，要在 A 股顺利上市，承销商和发行人律师会要求公司全面清理原来的 VIE 结构，之前那个壳公司在发行前最好全部注销，避免存在实际控制人不明的风险。对于削减境外机构投资者的问题，需要在解除红筹架构时全部用人民币回购股权。但许多境外投资者不会满足于平价回购或溢价回购，因此公司在 A 股上市前就不得不考虑向这些投资者进行定增，作为补偿。

（2）人民币和美元是“冤家”，宜解不宜结。

对于想在境外上市又回归 A 股的企业来说，采取的办法以股权转让为主：

第一步是将境外控股公司或 VIE 架构清除，确保境内上市主体的股权结构清晰稳定；第二步确认转让价格，考虑企业和个人所得税的问题，一般是三方协议。

投资方围绕创业者博弈：美元机构投资者想卖个好价钱，而人民币机构投资者想要更便宜。在过桥贷款的时候，这部分境外机构投资者的持股比例会达到控股的地位。一方面，需要考虑由境外机构投资者控股是否能通过发审委审核，另一方面，需要考虑所在产业是否限制或禁止外商投资。对于前者，只能通过股权转让降低境外机构投资者的持股比例，或者向证监会解释这些机构投资者并不涉及实际经营；对于后者，其处理方式则更加艰难。

创业者上市会有什么风险

我想对所有创业者说，上市是有风险的，并不是所有的企业都适合上市。对所有 VIE 结构的创业公司说，解除不解除，上市不上市，还是得谨慎一些。它的风险点在哪里？

首先，由于整个经济周期下滑而企业经营规模进一步加大，可能会有一些企业因承受风险的能力很差而倒闭，风险对资产带来贬值，这是一个风险点；其次，对理财的风险点来说，在保证相对高收益的情况下，可能会有一些不能预判的情况，比如说买中信证券的资产也可能会亏损，它不承诺收益。风险和风险规避是很重要的。

一个公司最终能上市，但它为什么要上市？对互联网金融领域来说，平台性公司上市的冲动最大。平台性公司正是有业务扩展需求，有创新需求，它才可能上市获得两个东西：一个是公信力，一个是有更大的融资通道。融资是为了牵手券商和保险公司等传统金融机构，来实现平台的更大化，同时，也愿意受到更严格的监管。

另外，为什么要在国内上市？91 金融未来有望在创业板上市，第一是我们希望服务本土的金融机构，服务本土的用户；第二是我们选择本土上市，这能在公信力上、在与政府的沟通上，以及在和金融机构的对话上，让我们更加成熟，因为资本结构决定了对话基础。如果不是这样，那么一个 P2P 平台为什么要上市？靠放贷生存对公众有什么意义？既不合规，又不安全，风险还那么高，投资人整天还担惊受怕的。

对企业上市来说，最大的风险点在于其业务是否具备可持续性。如果没有持续性，那么上市也会有很多问题：对投资人来说，得不到回报有什么用？对创业者来说，你的社会效应是什么，你想通过资本市场解决什么问题，你对传统金融机构有什么辅助作用，你的每一笔支出和每一笔收益都要经得起证监会检查。

创业者的动力分三种，即“自信力”“他信力”和“自欺力”。这里面有三个关键点：拆除 VIE 结构、有盈利模式、过会审批。目前，很多创业者都想着监管政策解禁，放自己一马吧；把盈利要求降低一点，放自己一马吧；注册制赶快推行，放自己一马吧。这就是“他信力”，即不相信自己，只相信别人。什么是“自欺力”？就是麻痹自己、自欺欺人地对待自己。创业者真的失掉“自信力”了吗？

上市是一种人性，拆除 VIE 结构或者打造 VIE 结构都是人性的表现。人性天平的另一端也站着恐惧与贪婪，每个人都在做当下最有利于自己的决定，这是趋利性；创业者在做出上市决定时既渴望拥有，又害怕失去，这是避害性。但谁能获得用户的信任，谁就能消除监管层的不信任，谁就可以拿到门票！如果监管层还没做决定，只有两个原因：一是还不相信你，二是还不知道你的产品能否给用户带来好处。

9.5 互联网金融 IPO 是创业板还是新三板

如果你为一个人工作，以上帝的名义：为他干！如果他付给你薪水，解决你的温饱，那就努力地为他工作——称赞他，支持他，站在他和他所代表的机构一边。

我想，如果我为一个人工作，那么我就会心甘情愿地为他而努力。我不会时而支持他，时而反对他。如果不能全心全意、持之以恒，就干脆什么都不做。

互联网金融 IPO 做的就是这样一个事情：让你的股民把你看作一个能够“把信送给加西亚”的企业，不需要问“加西亚在哪里”，也不需要问“安全不安全”，只需要你“把信送给加西亚”。目前，作为从业者，你能对得起股民的信任吗？

中小企业版的“马说”：千里马和伯乐谁更不常见

中小企业融资是世界性难题，源于存在着“麦克·米伦缺口”。对中小企业来说，对资金的需求高于金融体系愿意提供的数额。银行会考虑到信息不对称、逆向选择、道德风险等，所以银行贷款成本高、风险高、收益固定，所以银行对中小企业的贷款不是按照需求给予，而是按照调查结果适当给予，满足部分的需求。

上市可以缓解中小企业直接融资的问题。当投资人作为股东进去以后，激励结构发生变化，股东约束增强了，相对来说能解决一部分问题。但是创业者不愿意稀释股权，也面临治理成本，所以不倾向于采用直接融资。中国创业者和外国创业者不同，他们既不倾向于稀释自己的股权，也不希望引入职业经理人等参与管理，中小企业在股权融资方面基本上都是如履薄冰的。

上市可以解决创业者与投资人之间的信息不对称性。企业有成长周期，初创期给它融资的是跟创业者关系最近的人，因为两者之间不存在信息不对称以及治理结构的问题；到了 A 轮和 B 轮的快速成长阶段，PE 和 VC 才能大规模进来；到了成熟期，银行就来找你了，因为大中型企业找银行贷款不难了。对资本市场来说，企业的不同成长阶段对应着不同板块的资本市场，这就涉及创业板和新三板的区别。

在互联网金融领域，千里马不常有，伯乐更不常有。目前是没有伯乐挑选千里马的，所以开设了新三板给创业者打开一个渠道，最终目的是建立市场机制，寻找千里马，让千里马真正长成为千里马，而不是“骈死于槽枥之间”。所以，政府要做的事情就是要给中小企业提供一个好的公共产品和公共服务，提供好的法律环境，切实保护股权人和债权人，才能形成“万马奔腾”的局面。

一个好的企业就是让主人手里的塔伦特升值

《马太福音》中说道：一个主人要远行。临走之前，他把仆人们叫到一起，并把财产委托给他们保管。依据他们每个人的能力，对第一个仆人，给了5个塔伦特（注：古罗马货币单位）；对第二个仆人，给了2个塔伦特；对第三个仆人，只给了1个塔伦特。

结果，主人回来后发现第一个仆人赚了5个塔伦特，主人说：“你是一个对很多事情充满自信的人，我会让你掌管更多事情。”第二个仆人赚了2个塔伦特，主人说：“做得好，我会让你掌管很多事情。”第三个仆人把1个塔伦特埋在了土地里，最后仍拿着这1个塔伦特见主人，对主人说：“主人，我知道你想成为一个强人，收割没有撒种的土地。我很害怕，就把钱埋在了地里。”主人说：“你既然知道我想收割没有撒种的土地，那么你就应该把钱存在银行家那里，以便让我回来的时候拿到我的那份利息。”

从2013年发展至今，互联网金融企业有这么几种：勤奋型、学习型、反省型和贵人提携型。在野蛮生长期，勤奋型的如传统金融机构，正在积极进行互联网化；学习型的如股权众筹，监管政策试行之后，正在自我规范；反省型的如众多P2P平台，一边跑路不断，一边持续火热；最后是贵人提携型，如传统金融机构所建的直销银行等。不同的类型就好像那几种仆人，其赚钱生存的能力也是不同的。

到了IPO阶段，一个互联网金融企业思考的就是如何让投资人的钱升值。目前，中国互联网与中国股民的利益是本末倒置的，如今，互联网争相回归A股上市，互联网金融反哺金融的时期已经到来。

别人给你信任，那么你应如何对待自己被赋予的信任？你甘心与周围的人一样平庸吗？你的思想和那个仆人一样吗？互联网金融想要服务好“用户”这个主人，就得拿出“盈利模式”和“产品”的诚意来。

别人没做的事情，而你做了，这就是机会

什么样的企业适合上市？我觉得平台型企业上市才有价值，因为企业要去做多元化业务，有很多用户，有做平台、做生态的需求。

第一，要区分尚未盈利和盈利的区别。早在2014年，证监会就提出要在创业板设立专门层次，支持符合一定条件但尚未盈利的互联网和科技创新企业在新三板挂牌一年后到创业板上市。考虑未盈利状态时，要支持有创新能力、研发投入非常高的企业上市。而如何界定尚未盈利但具备盈利能力？关键是看企业的竞争力。

第二，要区分真实的盈利模式，强调创新性和成长性。例如，很多P2P平台没有实现盈利，但不是因为它们一直在扩大市场，而是因为坏账造成的，这首先就不符合监管要求。尤其P2P公司当前普遍采用的债权转让模式，其真实性难以分辨，因此导致了极高的潜在法律风险，坏账率也无法准确判断，这导致无法证明其业务模式是否可行。

第三，要正确区别资本结构和业务模式这两个方面。在资本结构方面，互联网金融企业的性质以及支持国内经济发展的要求，决定了外资企业将不能获得A股上市机会，而这将成为刚性需求；在业务模式方面，必须要做到风险可控、业务合规，企业的利润率、增长率、安全系数都很安全。

第四，要知道在国内上市的门槛在哪里，针对这些门槛要做哪些工作。想要在国内上市，有七个门槛：一看是否内资；二看业务模式；三看风险系数；四看增速；五看是否具备服务于本土的理念；六看是否有国资背景，且有没有相关牌照；七看融资的目的是放贷放大风险还是反哺整个金融机构体系。

总之，当你的企业安全系数、便捷性、增速和增量在这个市场上都是最好的，上市就水到渠成了。别人不考虑盈利模式，不考虑资本结构和业务模

式，也不知道上市门槛是什么。如果这些别人没有想到的事情你却做到了，那么你就抓住了上市的机会。

互联网金融企业上市是创业板还是新三板

互联网金融企业拟上市的企业很多。A 股发行上市前，都要经过改制阶段及其与之相关的辅助阶段。

是选择新三板还是选择创业板？不同的企业有不同的选择。上市只是解决了融资通道的问题，新三板和创业板都是融资渠道，但相对而言，新三板只是解决了发展需要的资金问题，还没有解决公信力的问题。互联网金融企业上市有两个原因：一是平台的融资渠道，需要有更高的估值去收购更多公司；二是增强公信力，而目前只有主板和创业板有这样的公信力。

上市是长征的第一步还是最后一步？企业上市之后，企业的渠道就大大拓展了，既要跟金融机构合作，又跟券商合作做资管。等渠道大了，就会发现自己的资源不够用了：既要帮基金公司卖基金，需要牌照资源，又要帮助银行给一个企业放贷，需要小贷牌照。等牌照问题解决之后，企业跟监管层的联系会更加紧密。

哪些业务适合上市？哪些业务不适合上市？未来，我们可能会把三部分业务打包：第一部分是基础业务。91 金融超市作为金融信息服务平台，它的用户量基数很大，要保证业务的成长性以及平台性业务的用户量。我们基于用户来进行分层，基于分层业务来设计产品，来对接资产，来对接金融机构，来做风险控制和风险定价。第二部分是定制化服务业务。以 91 旺财和 91 增值宝为例，这些是和传统金融机构一起来做。第三部分是核心业务，2015 年我们做了 91 资管和 91 股神等自营业务。在成功上市之后，一个理想的盈利模式是 91 金融超市占到 1/3 的收入量，91 旺财业务占到 1/5 的收入量，91 资管、91 股神等核心业务最好可以达到一半左右的收入量。

如果能捏起来，一盎司忠诚就等于一磅智慧

企业首先要对用户忠心不二，互联网金融企业要提前按照整个审核制去做这个流程，包含在法务、财务、业务上的合规；另外，还需要做一些合规经营。这对自身的业务也是一个促进，通过流程梳理能排除组织结构上的隐患，包含财务上的隐患。比如通过完善企业的 ERP 系统，让财务、业务更加透明。可以在内部的流程上做更好的控制，这对公司未来的发展是有帮助的。

上市也是一个企业从量变走向质变的必经之路。对企业来说，IPO 无论是注册制还是审核制都是一样的，本质上没有区别，最终都是要审核的，不可能随便注册就可以上市。因此，注册制是有门槛的，也体现在具体指标上，也体现在持牌经营、信息透明公开上。这是一个公开市场，不可能在你的财务不合规、业务不透明、盈利能力不行、业务风险大的情况下还能上市。这显然是不可能实现的。

企业要对国家忠心不二，只有对用户、监管、国家都忠诚，最后才能换来上市这个结果。当一个企业的延展性很强，成长速度很快的时候，它对于传统金融机构是个反哺，对于解决中小微企业融资难、解决现有金融困局也是一个很好的借鉴，这个企业上市对整个行业就是有利的。

91 金融正在上市辅导阶段，海通证券将作为上市的承销商和保荐人，北京金杜律师事务所将为上市提供法律援助，天健会计师事务所将负责上市的审计工作，计划在 2016 年登陆创业板，成为 A 股互联网金融第一股。

互联网金融想要从野蛮生长走向文明，就是持续不断地寻找这种“忠心不二”企业的过程。无论发生什么困难，无论遇到什么难题，都要求它“把信能送到加西亚”。《指导意见》公布后，出台了很多政策，比如对于处于初创期的从业机构，符合我国现行对中小企业特别是中小企业税收政策条件的，可按规定享受税收优惠政策。结合金融业营业税改征增值税改革，统筹完善互联网金融税收政策等，加速了“把信送到加西亚”的过程。

最后信送到加西亚了吗？结果是肯定的，因为双方都选择了信任。未来

的金融，本质是一种搜索引擎。反映在用户和数据上，互联网金融在线上搜索的是流量，线下搜索的是客流量。创业公司接受美元资本时，上市意味着中国互联网经济没有繁荣国内市场，却鼓了美国股民的腰包。国内互联网企业在A股上市，真正服务于国内经济，可以让每一个人享受到上市后的红利。

后　记

无论是80后的创业者，还是50后的创业者，创业者的血液是一脉相承的。真正的理论，既经得起历史的考验，也经得起时间的洗礼。创业和创新是永恒的话题，在这个时间轴上，我们把目光锁定在更早的50后，从50后创业者的身上，我们会发现一些现代人早已遗忘，但是那一代人却忠实守护的品质。

现在中小企业融资过程中遇到的困难，在50后创业者身上也经历过，而且更加严重。50后创业者，在理想的支撑下，克服了重重困难。没有政策上的扶植，市场经济处于一片空白，在“体制”之外的这群人，把重担都放在自己的肩上。他们能弥补规模化商业制造背后的剩余空间，他们能生产和创造老百姓日常需要的各类消费品……他们是怎么做到的呢？

为理想创业：一个革命者的英雄本色

创业两个字，从不同年代的人口里说出来含义不尽相同。80年代的创业者更多的是产品经理，稳重、内敛；90年代的创业者大多是年轻人，敢闯、敢拼。我发现一个很有趣的现象：时间跨度越久，创业者就越成熟；时间跨度越短，创业者就越浮躁。不同年龄层面的人，到底为什么创业呢？

有的人创业是为了功名，有的人创业是为了理想。2009年3月，老李开始谋划跟人合伙建鞋底加工厂，到资金部分到位，再到找场地、买设备、招工人，一直到7月，这个辛辛苦苦草创的工厂算是初具雏形，经过2个月的人员培训、运行，总算能开始规模地量产。

在此之前的4年间，老李在这个城市的郊区与地方监狱合作，借助监狱的厂房和人力，生产加工成品鞋底，同样销往现在的经销商。再往回数，他是山东某乡镇的农村干部，很长时间里一直主抓乡镇企业，直到某天镇上力推的橡胶厂项目上马，他带着工人调试锅炉，意外的爆炸让他从此带伤退休。时年50岁，退休时官居正科级。

退而不想休，有着那么多年做企业的经历，一个偶然的机会，让50岁的他带着妻子远赴人生地不熟的湖南，开始了创业生涯。

他选择的项目依旧与橡胶有关，不过这次是加工橡胶鞋底。最开始，他从河南、山西等地的供货商那里运来橡胶底片，从湖北、福建等地运来泡沫塑料，然后从江苏、浙江、河北等地买来各种机械、零配件和其他原材料，在监狱的工厂里进行简单的粘胶、打磨、上线、包装等工艺处理，然后联络各地经销鞋底的批发商，用相对低廉的价格换来他们的信任以及订单。

在最开始的一两年间，老李带着老伴，两个人住在监狱门外的宿舍里，运作着这个看似不可能完成的庞大工程。没有多少初始资金，也没有别人帮忙，全仗着曾经在鞋底市场有过的销售经验和人脉：销售员是自己，会计是自己，采购员是自己，技术工人是自己，搬运工是自己，到处借钱的也是自己。

原本可以颐养天年的他们，原本可以靠着退休金，在小镇上过着富足日子的他们，为了一个革命者的英雄本色，艰难地实践着自己60岁之前要把企业做到1000万元规模的梦想。

不停地创新：50后坚守的创业理想

创新是每个时代创业者共同的基因。在没人帮助的时候，创业者不停地创新，解决创业遇到的所有问题。

老李的第一次创新是敢于打破铁饭碗。同样年龄的人，要么功成名就坐拥豪宅驰骋商界，要么安心退休在家颐养天年，老李在为党在基层工作了28年后，踏上了截然不同的路线。

50后、60后的创业者有一种共性，那就是敢于创新。例如开工厂的张瑞敏，造电脑的柳传志，名噪一时的南存辉、牟其中，25 岁还在工棚里的王石、牛根生，这批人经历着改革开放浪潮的每一个瞬间，伴随着政治体制改革和经济体制改革的进步，捕捉着每一个商业机会，演绎着最富有中国特色的企业文明和创业文明。

同样是 50 后的老李，在端着铁饭碗一直到退休后，开始了自己的创业生涯。他所尝试的路线，却恰恰是 20 多年前，那些企业先驱们所经历的最原始的阶段：粗加工、开拓市场、资本积累、扩张……宛若 30 年前体制松动下，乡镇企业雨后春笋刚露头时的情景再现。

在 21 世纪新商业文明进化的时代，50 后创业的老李，在最广袤的农村土地上，执着地实现着自己的创业理想。

老李的第二次创新是敢于突破现有的格局，用更大的视野去看待问题。刚开始的时候，老李遇到很多困难：一是监狱工厂浪费巨大，生产效率低下；二是与监狱合作受制太多，毕竟寄人篱下，做事不顺畅；三是产能受制资金和环境限制，迟迟无法做到一定量级，在 2007～2008 年鞋底销售旺季时，并未能把握机会；四是监狱调高了各项合作费用，使得本来利润就很低的鞋底生意，利润被摊薄。

于是，酝酿已久的老李，2009 年 3 月，联合几位经销商以及一位精通技术的同行，选择在更为偏远的县里合伙开办了工厂，按照股份均摊的原则，有钱出钱，有力出力，试图摆脱监狱的生产模式，开展全新的业务。

由于在这一行里已经积累了相应的资源，尽管面临各种各样的困难，从资金到技术再到管理等各个层面，但新的工厂在敲敲打打中开始了机器轰鸣。生产的新式鞋底按照标准工厂的规范，有 100 多个品种。老李对鞋厂的未来充满信心，按照一年 400 万双的产量，一年的净利润在 200 万元左右，再过几年或许就能做到 300 万元，甚至 400 万元，离自己创业时候的理想更近了。

蔓延式创新：50 后创业的精神脉络

把目光从老李的鞋厂向整个中国大地鸟瞰，创业二字，已经成为上至官方下至民间最为火热的词汇。在人们的脑海中，创业意味着掌握更好的商业机会，推行最合适的商业模式，让自己成为老板；意味着自由的时间与财务自由的可能。

利用网络创业者成为新贵，10年前成功的创业者被誉为创业家，20年前成功的创业者被誉为企业家。全民创业浪潮下，极少有人注意到像老李这样，游离在主旋律之下的50后创业者。

他们在经营着最没有想象力的商业模式：位于产业链低端、进行生产加工制造、利润不到10%、巨大的资金消耗、巨大的厂房库存、靠量博取资金的原始积累。他们不在政策支持的范畴内：非三高两新，能源消耗大，有一定的环境污染；他们也不为机构投资者看好，得不到银行的青睐，缺乏融资渠道。

通常情况下，他们的生存与壮大，仅仅依赖创业者的生存智慧和坚持下去的毅力，以及他们从亲戚朋友那里借到的下一笔购买生产资料的资金。

不懂蔓延式创新，他们却懂得凭借庞大的量产，在地广人稀的农村，滚动着资本的雪球；凭借着不为主流人群熟知的产业链和运作模式，他们用农村包围城市，创造着属于50后的创业精神和创业脉络。

当今社会，有很多像老李这样的50后创业者，默默而辛苦地耕作于乡镇之间，开一个小厂，在当地雇上几十个农民，他们既无任何强大的外力依靠，也无宏大的产业梦想，更无体制的支持协助，但还是毅然决然地挑起“制造”这个沉甸甸的词汇。一定意义上，他们可以说是“蔓延式创新”最早的一批实践者。

这批人里面既有老李这样的乡镇退休干部，也有许多从小商小贩起家受困于销售链条的个体工商户，更有一辈子打工想为儿女创造一些财富的农民工……他们错过了30年前跟随先行一步的同龄人一起大浪淘金、共享商业文明的荣光，只是在新世纪开始的几年后，开始艰难地实践成功者30年前历经的路径。

那个时代里还没有蔓延式创新这个概念，他们为什么胆敢行走在办厂搞生产这条其实技术难度很大的路线上？是什么样的动力让他们甘之如饴，奋力坚持？是什么让他们能灵活穿梭在体制与行业巨头之间，腾挪跌宕？与时代相比，他们显得格格不入，但他们的的确确存在于中国三、四线城镇中。

老李常对旁人说，要坚持到60岁，再去考虑享受，一定要把没有去过的地方都走一遍，走遍全国。我相信这是最真诚、最朴素的愿望。这一批人是最纯粹的创业者，不讲回报，不讲资本，不讲故事，只希望在老去之前，能留下一份事业给后人。这是创业者的初心，不计得失，无关荣辱。

我在想，二三十年前王石枕着大部头在工棚里辗转反侧时可能想过这些，张瑞敏砸掉手工敲打出的冰箱时也想过这些，曹德旺在帮人做汽车配件时也想过这些……50后创业者的梦想，虽恍如时空30年穿梭，但肯定有图腾一样的精神脉络在血液间沸腾。我认为这种图腾精神，才是当前创业者最缺少的“创业者之魂”。